如何与青少年对话才有用

帮助青少年在竞争激烈、电子产品泛滥的世界中健康成长

[美] 珍妮特·萨森·埃杰特◎著

杨洁◎译

人民东方出版传媒
People's Oriental Publishing & Media
東方出版社
The Oriental Press

图字：01-2025-0749

Therapeutic Conversations with Adolescents / by Janet Sasson Edgette / ISBN:9781032189367

图书在版编目（CIP）数据

如何与青少年对话才有用：帮助青少年在竞争激烈、电子产品泛滥的世界中健康成长 / (美) 珍妮特· 萨森· 埃杰特著；杨洁译. -- 北京：东方出版社，2026. 1.

ISBN 978-7-5207-4543-7

Ⅰ. B844.2

中国国家版本馆 CIP数据核字第 2025BK9882号

如何与青少年对话才有用：帮助青少年在竞争激烈、电子产品泛滥的世界中健康成长

RUHE YU QINGSHAONIAN DUIHUA CAI YOUYONG: BANGZHU QINGSHAONIAN ZAI JINGZHENG JILIE、DIANZI CHANPIN FANLAN DE SHIJIE ZHONG JIANKANG CHENGZHANG

作　　者：［美］珍妮特· 萨森· 埃杰特
译　　者：杨　洁
策划编辑：鲁艳芳
责任编辑：杨朝霞
出　　版：東方出版社
发　　行：人民东方出版传媒有限公司
地　　址：北京市东城区朝阳门内大街 166号
邮政编码：100010
印　　刷：北京兰星球彩色印刷有限公司
版　　次：2026年 1月第 1 版
印　　次：2026年 1月北京第 1 次印刷
开　　本：700毫米 ×1000 毫米　1/16
印　　张：18.25
字　　数：278千字
书　　号：ISBN 978-7-5207-4543-7
定　　价：69.80元
发行电话：（010）85924663　85924644　85924641

前　言

20 年前，我写了第一本关于青少年心理治疗的著作《实用青少年心理疗法：帮助那些从不求助的孩子》（*Adolescent Therapy That Works: Helping Kids Who Never Asked for Help in the First Place*）。在这本书中，我首次尝试将自己 10 年来在青少年治疗工作中形成的想法和实践呈现出来。

促使我写这本书的一部分原因是，我从无数个案报告中了解到这样的情形：青少年无精打采地坐在治疗师面前，否认把他们带到这里来的那些问题，并且总是对治疗师所做的善意努力和整个心理治疗过程嗤之以鼻。我们一般会用“抗拒”来形容这些孩子的态度，而这往往掩盖了一个事实：其实许多孩子非常渴望获得帮助。

作为治疗师，我相信可以做得更出色，因此开始探索如何才能给前来治疗的青少年带来积极而有益的体验。因此，我摸索出一种与众不同的方法，这种方法可以避免治疗师与青少年之间的权力斗争，不让他们的谈话陷入僵局（很多青少年因此从治疗中脱落），带来更理想的治疗效果，并且双方都会更加享受整个治疗过程。

10 年后，我在《心理治疗网络》（*Psychotherapy Networker*）期刊上发表了一篇文章，题目是《为什么青少年讨厌治疗：治疗师应该避免的错误》（*Why Teens Hate Therapy: Mistakes Therapists Should Avoid*）。在我写过的几十篇文章中，这是迄今为止最受欢迎的一篇。治疗师都希望更好地了解在运用自己的专业技术去帮助青少年时可能会出现哪些问题，我在这篇文章中分享了自己的一些思路。

自从《实用青少年心理疗法》和《为什么青少年讨厌治疗》出版和发表以来，

这个世界又发生了很多变化，并且我也产生了一些新的想法。所以我觉得，是时候写一部新的著作了。

《如何与青少年对话才有用》遵循的基本思想与我之前的作品相同——治疗师的诚信、对青少年来访自主权的尊重，以及强调责任在成功的临床工作中发挥着重要作用。治疗师可以利用这些要素，更加全面和细致地推进治疗。这对于缺少系统心理治疗服务的青少年及其父母来说，会更有吸引力和实用性。

对于前来接受治疗的青少年来说，通常会有很多人教导他们应该做出哪些改变。可是，他们却没有机会袒露内心真实的想法和顾虑，而心理治疗可以为他们营造这样的空间。在这里治疗师能够理解，谈论问题并不一定等于想要解决问题。不过，如果不能对问题进行全面的探讨，我们就无法解决它。青少年需要一个空间，在这里他们可以对治疗师产生信任，尝试自己去解决问题。治疗师不应该立刻冲上去，替他们解决问题。因此，你需要引导出某种生动的对话，让他们参与进来，把完整的自我带进咨询室。

在治疗的对话空间里是没有处方的，也就是说，我们不会要求青少年来访者停止或改变某种行为，为某件事情道歉，或者对它进行分析。在这里，他们可以更加自由地思考自己真正想要坚持的是什么，希望过上什么样的生活。在这样的抱持性空间里，他们能更好地倾听治疗师的看法，并且当治疗师坦诚地提出自己的建议时，他们也不会特别强烈地抵制。正是通过这样的治疗方式，那些曾经拒绝接受父母和老师忠告的孩子，开始愿意为自己的选择承担责任，并做出必要的改变，迎接全新的生活。

我曾作为一名心理学家和顾问在一个夏令营里工作过 6 年，在那里我完成了一些不错的治疗。我热爱这个夏令营，和它结缘已经有半个世纪了。从 3 岁到十几岁，每个夏天我基本都在那里度过。若干年后，我在这里工作，帮助孩子们和员工更好地适应为期 7 周的夜宿夏令营，6 个孩子会和咨询师一起住在小木屋里。治疗环境发生了变化，从 45 分钟一次固定设置的咨询室，切换到氛围温馨而随意的露天夏令营，因此我必须学会调整自己的治疗策略。我总结提炼了两个方面：诚信和实用。我只能依靠自己，没有任何外在的事物可以标明我治疗师的身份。因此，我需要把自己塑造成一个诚实可靠、值得他人关注和信任的人。无论我给予什么样的帮助和建议，都必须低调、清晰而快速，并且能够无缝地融入营地生活的节奏。

每一年，就像营员们一样，在那种轻松惬意、随心所欲、活力四射、充满关爱的氛围中，我的人格也得到了升华——我变得更加慷慨、更加耐心、更加关注当下。我开始认识到，以一种直接而坦诚的方式与孩子们建立情感联结是很有价值的，并且会产生强大的力量——我相信，之后我也把这样的力量带回了家。在那些美好的瞬间，我们交流、分享或回应，愿意让另一个人了解自己。这是一种随时随地的治疗，非常美妙。

我似乎把自己在营地的经历说得过于浪漫了，不过这的确让我收获颇丰。我认为最大的收获就是：我发现，我们把治疗的一些原则和过程看得过于神圣而不可侵犯，因而固守旧有的治疗模式，以及与青少年来访者及其父母相处的方式。这些方式并不真正适合当今的孩子们和整个社区的需求，甚至不适合这个时代的治疗师——他们当中有许多人都在寻找更加有效的方法与儿童青少年工作。这些方法确实存在，我希望你能在这本书中找到其中的一些，并且在其他地方有所发现。我绝不相信，人们可以从治疗师的处方或指示中找到他们需要的东西，从此改变自己的人生。我认为，作为治疗师，只有更加自然、令人信服地为来访者提供这些要素，才能产生强大的影响力：自身的人格魅力、充满智慧的见解和建议，以及温暖、耐心和尊重等，包括（或许尤其是）对自己人性弱点的袒露。

对您的关注，我深表敬意和感激。

珍妮特·萨森·埃杰特

目　录

第一章

21 世纪 20 年代青少年的心理健康

我们都听过这句话："你知道，我也年少过。"可是我们却从未像现在这样，对青少年的经历视而不见、充耳不闻。在过去的十多年里，发生了如此多的变化，并且这种变化改变了孩子们与他人和家庭成员沟通交流、从外界获取信息、对未来进行规划的方式。

许多变化是可喜的，我们对此期待已久。孩子们开始接受心理健康服务的理念，并且在全国范围内发起了关于心理健康问题的对话——这是前所未有的现象，值得我们关注。孩子们现在有勇气谈论自己的感受，在不知所措或担心自身的安全时，他们会寻求帮助。同样可喜的是，可利用的心理健康服务也有所增加，虽然远远不够。

尽管如此，同时也发生了一些不太乐观的变化。社交媒体出现了爆炸式的增长，并且在孩子们的生活中泛滥成灾。这带来了毁灭性的后果，剥夺了儿童和青少年的好奇心、创造力与想象力。如果在晚上，他们的房间里没有 YouTube 的嘈杂轰炸声，变得非常安静，他们就会难以忍受，甚至感觉无聊至极。社交媒体的普及，也为一种充斥着尖刻批评和评判的同辈文化提供了肥沃的土壤。孩子们——尤其是初中的女生们——越来越不喜欢线下的活动，因为他们担心，参加这些活动会让自己显得格格不入，像个失败者。而从小到大几乎一直在打电子游戏的男孩们，在他们 18 岁离家独立时，并没有掌握相应的社交和情感技能。因此，他们缺少成功而自信地独立驾驭生活的能力，也无法在大学里抵御各种诱惑。他们渴望与他人建立联系，却不知道该如何维系这样的关系。

然而，最让我感到无比忧虑的是，许多家庭成员明明生活在同一屋檐下，却感觉不到彼此之间亲密的情感，仍然觉得孤独。这或许是青少年及其家人所面临的最大困扰。就像玛丽·皮弗（Mary Pipher）在她的著作《彼此的港湾：重建我们的家庭》（*The Shelter of Each Other: Rebuilding Our Families*）中所说："身在雨中，却觉口渴。"

而前几年的新冠疫情让一切变得更加糟糕。手机似乎成了孩子们进行沟通和娱乐的唯一媒介。我们已经了解到，几个月的隔离会导致青少年抑郁、焦虑、嗜睡、冷漠和自杀的概率上升。除了学业要受到严重影响外，他们不再信任这个世界，也不再信任大人。当青少年展望自己的未来时，他们越来越发现长大成人这件事毫无吸引力，觉得这是一个泥潭，意味着讨厌的责任、残酷的压力和无休无止的冲突。为什么会这样？这是因为他们看到了我们现在的样子——这一代的父母总是争吵不休、作息不规律、埋头工作、不停地抱怨、不会寻找生活的乐趣。谢谢，但是不要了，他们反驳。对了，气候问题怎么样了？他们会询问任何一个愿意倾听的人。*当我自己成为父母的时候，这个星球还适合人类生存吗？我还会愿意让自己的孩子出生吗？*

与此同时，父母、教育工作者、升学顾问和亲戚们不断地劝告青少年要竭尽所能，争取"考上一所好大学"。这再次表明，在成人与他们所培养的下一代之间存在着巨大的鸿沟。

我的天啊，难怪我们的孩子在苦苦挣扎。

这对我们的青少年治疗意味着什么

几年前，我受邀为一份案例研究撰写评论。这个案例的咨询师，即案例报告的作者是霍华德·霍尼格斯菲尔德（Howard Honigsfeld），他是纽约南布朗克斯区一所学校的社工。他谈道：治疗的"朴素"价值观是非常重要的，比如同情、耐心和直觉判断。换句话说，治疗师经常过于注重高度技术化的干预或复杂的方法论，却忽视了这些价值观。我非常赞同和欣赏他的观点。对于那些只强调专业术语、规定技术和操作手册，却牺牲了治疗师的温情和临床敏感性的培训，他给予了温和的批评。在玛丽·皮弗的主题演讲中，她推荐“用朴实的方法”来解决当代的困境，并且补充说，心理治疗需要超越技术。对此我深表赞同。

所以，朴素的治疗价值观也许才是我们首先应该关注的，而不是过度关注治疗手册、治疗计划或心理教育工作表，以及关于问题的访谈、基于诊断的治疗协议。或许，我们应该首先建立一段关系，构建一种对话——它应该具有非常重要的意义，因此能够吸引青少年的关注，让他们想要回到治疗师这里继续进行对话。我会对忐忑不安的新来访者说：“进来吧，我们先聊一聊。如果你觉得对你有帮助，我们可以再聊一次。如果没什么帮助，我会帮你想别的办法。”我喜欢接受挑战。

治疗师可以邀请这些孩子加入，共同建立牢固而真实的治疗关系。这种关系基于亲密、坦诚和尊重，并且让他们对未来抱有希望，能够寻找生活的乐趣，学会体恤他人。借助这样的关系，我们可以教会来访者：对一段关系进行修复有着重要的意义，并且，如果他们的选择和行为给周围的人造成了不好的影响，他们有责任对此表达歉意。我们可以向他们展示如何以恰当的方式向别人道歉，因为固执己见并不能让自己成为真正的赢家。我们可以鼓励他们表达小小的关心，坦然接受别人的关心。我们可以成为他们的榜样，帮助他们学会保持谨慎和耐心，并且对令人感动的事物抱有热情。我们可以拒绝给青少年传达这样的信息：在高中毕业之前，他们需要知道自己今后会选择什么职业。因为这剥夺了他们看到更加广阔的世界和发现自我的机会，让高等教育沦为了更加体面的职业学校。

通过这样的方式，治疗师可以为青少年来访者提供解药，疗愈他们的孤独、幻灭、安于现状和自我封闭。我们可以努力向他们灌输希望，激发他们的好奇心和适应能力，让他们拥有充实而有意义的成年生活。因此，他们可以拥有多姿多彩的人生，并对让我们敬畏的事物心存感激。如果他们能够关注生命的恩赐，就可以更好地解决影响他们幸福感的诸多个人议题。

我一直非常崇拜弗雷德·罗杰斯（Fred Rogers）——我们敬爱的创作者、著名儿童节目《罗杰斯先生的邻居》（*Mister Rogers' Neighborhood*）的主持人。他总是谈论那些让我们的人格得以升华的经历——在那些奇妙的时刻，我们沟通情感，对那些未知或尚且无法理解的事物敞开心扉。他的共情、接纳和亲切为我们树立了典范，可以成为我们大部分人都已沾染的愤世嫉俗和戒备心态的完美解药。

事实证明，他的节目并不仅仅适合儿童观看。

第二章

当代父母面临的信心和信誉危机

过去几十年里虽然发生了许多变化，但并没有让养育孩子变得更加轻松。当代青少年的面貌给父母带来了一系列全新的挑战。其中一个挑战，就是如何在似乎喜欢挑剔和评判的孩子面前维持自己的权威和信誉。不同辈的人越来越不拘礼节，青年文化倡导自主权，青少年沉迷于电子产品，所有这些社会现象都削弱了父母对自己的信心，使他们无法坚持最有利于孩子的选择，做出并不随波逐流的明智决定。

面对这些社会文化的变迁和所谓的青少年心理危机，父母对自己的孩子感到忧心忡忡在所难免。许多父母方寸大乱，对自己的判断和决策产生了一种令人痛苦的质疑。*现如今，怎样才算是正常呢？他们感到非常疑惑。哪些是新的危险信号呢？强迫孩子做家务真的会像我女儿说的那样加重她的抑郁症吗？*对于任何事情，父母们在做出决定之前都要反复思量，包括宵禁、使用电子产品的时间，以及怎样才算是过于缺乏尊重。而且，他们对青少年的情绪化反应感到害怕。总的来说，随着时间的推移，这些挑战已经大大削弱了父母的权威。

还有一个问题：成人会把青少年的生活方式浪漫化，有时会以为孩子无所不知。所以，当青少年开始表现得似乎比成人更加了解什么是火辣、什么是性感、什么是新规则的时候，这些成人选择相信孩子。他们希望培养出自信而独立的孩子，却成了青少年掌控欲望的牺牲品。这样想总是很简单："嗯，也许他是对的。"

青春期烦恼：事实还是虚构？

15岁的劳伦放学后回到家，还没穿过前门，妈妈宝拉就问她今天过得如何。

“挺好的。”劳伦回答道。她去冰箱里寻找食物，同时回避着妈妈的注视。

“只是挺好的？”

“不，还行。”劳伦改口说，她试图找到恰当的词语，不让妈妈继续追问。

“怎么叫还行呢？”宝拉不依不饶地询问。

劳伦叹了口气，关上了冰箱门。

“你为什么要那样叹气？”宝拉抱怨道，“我就不能问问你这一天过得怎么样吗？”

劳伦看着妈妈，想要体谅她。她想，毕竟妈妈独自在家待了一整天，可能很希望有人陪她聊天。但劳伦正好相反，她一整天都在和别人打交道，所以只想上楼回自己的房间。她知道自己应该对妈妈感同身受，却无法召唤出这种共情。相反，她想，*为什么你就不能只问我今天过得怎么样，然后就此打住呢？再说，我回答“挺好的”又有什么问题呢？我刚回到家，不想说话，而每当我想说话的时候，你就开始问很多问题，试图帮我解决那些我认为根本不存在的麻烦！*不过，她却对妈妈说了另一番话。“其实妈妈，不，你不能问。现在不行。”说着，她抓起背包甩在肩上，然后上楼去了。过了一会儿，劳伦房间的门关上了。

当劳伦的爸爸下班回家时，宝拉告诉了他这件事。

“我不明白为什么她跟我们说话就这么难。”她带着尖锐的语气说，“毕竟我们为她做了那么多。我觉得她至少应该对我们敞开心扉。”

“别担心，宝拉。别这样，她已经 15 岁了。哪个 15 岁的孩子会跟父母好好聊天呢？”劳伦的父亲说道。

“可是她跟你聊天。”宝拉说，语带悲伤。

“好吧，我不知道。也许这是因为父女之间容易沟通。”

但这或许并不是根本原因。也许是因为，当劳伦的爸爸问女儿问题时，他会倾听并思考她的回答，而不会立即跳到下一个问题。也许是因为，他不仅会问问题，还会主动说起自己当天有趣的经历，所以对劳伦来说，这更像一场真正的对话，而不是审讯。也许是因为，当劳伦说自己在和最好的朋友吵架时，他并没有惊慌，也没有刨根问底。他认为如果女儿想告诉他更多，她会这样做的。对劳伦来说，和爸爸聊天很愉快。但和妈妈聊天却不是这样，她的急切和打破砂锅问到底让人感到压抑，她似乎关心更多的是自己的想法，并没有太考虑女儿的感受。

这是青春期本身的问题，还是劳伦和妈妈的关系以及沟通方式有问题？

不幸的是，劳伦的父母没有考虑到彼此之间沟通方式的差异，或者导致女儿与他们的互动方式截然不同的其他因素。他们只是把劳伦不愿意和妈妈沟通的原因归结为她处在青春期。这是一个非常方便的借口，但也是一个令人遗憾的借口。这个例子说明在当前的美国文化中，围绕青春期的叙事已经影响到父母和青少年之间关系的质量，并且这种影响将会持续下去。

就这样，青春期被冠以“狂风骤雨”的莫须有之名。这是一种伪装成发展理论的自证预言（self-fulfilling prophecy），让父母对青少年的情绪化或逆反毫不在意。实际上，青少年并不一定喜怒无常或目中无人，当然也不一定粗鲁无礼。不幸的是，我们被灌输了这样的观念，以为他们本来如此。事实并不是这样——是我们的看法纵容了他们。

——珍妮特·萨森·埃杰特《最后被选中的男孩：帮助不参加体育运动的男孩度过欺凌和童年》（*The Last Boys Picked: Helping Boys Who Don't Play Sports Survive Bullying and Boyhood*）

青少年的大脑发育与行为

“他没办法控制自己，因为他的大脑还没有发育完全……”

哦，这种观点并不正确。由于没有看到普通青少年与有不良行为的青少年之间的区别，我们对他们的无礼和懒惰等问题保持宽容，把它们看作青春期自然而然的一部分，而不是危险信号。

脑科学的最新进展支持这样一种观点，即青少年的大脑与儿童或成人的大脑在本质上是不同的。特别是丹·西格尔（Dan Siegel）的研究揭示了青少年大脑中重大的结构和生理变化，这些变化影响着青少年的记忆、思考、推理、专注、决策和人际互动方式。这些变化还让青少年产生了一些新的特质，比如寻求新鲜事物和同伴交往、拥有强烈的情绪、喜欢创造性探索。不难看出，其中一些特质可能会表现为冲动、鲁莽、大胆。但是，这些特质究竟在多大程度上导致了他们更具攻击性或不尊重他人的行为呢?

你的孩子无法控制自己，他打架斗殴或出口伤人是因为他的大脑还在发育（或者他的荷尔蒙在大量分泌），这种观点与丹·西格尔认为青少年的情绪更为强烈、喜欢冒险行为是截然不同的。青少年可能会冲动或冒失，例如，我们可能会看到，一个孩子因为一场音乐会被取消而抓狂，或者做一些愚蠢甚至危险的事情。但这些行为与下述情形有着天壤之别：哥哥抢在弟弟前面去冰箱里翻找食物，并把他推到一旁，或者一个16岁的女孩在被要求交出手机时对她妈妈骂脏话。

与其说“青少年的行为产生了变化，是因为他们的大脑产生了变化”，不如说“青少年的行为产生了变化，并且他们的大脑也产生了变化”。

人们盲目地认为，因为进入青春期、荷尔蒙分泌旺盛，或者大脑发育不成熟，青少年才会做出那些让父母烦恼、担心或愤怒的事情。这种关于青春期失控的文化叙事带来了许多问题，其中最糟糕的一个问题是，父母开始认为孩子一旦进入青春期，就会变得目中无人、不负责任甚至粗鲁无礼，好像他们本该如此。当孩子态度强硬时，父母的反应不是纠正他们，而是顺从和迁就他们。很快，他们会通过“典型的青少年行为”这一镜头来审视孩子所做的一切，把其中很多行为看作是正常的。

一旦我们开始用“他们慢慢就会变好的”“这只是一个阶段”“这是他们的荷尔蒙造成的”“他们因为大脑还在发育而无法控制”等借口忽视青少年的不良行为，我们的判断就会被蒙蔽，无法分辨哪些行为确实是青春期的因素在起作用，哪些行为是我们对孩子要求过低导致的。如果我们对这些信以为真，那么所有人都会受到伤害，包括认为自己受神经生物学摆布的青少年，以及他们的父母——他们被劝说不要对自己的孩子有太多要求，因为青春期的孩子就是这样的。由于没有把缺乏适当约束所导致的行为与未充分发育所导致的行为区分开来，于是我们纵容了那些不可接受的行为，把它们视为青春期的另一面。

青春期大脑的变化并不是一些青少年做出无礼或欺凌行为的原因。

更加令人不安的是，掉入这个陷阱的不仅仅是父母们，教育工作者、心理学家、升学顾问、儿科医生、儿童精神病学家也掉入了这个陷阱。他们把这种想法纳入家庭教育和心理健康的框架，认为青春期是一个神秘的人生阶段，在这个阶段，孩子们变成了令人难以忍受的“暴君”。这种可怕且失实的描述非但没有促进亲子关系，反而制造了不必要的冲突、误解、孤独和绝望。具体来说，它带来了以下这些问题。

加深了两代人之间的隔阂

一种“我们”与“他们”截然对立的心态在这样一种文化中疯狂滋长：父母们一再被警告，一旦进入青春期，他们的孩子就不再想和他们说话，不再想和他们在一起，不再想和他们亲近，也不再想听他们说话。它为父母与青少年的关系提供了一个让家庭陷入多年冲突的模式。如果你确信自己的孩子没有兴趣和你交谈或听你说话，可能就不会在这件事上花太多时间。你为什么要自找麻烦呢？然而，事实是，大多数青少年确实想和父母交谈，渴望与他们建立真挚的感情。作为整天和青少年工作的咨询师，我会毫不含糊地说：尽管所有人都说青少年想要成为独立的个体或摆脱父母，但他们真正想要的是联结，而不是分离。变得独立并不意味着与一直陪伴自己的父母断绝联系。但是，我们却坚定地认为，青少年总是试图尽可能地远离父母。这就让父母以为，孩子拒绝与自己交流仅仅是青春期的另一个特征。

我认为，关于青少年似乎不想与父母接触或交谈的原因，更加准确的理解是：

这并不是一件令人愉快的事。

正如前面提到的，很多父母会连珠炮式地问孩子一串问题。“我甚至连第一个问题都不会回答，”我的一位青少年来访说，“因为如果我回答了，后面就会有20个问题。”要让孩子敞开心扉，这恐怕是最没有吸引力、最无效的方法了。此外，很多父母和孩子之间的对话很快就变成了老生常谈的说教、无聊的独白或烦人的训斥。这才是孩子们离开谈话、离开房间、离开这段关系的原因，而不是因为他们处于青春期。

阻止父母去解决孩子真正的问题

一位妈妈带着她 13 岁的儿子来到我的办公室——儿子终于说服妈妈为他预约了治疗师。“他一直说自己不太开心，”妈妈解释说，“但我只是觉得他正在经历一个艰难的时期，你知道吗？我是说，青春期的孩子都有这样一个阶段，不是吗？我不认为他真的抑郁了。”

值得庆幸的是，在过去的几年里，尤其是在新冠疫情和后疫情时期，由于心理健康意识和宣导的迅速提升，父母对孩子的心理问题变得更加敏感。但我们需要不断地提醒父母们，青少年拒绝他们的指令或建议，除了“逆反”之外，还有其他原因。仍然有很多父母无法摆脱对青春期叛逆的刻板印象，不能以支持性的、建设性的方式探索孩子令人费解的行为背后的原因。他们仍然把它看作青春期的正常现象而不予理会，等着它自行消失。

鼓励父母和其他成人为青少年设定较低的标准，不要求青少年负起责任和表现出尊重

当父母认为青春期的孩子就是没有责任感或懒惰时，他们很可能不会对其子女提出太高的要求。父母会说：“我甚至懒得让他做家务，自己做要简单得多。”

当然，的确如此。让孩子把餐具从洗碗机里取出来要跟他费半天口舌，这会让你更加恼火，还不如你一边低声抱怨，一边自己把餐具拿出来。

我总是告诉父母，要想让孩子改变某些行为，必须不怕麻烦。也就是说，父母要建立起某种制度。在这种制度下，他们可以让孩子负责地完成任务，并在他们消极怠工时给予惩罚。但具体的实践并非易事，而且他们并不知道好的制度是什么样的，以及应该安排谁去跟进。

不过，我们在这里讨论的不仅仅是家务。我们讨论的是，孩子应该如何对待自己的兄弟姐妹和朋友，或者应该如何回应陷入痛苦、悲伤的亲人和父母，以及我们应该抱有怎样的期望。父母并不喜欢孩子的行为或为此感到失望，却仍然表示接纳，是因为他们相信青春期的孩子就是这样。“如果我女儿放学回家问我今天过得怎么样，我会跪在地板上向她表示感谢！”当我问一位母亲，她的孩子回家后是否会问候她的时候，她这样回答。

这位母亲的孩子们给我的印象是，他们非常以自我为中心，除了他们自己和朋友之外，他们不关心任何人。我想让这位母亲知道，她可以对孩子提出更高的要求，他们的以自我为中心与青少年的身份没有多大关系，而是因为他们意识到，妈妈认为青春期的孩子只关心自己。

“如果告诉你的女儿，你希望她时常关心你这一天过得怎么样，会发生什么？”我问她。“我不知道。”这位母亲说，她似乎被我的问题弄糊涂了，“我想她只会看着我，然后说：‘我为什么要这样做？’”“是的，她可能会这样问，”我回答，“这是一个很好的邀请，你可以和她试试。并告诉她：有时候你会做一些自己并不是那么想做的事情，只是因为你在意的人希望你做这些事情。你跟她谈话不是为了教训她，只是想和她聊聊。你可以把那天你对我说的话告诉她——你和她在一起时经常感到孤独，好像你是隐形人，好像你的存在并不重要。你跟她谈话不是因为想让她改变自己的行为，而是希望她了解你，了解你和她在一起时的感受。如果你不是命令女儿做出改变，她会更加愿意思考你说的话。”

有些青少年把自己最美好、最慷慨的一面留给了家人以外的朋友和其他人。其中部分原因是，他们的父母从来没有期望过他们在家里表现良好。正因如此，他们接受了孩子用完全不恰当的方式对待自己，而这对家庭关系是一种摧残。

也许最重要的一点是，让父母不需要对亲子冲突或亲子关系的疏远承担责任

当一位母亲把女儿不愿跟自己分享当天的经历看作“典型的青春期行为”时，她就不需要反思自己对母女间缺乏沟通所应承担的责任。当一位父亲看到儿子在家里闷闷不乐或烦躁不安，却又认为这是正常的青春期现象时，他就不需要思考儿子在自己面前表现出这种行为是否有其他原因。也许，儿子不喜欢当他分享他对未来的想法时，父亲那种不屑一顾的语气。也许，他讨厌父亲对他的各种讥讽。但是，只要这类行为被认为是“每个青春期孩子都会做的事”，就没有人会发现背后的真相。

青春期大脑的变化可能会让我们在青少年身上看到错误关注、时间管理不当、冲动和迂回推理等现象，但它们并不是青少年变得粗鲁无礼、寻衅滋事或出口伤人的主要原因。这些行为都是在青少年与他人的关系中发生的——其中最主要的是与父母的关系。值得注意的是，这些关系是双向的，这意味着关系中的双方会互相影响对方。因此，我认为，我们应该对关系中的因素进行审视，并将其作为青少年对成人感到愤怒或做出不恰当回应的主要原因，而不是轻描淡写地认为，这些行为只是大脑变化或“青少年焦虑”造成的。

然而，当我们仔细分析父母与青少年的关系时，会发现镜头过多地聚焦于青少年。我们总是关注青少年对父母说了什么以及做了什么。我们很少关注父母对孩子说了什么，或者他们是如何回应孩子的。为了公平地对待我们的孩子，我们必须承认，成人在与青少年的关系中表现出的一些行为，就像他们在青少年身上

看到的那样是不礼貌或不尊重的。但问题是：即使在生气的时候，父母说的话通常也没有孩子说的话那么刺耳和夸张——孩子说的话更加丰富多彩，并且喜欢顶撞。因此，父母没有成为我们密切关注的对象。此外，如果父母非常愤怒的话，他们可以利用一个孩子所不具备的条件——孩子对他们的依赖。想要让孩子闭嘴，父母不需要大声嚷嚷，也不需要侃侃而谈，只需要对他们刻薄一些。

这一切是非常不幸的，因为它强化了生理因素决定了青少年的叛逆和无礼的说法，并且牵强附会地用青少年大脑发育的研究去证实这种刻板印象。最终的结果是让父母（以及一些老师和治疗师）完全相信，他们在青少年那里遭遇的考验——那些让他们感到无能为力、困惑，有时甚至害怕的考验——是孩子发展过程中的必经阶段，本质上是普遍而不可避免的。也就是说，这不是青少年的错。

要用一种新的叙事来取代目前关于青少年的叙事并不是一件容易的事。在这种新的叙事中，成人和青少年都要对彼此关系的质量承担自己的责任，并且我们要用更加欣赏的眼光来看待青少年。父母喜欢别人告诉他们，青春期的孩子就是如此疯狂。这导致他们远离聚光灯，并且团结在一起，就像一支竭尽所能抚养孩子的疲惫大军。如果我们告诉一位家长，女儿的喜怒无常可能与“青春期”或“荷尔蒙”关系不大，更多地与家里发生的事情有关，这可能很难让他接受。毕竟，当你对别人的行为有了一成不变并且被广泛接受的解释时，就不再需要对自己进行反省了。

第三章

从长计议：带领青少年走出“兔子洞”

青少年与幻灭

在压力巨大的美国社会，父母都想让孩子提前站在起跑线上，希望他们能在这个对年轻人越来越不友好的世界上出人头地。我们来看看我和一位青少年来访者的谈话。斯考特是一位18岁的高中生，对即将到来的大学生活，她和她的同龄人不抱任何期待，并因此发出哀叹。

斯考特：人们说，这是一切变得一本正经之前最好的时光了。如果是这样的话，我想说：抱歉，不过我们都完蛋了。

我：你说你们都完蛋了是什么意思？为什么会这样？

斯考特：我所有的朋友都很沮丧，他们对明年要去上大学这件事并不觉得特别兴奋……

我：他们为什么不觉得兴奋呢？

斯考特：如果我们已经厌倦了高中生活，那上大学还有什么好兴奋的呢？重新再来一遍？

我：不管怎么说，大学与高中并不是完全一样的。我的意思是，环境肯定变了，你要远离家乡，学习也不一样。

斯考特：随便。反正我不知道。我只想读完大学，找份工作，然后跟它拜拜。

我：跟谁拜拜？

斯考特：跟学校！但即便如此，也没什么可期待的。

我：我的天啊！

斯考特：什么？

我：这是我今天听到的最悲伤的事了。

斯考特：什么事？没什么可期待的吗？

我：是啊，你不觉得这听起来很悲伤吗？

斯考特：是的，但我认为事情就是这样，所以这跟悲伤无关，而是面对现实。

我：哦，天哪，你现在说的事真让人悲伤。

斯考特：怎么啦？（她笑了起来）

我：你相信自己对未来的悲观看法！

斯考特：（大笑）好吧，那你怎么看待未来？

该如何帮助斯考特这样的孩子放弃对未来的固有看法，转而选择一种更加光明积极的态度？如果你急于把她从幻灭和愤世嫉俗中拉出来，就会失去这个来访者。你会和那一大帮成人一样，告诉她这种想法大错特错，她的未来是如此令人期待，她的人生才刚刚开始，诸如此类。所有这些也许都是真相，但她听不进去。我觉得，在我和斯考特的谈话中，最大的收获是她最后的提问：*好吧，那你怎么看待未来？*（对未来的憧憬）

这就是我想要的开场。这不是我计划好的，但它很好地说明了治疗中一些好的片段是偶然发生的，但也是刻意为之的。在斯考特问我这个问题（关于未来的看法）之后，我就可以开启一条新的对话之路，和她讨论未来。我不会把自己的想法全部说出来——事实上，我可能只会回应一两句话："好吧，这么说吧，当我展望未来时，我的想法跟你不同。我只是不知道，如何让你从我的角度看待问题，又不觉得我在向你推销。”

像斯考特这样愤世嫉俗的孩子总是会引起人们的关注，他们会试图把她从愤世嫉俗中拉出来，让她用更加积极的眼光看待事物。

在治疗中，对话会是这样的：

治疗师：克劳迪娅，你有那么多值得期待的事情！我真不敢相信，你对长大成人这件事的态度这么消极。

克劳迪娅：我不是消极，只是面对现实。

治疗师：认为自己永远找不到真正热爱的工作，甚至买不起自己的车和房子，这就是面对现实吗？

克劳迪娅：你最近关注新闻了吗？都是坏消息。人们讨厌自己的生活，讨厌自己的工作——如果他们能找到一份工作的话。

治疗师：（试图表现得睿智）也许你不应该关注新闻……

（克劳迪娅斜眼看了下治疗师，好像在说，*好吧，所以这就是答案……*）

改变别人的观点不是一朝一夕的事。对于那些变得愤世嫉俗的人，你必须先贴近他们，了解他们最初是如何发生这个变化的（是因为个人经历、传闻，还是时代精神）。然后，你要想办法找出是什么让他们保持这种愤世嫉俗的态度。只有这样，你才能激发来访者强烈的好奇心，让他们用新的眼光看待事物——如此，你才能像赛马场的骑手一样，在比赛结束的时候追上赛马，让它放慢脚步，回到马厩。所以，你得打持久战。

这是一个名叫丹尼的 13 岁男孩，因为不愿意脱下自己的卫衣，他刚刚被学校停学。我已经跟他谈过好几次了，有时是和他的双胞胎兄弟迈尔斯一起。

我：丹尼，你的最终计划是什么？

丹尼：我不知道。我也不在乎。

我：好吧，这不太一样。

丹尼：有什么不一样？

我：你。你不一样。我从没见过像你这么消极的孩子。

丹尼：好吧，管他呢。

我：告诉我卫衣是怎么回事。

丹尼：我不喜欢任何人告诉我应该怎么做。我不需要遵守任何人的规则。

我：我不清楚，伙计，好像也不用太较真。

丹尼：我才不在乎。我已经不上学了。上学是愚蠢的。我不需要去上学。

我：那你打算做什么呢？

丹尼：我不在乎。我会在冰雪皇后（Dairy Queen）工作。

我：我觉得你想让我说这些“废话”（tommy rot）：*天哪，丹尼！你在说什么！你不能休学！*

丹尼：这些什么？

我：“废话”。这是我刚学会的新词，意思是无稽之谈。我在寻找机会使用它。是的，我觉得你在等我讲大道理，说你一定是疯了才会退学。

丹尼：并没有。

我：很好，因为我真的不想说这些话。

丹尼：我不需要上学。我打算去找一份像冰雪皇后那样愚蠢的工作，过我自己的日子，仅此而已。

我：好吧，我不会坐在这儿劝你放弃的。我只是不理解，为什么你会看着自己刚刚描绘的那幅图景说，好吧，我就选那个了。另外，你觉得自己已经厌倦上学了吗？等你搅拌几个月的冰激凌之后，我们再看吧……

丹尼：我没有别的事可做了。我不擅长运动。我并没有什么独特之处。

我：（沉默了一会儿）你觉得只有擅长运动，或者在某些方面有特别之处，才能让自己变得重要。对此我感到很遗憾。

丹尼：那不重要。

我：丹尼，你今天说话的样子听起来像是在说——你并不重要。

丹尼：我不知道，随便吧，或许……

这里的"或许"非常珍贵。你需要这样一个开场白，让对话回到一个敏感的话题，同时不会让来访者觉得你在强行推进自己的议程——来访者已经给予你许可，同意讨论这个话题。我之所以说"回到"，是因为我不会在那个当下直接讨论那个话题，我担心这样会导致丹尼不能畅所欲言。我会在治疗的晚些时候，或者改天再来讨论这个话题。而且，要回到这个话题是非常容易的。例如，

· 还记得吗？那天我们聊到去冰雪皇后工作的事，听起来你好像觉得自己并不重要，你说，我不知道，或许……？

· 你和你爸爸的争吵让我想起，你说你不擅长运动，没有什么独特之处，好像那意味着你真的不重要……还记得吗？

· 你今天说的话不太一样，但我得到的信息和你因为卫衣而被停学的那天一样——你觉得自己并不重要……

治疗师可以从这里出发进一步推进谈话。不过，像丹尼这样不太愿意说出内心想法的孩子很容易结束对话。他现在对自我反省不太感兴趣，而是把他的沮丧、

不满和绝望表露无遗，所以我们只能一点点地推进。

自从心理治疗开始流行以来，像丹尼这样的孩子就不断地出现在治疗师的办公室里。只是现在人数增多了，而且更加低龄化。

我一心想找到针对儿童和青少年的更加简洁有效的治疗方法，这样就能帮他们更快地回到正轨。但有些事情需要时间，而这类问题尤其如此——对未来的幻灭，对权威的不满，以及因为对自己能否成为一个合格的成人缺乏自信而感到沮丧。此外，我们的孩子还存在莫名的不适、抑郁和瘫痪性焦虑（paralyzing anxiety）这些更严重的问题。这些问题是社会文化造成的，根源在于父母、教育工作者和咨询师的观念，即他们认为什么是重要的，以及怎样做才能造就美满幸福的人生。

如今许多青少年感受到的压力和幻灭感可能来自各种因素，但新冠疫情和隔离肯定没有起到积极的作用。在这个充满不确定性的新世界里，父母和青少年都希望抓住某种确定或永恒的事物。而美国文化塑造了我们对一切短暂事物的欣赏，而且有时我们做得有些过火了。

不幸的是，当谈到衡量美国青年成功的标准时，教育者和家长们选择了可量化的二元标准——成绩、班级排名、分数、课外活动的数量、是否参加了国家荣誉协会（National Honor Society）。可以说，决定孩子心理调节能力的因素都被排除在外了，比如沟通技巧、人际敏感性、同理心、换位思考、洞察力、情绪管理能力、适应力、灵活性，以及对未知问题的接纳。

第一套衡量标准带来了一串漂亮的数字，就像一个快速读数的温度计。很多成人和大多数机构都喜欢数字，它们让吹嘘、比较、评估和选择变得更加简单。但是，数字并不能讲述故事。而缺少了故事，我们就会变得雷同。即使是“拥有良好的领导能力”这样的描述，也会给人留下很大的想象空间。杰出的军事家和政治家亚历山大大帝、现代民权运动之母罗莎·帕克斯（Rosa Parks）、埃及艳后克利奥帕特拉七世（Cleopatra Ⅶ）都被认为是伟大的领袖，但他们并不相像。我认为，对于青少年，我们不能只看到数字和“青春期”的标签，而要把他们看成是个体。我们需要教会他们用第二套无法量化但不可或缺的品质来衡量自己——这些品质可以帮助他们形成良好的品格，过上有意义的人生。

青少年与自我缺失

丹尼觉得自己很失败，因为他不擅长运动，也没有独特之处。还有一些孩子觉得自己很失败，是因为当他们不做作业或在手机上刷社交媒体时，不知道自己该做什么，比如说路易。

路易今年18岁，即将高中毕业。他虽然是一名优秀的学生，绩点很高，成绩单上写满了大学先修课程和课外活动，却充满焦虑。正因如此，他要求母亲带他找治疗师谈谈。

当路易第一次赴约时，我告诉他，一周前我和他的母亲进行过简短的交谈，我知道他经常感到不堪重负。

> “你希望我怎么帮你？”我问路易。
>
> “我真的不知道。”
>
> “好吧，”我说，我想到了一个更简单的问题，“那么，告诉我一些关于你的事吧，路易。你喜欢做什么，什么事和什么人对你来说是重要的，诸如此类。”
>
> （但这个问题对他来说并没有那么简单。他沉默了一会儿，觉得很不自在。）
>
> “我不知道。我不太擅长谈论自己。我不太健谈……”
>
> “没问题，”我说，想减轻路易“好好配合治疗”带来的压力，“你妈妈说你学习很优秀，会踢足球，修了很多大学课程……听起来你有很

多事要做。”

“当然。”他回答说。在一点点的提示下，路易开始和我谈论过去两年他是怎么过的。尽管在学业和运动上都取得了成功，而且父母都很支持他，但这两年他过得并不好。

“当你无事可做的时候，你会做什么？”我问路易。

“我不知道，”他说，“现在足球赛季结束了，我猜，我就想回家玩手机。我也没有家庭作业了，所以确实无事可做。”

无事可做。听到这句话的时候，我的心都碎了。在一个如此丰富多彩的世界里，居然会有人无事可做。对我来说，这太可悲了。不过，我试着向他解释，他并不知道自己错过了什么。路易不知道，如果他学会利用周围社区、大自然或其他各行各业的人提供的资源，他的感觉会发生怎样天翻地覆的变化。他不会敬畏奇迹，因为他不知道四处行走，体会这些奇迹是什么感觉。他避免自己做任何决定，除了足球，他不喜欢任何课外活动。

在后来的治疗中，路易谈到自己有时情绪低落。“通常是当我在房间里玩手机或玩游戏的时候，我不确定自己应该做什么。我想要做点别的事，但我不知道那是什么。像这样大声说出来，会让我觉得自己很可怜。”

路易是无数这类青少年中的一员：当他们只能靠自己来打发时间时，他们不知道怎么办。以下这些因素造成了此类现象：社交媒体无疑是其中之一，孩子们学会了成为他人生活的被动消费者，失去了探索周围世界的欲望；学区优先考虑州排名，而不是对学生的教育质量有帮助；家长们鼓励孩子们参加对申请大学有利的活动，而不是那些会激励孩子的活动；同龄人不可避免的评判，让缺乏安全感的孩子不愿意公开承认自己是谁以及喜欢做什么。心理治疗虽然可以帮助这类孩子，但我们仍然需要更加宏观的东西来解决全局性问题——我们需要纠正社会的导向。

青少年与社交媒体

我正在和 14 岁的利维讨论他使用社交媒体的情况。

我：让我猜一猜。你一天花在社交媒体上几个小时？

利维：我也不太清楚。

我：我只是想让你知道，无论你告诉我多长时间，我都会按双倍算。

利维：（大笑）那我干吗还要去数？

我：你不用数。你可以在手机上查一下。我还是要按双倍算。

利维：（看了看手机）好吧，昨天是七个半小时。

我：七个半小时花在你的手机上？

利维：是的。

我：刷视频？

利维：差不多。看看短视频，发发短信，主要是刷照片墙。

我：你的全部大脑都在融化，而且是不知不觉的。

利维：没事的。

我：噢，我希望你是对的。

在过去几个月里，这是利维和我就屏幕使用时间进行的几次对话之一。谈话是轻松随意的，我试着在其中注入一些幽默元素。我知道，这是我和他讨论这些事情的唯一方式。这样做的效果还可以，我会继续使用这种方式。他和其他成人进行的关于玩手机的对话更像是说教，一点也不轻松随意，当然也毫无乐趣可言。我希望，自己和利维的对话能做到其他人没有做到的一切，能够超越这样的观点：哦，在别人限制你之前，你应该学会自我约束。我所做的是让他自己开始思考，也许刷手机并不完全是一件好事。

青少年与吸烟

与大量吸烟或者沉迷于社交媒体的青少年一起工作，可能是一件非常棘手的事。你想和他们讨论这个问题，但你不能讲大道理，也不能以心理教育的名义训斥他们。当这些问题出现在治疗中，你是如何处理或回应的？当青少年想寻求帮助改掉他们的坏习惯，却没有直接提出请求时，你如何发现这一点？

泰图姆最近吸烟越来越频繁，她因为在卫生间吸电子烟而被停学一次。有一天，她毫无由头地对我说："哦，我现在每天都吸烟。"

"好吧……你觉得这样可以吗？看你说话的样子，我不太确定。"

"我没事。完全没问题。"

"好吧。不过，如果你感觉不太好，会发现自己有什么变化呢？"

"没什么。"

你可能想这样回答："如果你没有发现自己有什么变化，那怎么才能知道自己状况不太好呢？"然而，这会让你的来访者在吸多少烟才算过量的问题上跟你扯皮。这种方式太过强硬，会把她逼得无路可走。到时候，她要么不得不重复一贯的回应（"我没事"），要么改变话题。

我会回答："好吧，我只是好奇而已。"

"不，我很好。"

"有人告诉你，你的状况没有那么好吗？"

"没有。为什么这么问？"

"哦，没事，只是你一直提起这件事，让我很好奇。"

"没有。没人这么说过。怎么，你想到了什么？"

这是来访者的一个邀请，想让我分享自己的一些想法，但我并不打算实话实说。我会借此机会委婉地表达自己的些许担忧，同时看看我是否能引发泰图姆的好奇心，让她愿意去了解别人是如何知道自己吸烟的量是在合适的范围内，还是会给自己带来麻烦。我会这样说：

“是的，我有一些想法，但我不会说太多。我的意思是，我不会告诉你，你并不像自己所说的那样状态很好。而且，我又怎么能知道这一点呢？我只是在想，如果你的状态其实并不好，你怎样才能知道这一点？其他人又是怎么知道的呢？这就是我想到的。”

然后，我会让对话在这里结束，这样泰图姆可能会在脑海中对这段话进行一番思索，而不是直接把它拒之门外。

这是我与来访者就吸烟问题进行的无数次谈话中的一个例子。在每一次谈话中，我都会鼓励来访者更多地留意吸烟对自身整体情绪、精力水平、社交功能、兴趣爱好及学业的影响。对于偶尔在周末和朋友一起吸烟的孩子，我不会太担心。但当我听到孩子们说他们每周都抽几次电子烟，包括上学的时候，我就会有所警觉。越来越多的孩子每天都在吸烟，而且是整天都在吸，这太让人担心了。

可能是两到三周之后，我和泰图姆再次谈论吸烟。当时她跟我提起，自己一直感到很无聊。

“呃，我的生活太无聊了，我受不了了。我上学、回家、刷剧，然后睡觉。”

“你想做些什么呢？”

“什么都不想。我不想做任何事。我只是觉得无聊。”

于是我笑了，泰图姆说：“怎么了？”

“我也不知道，我只是在想，怎么在一成不变的情况下战胜无聊……”泰图姆改变了话题。

没有关系。

一周之后，无聊这个话题又出现了。“我认为这是我有时感到沮丧的部分原因，”泰图姆说，“无聊会让人抑郁吗？”

“当然。而且，抑郁也会让人感到无聊——如果我们不再做有意思的事情。”

对方的回答是“嗯”。

两周后，在治疗一开始，泰图姆就问道：“你认为我吸烟和我有时情绪低落有什么关系吗？”

我回答说：“是的，确实有关系。我一直在想这个问题。它会影响你的大脑功能，让你不再喜欢做自己以前喜欢做的事情。你的世界会变得狭窄，你会感到无聊和沮丧。”我停顿了一下。“今天是什么让你想要了解这个？”

“不清楚，我在网上听说了一些事情，就开始思考……”

我将会不断地和泰图姆一起回顾这段对话。我们双方都可以主动提及，因为我们已经为这个话题做好了充分的铺垫，所以当我在治疗中引入这个话题时，她不会觉得措手不及。我欣赏泰图姆思考问题的方向，考虑到她的安全，我不太可能在治疗中回避这个问题。有的青少年来访者由于过量吸烟或饮酒损害了自身的健康或安全（例如在醉酒后开车），甚至牺牲了他们对未来的期许（例如，成绩优秀的学生想要参加某个特定的高等教育课程，或者非常有天赋的音乐生或体育生希望被他们中意的大学录取）。在这种时候，这个问题就会变得更加棘手。

所有这些情况都让人产生了一个疑问：抑郁、焦虑在青少年的行为中扮演着什么角色，是抑郁、焦虑在先，还是青少年的行为在先？在这里，我无法给出一个正确的答案，因为这是一个专业难题，需要我们对一系列因素进行权衡之后，提出最符合来访者利益的方案。我们是否需要告诉来访者，自己觉得继续为他们的故事保守秘密并不是明智之举？我们是否应该让他们和父母谈谈这件事？我们是否应该把他们转介去接受药物治疗？我们是否应该和他们讨论，看看他们是否需要接受康复治疗、局部治疗或更密集的门诊治疗？我们能找到具有良好声誉的互诫协会（AA）、团体治疗或另一位治疗师，为这些无法区分消遣与依赖的青少年提供服务吗？如果他们拒绝怎么办？如果他们不想做心理治疗怎么办？

人们认为，如果你从事心理治疗多年，就会对这些问题的答案胸有成竹。有时候，我也觉得自己应该有答案。但其实我没有，当我不知道怎样做才是“正确”的决定时，我会求助于同行、专业协会和文献。通常情况下，直到做出决定之后，你才知道这是不是正确的决定。有时，正确的决定是多样化的，就像错误的决定一样。而且很有可能，你没法直接按下重复键，对下一个孩子如法炮制。每一位来访者的影响因素、突发情况，以及资源和个性都是不同的，在某种程度上，你必须重新开始。没有强大的内心，就不适合给青少年做心理治疗——这不会是你最后一次看到我在本书里提到这句话。

本书中的案例涵盖了广泛的问题、诊断和演示。许多看起来“老生常谈”的案例，却涉及青少年及其家庭一直存在的问题。还有一些问题，比如本章中的问题，在很大程度上与过去20年来的社会文化状况有关。这也是治疗变得如此困难的部分原因。由于社交媒体渗透到青少年生活的每一个角落，他们时刻都被一种令人兴奋的流行文化灌输着关于家庭、人际关系、娱乐、教育和个人责任的价值观，而这些价值观往往与有利于心理健康的价值观背道而驰。

在年轻人中，这些社会和文化力量无孔不入，而且非常强大。还有另一个挑战也值得注意：如果从未拥有或感受过某个事物，人们就不会想念它。我们不能指望青少年充分发挥自己的想象力和创造力，体会亲近大自然产生的敬畏感，以及这样做能给他们带来怎样的变化。所以也可以理解，当听到我们缅怀世界被电子产品占领之前的美好过去时，他们的表情为什么会如此茫然。

但我认为，曙光已经出现，变化即将发生。这些变化来自那些最有能力影响儿童和青少年的人。我看到，有些青少年正在远离社交媒体，另一些青少年正在尝试使用翻盖手机。我的青少年来访者告诉我，他们正在删除社交应用软件，放下电子烟笔，重新开始阅读。“我想读更多的书。”一些青少年最近对我说。我以前从未听过这样的话。他们补充说，自己还没有完全做到，但已经在朝这个目标努力了。他们正在考虑这件事，这太棒了。这是一个很好的开始。

第四章

心理治疗在青少年心目中的不良声誉

尽管在心理治疗领域，我们已经取得了很大进步，但仍然存在许多挑战——如何让青少年接受他们并未主动要求的治疗；如何创造对话，以引人入胜的方式让他们说出自己的想法和感受；如何对他们的困境表示同情，同时又能够让他们对自己的行为负责；如何建设性地驾驭与他们及其父母 / 照料者的治疗关系。就像我之前说过的，如果没有强大的内心，就不适合给青少年做心理治疗。

大多数行业（比如电子、通信或时尚业）都在快速创新，以不断满足消费者的需求。而心理治疗行业则不然——尤其是在青少年心理治疗领域。心理治疗行业的临床创新往往发生在其他领域，比如脑科学、正念、创伤和依恋理论。

如果说，有哪些人正在与心理健康问题作斗争，那就是我们的青少年。在青少年群体中，抑郁、焦虑、自残等问题的发生率正在飙升。医院、心理治疗机构和学校咨询师不堪重负，无法提供充足的服务。在缺少充分资源的情况下，青少年的父母和照料者不得不看着自己的孩子饱受痛苦，他们的内心也因此备受折磨。疫情隔离带来了长期的影响，无处不在的社交媒体磨灭了孩子们的好奇心和敬畏感，家庭成员彼此感情疏远，还有一些孩子承受着巨大的压力，因为他们必须在人生的各个领域都表现出色。所有这一切，造成了一个令人望而生畏的环境，于是，甚至在高中毕业之前，许多孩子就因为挫败感或幻灭感选择了自暴自弃。

研究生学习期间的一个暑假，我在一个走读营担任马术项目的教练。因为这不是一个专门训练骑马的营地，所以孩子们没有自己的骑马装备和服装。这意味着参加骑马项目的 100 个孩子会共用骑马头盔——他们不得不从谷仓的一个棕色大盒子里拿出头盔。

夏令营开始大约一周后的一天，我正在为早上第一批骑手的到来做准备。我突然看见营地主任穿过田野，朝谷仓跑去。当他走近时，我看到他手里拿着一罐巨大的莱索尔消毒喷雾（Lysol Disinfectant Spray）。主任上气不接下气地冲到我面前，快速地向我解释说，整个上午他都在接家长们的电话，露营者中暴发了头虱疫情。我立刻想到了那些共用的头盔，并认为我们应该结束这个项目，直到问题得到控制。但是，营地主任有一个不同的想法，就是用莱索尔消毒喷雾喷洒所有的头盔，然后一切照常进行。“大卫，”我说，“莱索尔无法消灭头虱。把它喷在头盔上，可能会对我们的营员造成伤害。”“我知道，”大卫悲伤地说，“但是，我们至少要做点什么……”

“至少要做点什么”，即使你不相信它会起作用。这样的念头让我想起了许多心理治疗专业人员在青少年治疗中面临的痛苦局面——他们不知道该做什么。他们用尽了自己学过的所有方法，甚至独辟蹊径，却收效甚微。孩子的父母，也许还有治疗师的督导在一旁坐立不安，想知道何时会发生一些积极的转变。他们觉得自己对治疗负有责任，与其他人一样，他们也期盼着一个更加理想的结果，却束手无策。

我认为，只要这些治疗师了解到不同的方法，他们就会乐于尝试。然而，几十年来，我们一直把青少年和其他的来访者一视同仁，努力促使他们改变，但最终许多孩子并没有通过治疗取得任何进步。从过去来看，我们并没有太关注青少年心理治疗与成人心理治疗的差别。在研究生课程中，我们特别关注的是儿童青少年的发展，而不是治疗本身。也就是说，学生们找不到一走进咨询室就能直接运用的东西——这是一个不幸的疏忽。

青少年为什么讨厌心理治疗

青少年不愿意接受心理治疗是因为……

感觉很尴尬。他们被带到一个陌生的房间，讨论他们认为自己并不存在或不愿承认的问题。很多会谈都是紧张而尴尬的，他们当然不愿意再来。

感觉不自然。青少年通常不会通过深入的讨论来解决问题，所以他们并不确定治疗能否帮助自己。此外，关于治疗的一切——从见一位陌生的治疗师到被询问几十个问题——都是在一套非自然的规则下发生的，这不是人们在现实生活中见面和相互了解的常用方式。这让青少年感觉很奇怪，也会让他们感到不安。

治疗似乎无关痛痒。为了避免过快地深入主题，许多治疗师会在治疗一开始就询问青少年来访者学习、爱好和交友方面的问题。暂且不谈试图通过提问来开启对话这个问题，另外一个不妥之处在于，除非治疗师能够以意味深长的方式谈论这些问题，否则一切都是无用的废话，并且会强化青少年心中的猜疑：治疗只是在浪费时间。

治疗往往是无效的。太多的治疗尝试都以失败而告终。在孩子们得出治疗不适合他们的结论之前，我们没有多少机会，并且，能否请他们回来取决于我们的运气。许多青少年来访者并不觉得对话、练习或体验对自己有用。我们越早让谈话变得有趣，并且与我们的来访者正在思考的事情相关（但不要强迫他们接受某个话题），让他们尝试治疗的可能性就越大。

感觉自己被控制了。很多时候，治疗师和青少年之间的对话会恶化为某种权力斗争——治疗师苦口婆心地劝导或说教，而青少年要么表现出玩世不恭的拒绝姿态，要么在焦虑中沉默不语，最终导致旷日持久的拉锯战。治疗师感到沮丧，觉得自己很失败，越来越没有耐心。来访者则感到自己被误解，幻想破灭，对治疗失去信心。甚至在治疗开始前，双方关系中存在的无数裂痕就已经破坏了治疗过程。

治疗往往过于依赖提问。当青少年走进一位治疗师的办公室时，经常会被几十个问题暴击——要么填写初访登记表，要么治疗师用提问开启谈话。关于提问这件事，有一点很有趣：在我们的生活中，在家人、同事和朋友面前，我们并不会通过问很多问题来开始对话。通常，我们只是先聊聊自己当天的经历、内心的烦恼、有趣的事情等，然后对方接着说话，于是对话就开始了。只有和青少年在一起时，成人（治疗师、父母、老师）才会试图通过一连串问题与孩子们对话——因为他们希望其中的一个问题能引发一场真正的对话。

青少年治疗为什么如此具有挑战性

许多青少年并没有主动要求接受治疗。他们是由父母或其他监护人带来的，或者是由学校或法院送来的，因此治疗是非自愿的——至少一开始是这样。这几乎改变了治疗的一切，包括权力、尊重和隐性沟通等问题——它们深刻影响着咨访关系，以及治疗的过程和结果。然而，在培训课程中，很少有人注意到这一点。此外，如前所述，我们并没有太关注成人心理治疗与青少年心理治疗的区别。研究生和其他培训项目虽然有独立的儿童青少年治疗课程，但其中很多内容都与发展理论有关，并没有提及治疗中的细微差别和成功治疗所需的微观技巧。

治疗师没有接受过充分的家庭治疗培训。在家庭治疗中，治疗师可以学习如何循序渐进地对家庭产生影响，站在每位家庭成员的立场上说话，与青少年来访者及其父母和谐相处。我从自己督导的一些治疗师那里听到，他们很难让青少年来访者的父母认真听取自己的意见。他们不具备足够的可信度，因此无法有力地影响青少年及其父母，不能控制治疗进程或辨别关键点。不幸的是，许多家庭治疗会谈最终沦为一场家庭会议，参与者陈述了自己的观点，但没有发生任何改变。

某些根深蒂固的管理政策反映了行政人员与临床工作者在意识形态方面的冲突。例如，按照文档记录的要求，治疗师在首次会谈时要讨论治疗目标，而这对大多数青少年来说是一个很高的要求，也是一个很大的障碍。我们需要在机构协议和青少年的服务需求之间保持一致性。当我们完全从医生和患者的角度来谈论“治疗”时，我们就会失去孩子。对于一个15岁的女孩来说，这会有多大的吸引力呢？她在想，为什么自己不像朋友们那么快乐，或者想知道为什么自己不敢在课堂上或午餐时说话，或者只是想找个地方，对一个值得信赖的成人大声地说出自己的思考。被迫让来访者的转变过程适应管理协议或机构需求的治疗师，从一开始就犯了错误，因为他们提供的服务往往对青少年没有吸引力。

并不是每一位治疗师的个性都适合与青少年工作。这与治疗师的年龄、性别、背景、价值观、偏好或着装风格无关，关键在于治疗师是否能自在地和青少年相处，是否能留意自己的反应和言语对青少年来访者的影响，并因此调整自己的人际风格。与青少年一起工作的治疗师需要灵活地看待所有事情，巧妙而不是防御地应对挑衅，愿意从青少年来访者那里学习，并在遇到不合情理的事情时临危不乱。他们还要做到不控制谈话、来访者的感受以及来访者的最终选择。你能帮助孩子看到他丰富的内心世界吗？你能让他们信赖你吗？你会参加各种运动吗？我提出最后这个问题，是因为在给青少年做心理治疗时，总会涉及运动这个话题。

治疗师需要在面对不同寻常的故事、情感和动力时保持不偏不倚的态度。这就要求治疗师既能够真诚地做出回应，同时也表现出体贴和自我克制。

治疗师与青少年的关系动力和与成人的关系动力是不同的。只要曾坐在不愿接受治疗的青少年面前，你就会了解那种手足无措的痛苦感。青少年是识别成人弱点和焦虑的专家，如果愿意，他们会像其他人一样利用它们。所有那些我们希望在治疗中体现出来的品质——乐于助人、值得信赖、胜任力，很可能就是我们自己所欠缺的。例如，那些想要掌控治疗进程的治疗师会发现自己根本做不到；那些试图滔滔不绝地说话以隐藏内心焦虑的治疗师，很快就会哑口无言；而那些试图通过满足青少年的所有愿望来建立融洽关系的治疗师会发现，他们同意的条件从一开始就破坏了治疗师应有的诚实和正直。

治疗师要认识到帮助孩子挽回面子的重要性。青少年欣赏这样的成人：他们明白在某些情况下，为孩子挽回面子比自作聪明更重要。例如，只要你不对他们的“参与”或“合作”过于小题大做，有些孩子就可以配合治疗。对有些孩子，你需要淡化工作关系，或者不要对你们之间已经建立的合作过于苛求。在治疗中，有些孩子可以跟你合作，只要你从不大肆宣扬他们“同意接受治疗”这件事（这也是我反对让孩子签署治疗目标协议的原因之一）。有些孩子对接受治疗泰然处之，如果有人询问，他们会坦言相告（甚至主动告诉其他人）；而另一些孩子则喜欢语不惊人死不休。要想成功地进行青少年治疗，我们需要小心谨慎地选择最适合每个孩子的治疗方法。

此外，成功的青少年治疗需要一套独特的沟通技巧。

流畅的非语言沟通

有些关于青少年的丰富信息会通过非语言的方式来传达。这就要求治疗师读懂孩子的言外之意或非语言信号，并通过自身的肢体语言、语调或沉默来表达自己。我们很难在教科书里让读者领略令人信服的成功沟通蕴含的精妙之处，但是必须对此进行强调。有时，这种沟通看起来甚至与青少年来访者坦率、不加修饰而又急切的表达不太一致，但它在推进对话上发挥了极为重要的作用。例如，治疗师如果能识别出来访者的沉默其实是表示肯定，来访者就不会过早脱落。

一位青少年低头看着自己的膝盖，深深地叹了口气，在治疗师悄声问他是否准备好在旷课两周后重返学校时，他保持沉默。他的回答其实是肯定的，这从他的肢体语言和沉默的反应中就能看出来。这个孩子总是喜欢反击来自大人的提问，而在这一刻他没有做出任何反击，这应该就是很好的答案了：我们应该理解为他会重返学校。但他的治疗师并不明白这一点，所以过了一会儿，他重复说：“所以，你没有回答……你准备好重返学校了吗？”这让孩子很恼火，他在想，*我已经告*

诉你了……我已经说过我要重返学校了。如果你让我大声说出来，我就会给你一个不同的答案。

让人舒服的交流模式是镶嵌式的，而不是线性的

与青少年来访者的自然对话并不属于程序化治疗计划的一部分，它往往是镶嵌式的。也就是说，它把大量看似不相关的线索组合到对话中。如果治疗师偏爱更加线性的沟通方式和更有条理的治疗方法，并且喜欢制订具体的目标和计划，他们可能会在谈话中感到焦虑。因为谈话并没有贴近特定的治疗目标，或者与治疗师的预期大相径庭。同样，习惯了跳跃式对话的孩子可能会在聚焦于主题、以任务为导向的谈话中感到焦虑。我和青少年的对话通常糅合了调侃、鼓励、挑战、故事、提问、反馈和自我表露，以及短暂的沉默——其目的是让来访者反思，或让谈话停顿。

成人治疗的理念并不适用于青少年治疗

成人治疗与青少年治疗存在很大的风格差异，除此以外，成人治疗中的一些基本原则和理念并不太适用于青少年治疗。

让来访者领悟对于改变很重要

领悟并不是促成改变的必要条件，不仅如此，与让来访者领悟相关的任务分散了我们对更直接的治疗任务的注意力，即让孩子改善心情、改变行为方式，或者从不同的角度看待事物。传统的、以来访者的领悟为导向的治疗语言对孩子来说是陌生的，尽管他们对获得帮助持开放态度，但他们可能不知道如何进行这种对话。玛莎 · 施特劳斯（Martha Straus）在《儿童和青少年的无谈话治疗》（*No-Talk Therapy for Children and Adolescents*）中谈到了这一点。她说，有许多孩子，

尤其是年幼的孩子，当治疗师询问他们内心的情绪或者要求他们对自己话语中的含义进行“澄清”时，他们并不知道如何回答。

关系为王

本着与青少年来访者建立融洽关系的精神，治疗师有时会过于看重同理心和支持，而不是责任问题。因此，他们最终会避开棘手但很关键的状况或话题。孩子们很快就会发现治疗师对自己小心翼翼、避重就轻的态度。有些孩子会觉得这种行为是在讨好自己，以致对治疗师失去信心，因为他们认为治疗师在牺牲自己的真实性来维持虚假的和平。稍后我会对此进行详细讨论。

谈感受很重要

许多治疗师为了让青少年谈论自己的感受付出了巨大的努力，这是其治疗脱落的重要原因之一。我们不仅仅是自身感受的集合体，过于倾向性地强调要表达自己的感受，会大大削弱我们的身份和心理中丰富多彩且极其复杂的一面。至少，如果你要问青少年来访者的感受，可以试着用一种更加隐晦的方式来问，不要把它们从更宏大、更有意义或更有趣的背景中孤立出来，比如：

· 你从新闻里听到了什么，让你想从座位上跳起来做点什么？

· 这几天你听到了哪些让你忧伤的事，以致想要跑开躲起来或拥抱别人？

· 天啊，我简直无法想象如果有机会在后台见到乐队，我会多疯狂。那是什么感觉？

况且，听到“那让你感觉如何”这种陈词滥调，哪个孩子不会翻白眼呢？我们得把这句话咽回去。

治疗首先应该是“安全的”

当我们说治疗很安全的时候，我们到底向来访者承诺了什么？不存在无端的评判和信任的崩塌？当然，这是不言而喻的。然而，其中的含义远不止于此，仅仅是这一点，并不足以支撑我们的工作。如果治疗是让孩子们参与到真实的关系中，那这种关系必须包含让它变得真实的维度——强调责任、透明、允许脆弱。

治疗师应该以恰当的方式让来访者感受到治疗是安全的：不做评判，不语带刻薄或讽刺，不为了让自己感觉有所作为而表达观点，不因为对来访者感到恼火而挑衅或批评对方。但这并不意味着治疗师不会挑战来访者，或者当来访者表现出刻薄、操纵、无礼或不负责任的行为时，他们不应该为自己的选择负责。强调责任会让一些来访者感到防御、幻灭或脆弱，没有安全感。但是，如果你做得谨慎而巧妙，努力让来访者对自己的一些不恰当的决定承担责任，就会成为治疗中不可或缺的一部分：*哇，你对她说这些话就像你在告诉她早餐吃了什么一样随意。对你来说很容易说出口的话，对大多数人来说却很难。你希望她怎么回应呢？*

在青少年治疗中，强调责任的作用从来不是让青少年“承认”问题，或者同意对这些问题进行工作。治疗师只是在确定来访者的行为或选择背后的意图。问责是有价值的，因为它能够在不进行面质（confrontation）的情况下打破青少年的错误观念，强调一个人无法左右公众如何描述自己的行为。通过这种方式，治疗师可以不必对令人反感的事情表示赞同，同时也不会因为直接批评来访者而感到有压力。

无论与多大年龄的来访者一起工作，治疗师都需要始终保持友好。但是，如果所有围绕“安全”展开的治疗最终都变成了“友好”的治疗，那我们甚至都无法谈治疗了。

避免过多的自我表露，在与来访者的交流中尽量保持中立

没有什么比治疗师不愿意“展现自己”更能预示青少年治疗的失败了。我的意思是，在咨询室里，治疗师真正和来访者同在——保持专注，与来访者产生情感共鸣，积极地参与正在进行的谈话。我不知道，如果不能自然地表达自己的个性和价值观，治疗师是如何做到这一点的。如果我们坐在那里，却不愿意分享自己独一无二的想法、经历和故事，又怎么能促进健康、互惠的治疗关系呢？

我们很容易把治疗工作的失败归咎于青少年，尤其是考虑到青少年这一概念所传递的文化和社会内涵。毕竟，青少年脾气暴躁、目中无人、忸怩作态、假装独立、轻率顽皮、爱好争论——难道不是这样吗？其实并非如此。青少年并不是外星生物或洪水猛兽，也不是精神障碍——尽管一些关于青少年的流行作品是这么描述的。他们可以是慷慨、热情、机智、顺从的，并且还有异乎寻常的同理心。他们也恰好对人际关系动力非常敏锐，我怀疑这就是为什么许多成人在与他们互动时会感到害怕或防御。成人想要通过安抚、伪装、轻描淡写、高高在上或其他方式与青少年沟通，以加强他们脆弱的控制感，而孩子们对这一切洞若观火。

不幸的是，青少年几乎没有办法抵制成人的上述行为，否则大多数成人就会认为他们叛逆、难以沟通、争强好胜，或者仅仅认为这是“典型的青少年行为”。难怪许多青少年都会依赖他们的“第二家庭”——强大的朋辈团体，其影响力很有可能会超过原生家庭。在朋辈团体中，孩子们互相理解和支持，团体氛围轻松而愉快。

想要成为青少年社会家庭中有价值的一员，治疗师不必向他们提供同龄人给予他们的东西。我们不能这样做，而那些试图这样做的人最终会显得很愚蠢。作为治疗师，我们可以提供一些非常独特的东西—— 一种不同于他们与其他人（尤其是其他成人）的关系和体验。青少年和我们在一起时，如果愿意，他们可以重塑自己，也可以保持原来的样子，或者介于两者之间。无论如何，我们都给予他们支持。

第五章

青少年需要从治疗关系中获得什么

当我们第一次了解到良好的治疗同盟的重要性时，就被告知要关注一系列不可动摇的原则，这些原则被认为是促进咨访关系的关键要素。我们接受的教导是，要向来访者表现出我们的共情、保密原则和无条件支持，这样他们就会知道我们是富有同情心的，可以放心地和我们交谈。基本上，我们是在努力争取他们的好感。

我们还被告知，在与来访者建立牢固的同盟之前，要避免挑战来访者，而建立同盟本身需要数周的时间，在这段时间里我们需要给予来访者的是倾听、反馈、镜映和支持。可是问题在于，届时孩子们可能早已转身离去，因为治疗师的殷勤态度和漫长的导入阶段让他们感到厌烦。

我们需要说服一些治疗师放弃已经过时的想法，即好的青少年治疗应该为他们提供“安全基地”和大量的共情，或者至少应该在治疗的开始采取这种方式。这可能会让陷入困境的青少年（暂时）感觉良好，但通常无法让事情发生任何改变。甚至，这种美好的感觉也会逐渐消失殆尽。无数青少年对我说过这样的话：“我的另一位治疗师很亲切，但她并没有做什么对我有帮助的事情。她只是为我感到难过，并努力表现出理解我的样子。”事实上，我们可以做得更好。

我们并没有在研究生院学到这些东西。尽管我们花了很多时间讨论如何与来访者建立关系，但我们并没有被教导如何让他们想要与我们建立关系。这两项任务有很大的差别，并且对随后的治疗产生的影响也是截然不同的。当我们明白如何通过展现自我中最好的部分，而不是依靠我们的共情或善意来吸引青少年来访者时，我们就会更好地与他们同在，并且不再需要讨好他们。我们不应该问：“怎样才能让这个孩子跟我说话？”我认为更恰当的问题是：“我怎样才能成为一个对青少年有吸引力和影响力的人，让他们真的想和我说话？”因为后面这个问题反映了青少年被治疗师吸引的重要性，并且有助于改变治疗师单方面努力付出的状况。

青少年对人际关系动力极为敏锐，他们很快就会发现哪些人在讨好自己。父母、老师或治疗师充满关切地邀请他们加入治疗，结果不但没有得到他们的合作，反而招致他们的怀疑（有人想从他们身上得到什么）、厌烦（又问许多关于学校的问题）或抵制（*对不起，我就是不感兴趣*）。这就是为什么当治疗师竭尽全力想让青少年来访者关注或参与治疗时，却往往难以如愿。尽管治疗师表现出明显的善意，但很多青少年并不觉得这种邀请很有吸引力。对于治疗师来说，最重要的是与来访者建立关系，或者在治疗过程中让“某些具有治疗作用的事情发生”。我们可能会比来访者更为迫切地希望它发生，会更多地思考如何让它发生，可是当我们对此过于努力时，就会出现问题。

治疗师与青少年关系中的关键动力

青少年拥有父母和治疗师想要但无法强求的东西——开口说话和给予认可，在这两方面他们有着绝对的特权。因此，当治疗师比来访者更加重视他们是否在治疗中说话的时候，我们就在无意中夸大了话语的价值。这使得许多治疗师都非常努力地想从他们的青少年来访者那里得到只言片语。

只有在治疗师的共谋下，孩子们手中的这两张牌——说话和认可才会发生效力。对于某些青少年来说，自愿提供关于自己的信息并接受治疗过程，可能意味着对权力的巨大让步。因此，他们小心谨慎、少言寡语。所以，如果治疗师的互动方式或行为让青少年来访者相信，他们的闲聊或对治疗（或治疗师）的认可对于治疗的推进非常重要，那么，如果他们想要停止治疗或者为难治疗师，就只需要拒绝交谈，或者不给予认可。

即使是自愿前来咨询的青少年（他们自己找到我们，或者请求父母或其他照料者预约），当素未谋面的治疗师强烈地表达出想要给予帮助的信息时，他们也会有点害怕。我们不需要在这方面引导他们，因为孩子本来就认为治疗师的角色是在为他们提供帮助，并且他们这种想法是正确的。这是我们的职责所在。

对于青少年治疗的传统观念和做法，我做了以下四个方面的思考，这样我可以更好地与青少年来访者建立牢固的工作关系。

我们需要共情，但不能滥情

在成人试图与青少年建立关系的过程中，他们可以轻易地分辨出真实和虚假，而如果与他们素昧平生的治疗师强烈地表达共情，会让他们觉得虚伪，并因此感到不安。我们需要给予共情，但如果在一段关系中过早特别是过于强烈地表达共情，就会让来访者反感。

把共情作为建立融洽关系的途径可能会让治疗误入歧途，这是因为治疗师希望表达的共情让青少年产生了误解——他们可能会这么想：这又是一个（*和我的父母或老师一样*）努力想要跟我“沟通”或者帮助我解决问题的成人。当我们试图仅仅用共情和关心与青少年沟通时，这种治疗关系很难产生任何吸引力。家庭治疗师卡尔·惠特克（Carl Whitaker）在几十年前就谈到过这个问题。他说，这种关系之所以存在不足，是因为它只有一半——“美好”的那一半，并且让来访者感觉混乱，好像一切都出错了。青少年意识到了这一点，可能会感到不安。

正是由于这种关系存在着不真实性，所以当成人试图让他们冷静下来时，很多青少年都会勃然大怒。实际情况是，在试图让一个焦躁不安的青少年平静下来时，许多成人会从这段关系中后退一步。他们冷静而疏远地用逻辑和理性与青少年交谈，这种态度与他们面对青少年的愤怒时实际感受到的急切和痛苦并不一致。

而当成人的感受和言语存在冲突的时候，就会破坏或干扰他们与青少年之间的情感联结。成人并不清楚自己与青少年之间的情感联结被打断了，但孩子有着强烈的感受。在无法像自己期望的那样建立真实关系的情况下，他们只能以激烈的方式做出回应。

在下面的咨询中，我们可以看到这种动力是如何在青少年来访者的治疗中表现出来的。假设一个16岁的男孩开始在治疗中变得焦躁不安。治疗师可能会试图干预，说："让我们花一分钟冷静下来，这样我们就可以谈谈发生了什么……"但是，惠特克并不建议我们这样做。在这种情况下，我认为更好的回应可能是：

治疗师：赞恩，等一下！我听不懂你在说什么。请你再说一遍。

青少年：好吧，去你的……我想说的都说了。

治疗师：是的，但我并没有完全听懂。我不知道，也许我可以和你一起生气。至少，我可以和你谈话。

青少年：（叹气）我只是说说而已……

在这里，咨询师的临床任务是以一种吸引青少年的方式平衡共情与治疗师角色的其他方面之间的关系。在这个案例中，治疗的任务是在存在冲突的情况下保持联结。咨询师能完成这个任务，是因为他创造了一种真实而不做作的治疗关系。

融洽的关系能让青少年投入治疗的想法已经落伍

正如研究生院的教授所讲授的那样，我们认为咨访之间的融洽关系是慢慢建立起来的。也就是说，共处的时光造就了这种关系。然而，让许多治疗师感到惊讶的是，在几周愉快的谈话之后，孩子突然退出了治疗。愉快并不能让孩子留在治疗中。要想发展融洽的关系，我们需要的不是时间，而是吸引力，而这种吸引力来自参与和尊重。

因此，建立融洽关系的“技巧”对我来说没有意义。我的理解是，只有当来访者认为与某位治疗师建立关系对自己是有价值的，咨访之间才能真正建立起融洽的关系。这里的“价值”可以是对来访者来说足够重要，能够让他们继续参与治疗的任何东西，包括发现治疗师很好沟通，能够了解他们的困境或非常有趣等。关键在于，他们会不断地回到咨询室寻找更多的价值。

我认为，融洽的关系能让青少年投入治疗的想法已经落伍。具体来说，治疗师邀请青少年加入活跃的对话，如果青少年喜欢这样的对话，他就会真正地投入其中。这样，你们就建立了融洽的关系。

这是在玩文字游戏吗？我不知道。我之所以想要插入这段关于融洽关系的观点，是因为我担心它已经成为陈词滥调。我们都明白它的含义，但我们也可能对这个术语过于熟悉，以至不再认为必须在我们的实践和理解中继续分析它。我们只是谈到“建立融洽关系”，然后就此打住，却忘记去了解在追求这个“圣杯”的过程中，我们到底在做什么。

展现真诚比急于提供帮助更有影响力和鼓励性

我们很难对关系中的真诚进行界定，在这一点上，它与其他个人品质（如友善或善良）有共通之处。毕竟，大多数人都会认为自己是一个正派、友善的人。真诚也是如此——每个人都相信自己是真诚的。

但如果让人们给真诚下个定义，大多数人都会吞吞吐吐。你越想努力证明自己明白它的含义，听起来就越是言不由衷。我认为，关于真诚最贴切的描述来自圣雄甘地的秘书马哈德夫·德赛（Mahadev Desai）。有人问他，甘地 1931 年在伦敦参加旨在讨论印度未来地位和自治问题的圆桌会议，想要改变英国公众对英国统治下印度困境的看法时，如何做到在没有任何笔记的情况下滔滔不绝，让台下的听众为之倾倒？德赛是这样回答的：“你看，甘地的思想就是他的感受，他的感受就是他的话语，他的话语就是他的行动。甘地的所思、所感、所言、所行都是一致的。”可以说，当我们能够通过人格的始终如一，即统一性来理解真诚时，我们就找到了真正的答案。

除非青少年看到治疗师承认他们的行为和态度是一种“选择”（而不是无法控制的），否则治疗就不会对他们产生吸引力

如果治疗师不愿意承认双方都心知肚明的事情——比如这个孩子是可以控制自己的，他的确了解更多，还有他明白如果他做了 A 这件事，那么周围的人通常会给予 B 这种回应——就会极大地损害他在青少年来访者面前的可信度。并且，我并不赞同人们的普遍假设，即治疗师要求青少年承担责任可能会破坏他们之间的情感联结。我相信，这样做反而更有可能强化这种联结。

那些颇有见地并且直言不讳的人必定受人尊重，尤其是当他们态度亲切、不发号施令或直接开具处方时。当青少年来访者来到治疗师面前，这种自然而然的尊重就会成为一种重要的工具。通过这种工具，治疗师可以影响、引导、指点和理解他们。在这些孩子的生活中，会有很多成人在他们面前强硬地表达自己南辕北辙的观点，还有很多成人会过度迁就他们的不良行为。这些孩子缺乏的是那些支持且了解他们内心的成人。他们可以和青少年谈论他们的问题，不会强化他们的防御，也不会让他们过早地退出谈话。

在青少年治疗中试图避免冲突的悖论

除非治疗师以一种轻松而宽容但并不带有歉意的方式，向青少年指明其行为、选择以及支配这些选择的信念，否则他们之间就无法建立真正的情感联结。

当治疗师为了支持青少年而回避真相时（很多治疗师认为这

两者无法共存），他们就失去了诚信，也因此失去了影响青少年的能力。然而，当治疗师安静、低调地拒绝接受一开始就没人真正相信，却未曾受到质疑的事情时（他只能这样做，他不是故意的，这只是一个玩笑），这本身就是一种非常有力的干预。

这就是问责在青少年治疗和青少年情感成熟中的作用——它能够在不直接进行面质的情况下，让青少年不再抱有幻想。我们绝不应该“要求”青少年承认自己的问题，或者同意解决问题。相反，青少年会被治疗师的真诚吸引，这种真诚包括以下两点：治疗师对他们的相遇保持真诚的态度，不愿意为了“维持和平”而牺牲这种真诚；治疗师并没有努力“要求”青少年做出改变，这反映了治疗师对来访者自主权的尊重。在这种情况下，许多以前并不愿意接受外界意见的青少年将会敞开心扉，心甘情愿地接受治疗师的帮助。

如何看待青少年心理治疗的目标

我想不出任何好理由可以让治疗师这样询问一位初次来访者：我们的治疗目标是什么？他们甚至可能都不明白治疗是什么意思。这就好像还没有签订销售合同，就已经付了一大笔货款。

询问治疗目标这件事本身就没有吸引力，这是其一。其二，治疗师和青少年来访者试图达成某种协议，会很容易让治疗陷入困境。当青少年并不是主动参与治疗的那一方时，情况尤其如此。当我们问他们对其从未主动要求参与的治疗有什么目标时，我们似乎在说，我们更想让治疗变成自己假设的样子，而不愿意接受这一事实：对于每一位不同的来访者来说，治疗的情况各不相同。与此同时，孩子们会想：*难道我的脸上写着我有所谓的治疗目标吗？*

有时候，治疗师喜欢制定治疗方案，是因为这让他们感觉找到了路线图。但正如我在后面的章节中说明的那样，最好的治疗应该在谈话中自然而然地完成，而不是通过对治疗目标的刻意追求来完成的。后者可能会让治疗师过分执着于症状，结果双方只能僵硬而费力地讨论孩子取得了哪些进步，或者只是停步不前。

有趣的是，如果治疗师和青少年是协调一致的，那么双方都会知道他们为什么要见面，以及他们努力的方向是什么。他们可能对此有不同的说法，或者尽管并没有明确的治疗目标，青少年却知道自己不想感觉那么沮丧了，不想一直和父母争吵，厌倦了物质成瘾，想要在朋友惹自己生气时改变回应的方式。或者，他们不想继续在自伤行为中铤而走险，或者需要弄清楚自己是应该继续打篮球还是追求自己真正的兴趣，因为这样会让父亲或教练非常愤怒，诸如此类。况且，条条大路通罗马，到达目标的路径也并不是唯一的。

青少年心理治疗：没有中立的余地

我参加过一个心理学研究生课程，这个课程的教授大部分都是精神分析学家。在学习过程中，我深入了解了为什么治疗师不应该在治疗中过多地透露自己的信息，而应该努力保持中立。

但是，这种治疗方式并不真正适合我的个性。并且，当我毕业后开始接待来访者，尤其是青少年来访者时，我清楚地意识到，这对我来说根本行不通。我认为，这种治疗方式给人的感觉是苍白、谨慎而克制的。

孩子们不想让治疗师保持中立。他们想知道你是谁，你在想什么，你喜欢什么，你愿意为什么而战——就像我们想了解他们一样。

如果你试图保持中立，就不可能全身心投入。最好的情况是，青少年会觉得治疗师心胸狭窄、不近人情。更加糟糕的是，他们会觉得治疗师尖酸刻薄、脾气古怪。

我们有很多方式有意或无意地向来访者透露自己的一部分。咨询室的装饰风格，我们与来访者分享的照片和歌单、我们的个人经历和着装风格、我们对来访者分享的内容的反应、我们选择关注和忽略的问题，都是我们自我表达的要点，并且可以被我们意识到。一些临床医生更喜欢保持低调，淡化他们对音乐、兴趣爱好、度假地点或意识形态的个人偏好。不管怎么样，大多数青少年都会找到他们需要的信息，只要它们是真实的，他们就会紧紧地抓住。

我喜欢把完整的自我带入与所有来访者的工作中，包括儿童、青少年、他们的父母、大学生，以及成人来访者。当涉及在咨询室里分享和展示的内容时，我也会非常谨慎和敏感。但我经常自我表露，无论是和我的来访者在治疗中见面，在杂货店里偶遇，在返校之夜的教室里相邻而坐，还是在马术比赛中一较高下，我都表现出相同的面貌。我和我的来访者都比较能接受这一点，但我知道这并不适用于所有人。

以下是我刻意将自我表露作为治疗工具来使用的几种方法。

对青少年来访者的自我表露

用自我表露拓展青少年的情绪版图

我正在和 16 岁的安妮卡聊天，她是一位音乐爱好者。她看了很多 MV，喜欢无伴奏合唱，是纯人声乐团 Pentatonix 的粉丝。

> “你听过他们唱的《哈利路亚》（*Hallelujah*）吗？”我问。
>
> “是的，但我删掉了，因为它让我流泪。”
>
> “天哪——我一直把它放在播放列表里，因为它让我流泪……”

安妮卡疑惑地抬头看着我。我猜她在想，为什么有人会保存让自己流泪的东西。

我想试试运气，于是说道："有一种让人难过的悲伤，会让你感觉更糟。还有一种美丽的悲伤，尽管它是悲伤的，却会让你觉得自己的心灵无比广大。听他们唱《哈利路亚》时，我感受到了这种悲伤。这种感觉还挺酷的……"

我觉得，我对安妮卡的回应做到了以下几点：

· 它传递了这样一种想法，即有些人想要寻求，而不是试图避免如此强烈的情绪反应。

· 它表明，有些人在被情绪影响时并不会感到不适，并且，让自己深深地被感动可以成为一种宝贵的体验。

· 它表明，有时候，对某件事感到悲伤可以让你变得更有爱心、更懂得感恩和更慷慨。

· 它表明，有些人会在某种悲伤中发现美。

· 它为后面更宽泛的对话奠定了基础——从听音乐时对情绪的回避，到日常生活和人际关系中的回避。在这里，你逐渐从边缘移动到中心位置。

对安妮卡来说，这些都是全新的理念。她在这里接触这些理念，会比从某个讲座中接触它们更有意义。这主要是因为，在我们的谈话中，我们都把注意力集中在对方和谈话的内容上。在这里可以感受到一种庄严的气氛，让传递的信息变得更有分量且不乏轻松愉快，这样安妮卡就可以没有防御地接收这些信息。

把自我表露作为一种交流方式

我和一个沉默寡言的13岁男孩坐在一起，他的名字叫德克兰。我对德克兰的唯一了解就是他养过宠物鼠，而且很喜欢它们。于是我对他说，真的很高兴听到老鼠们有了好住处，我之前了解到它们不是在实验室里，就是成为蛇的食物。我继续告诉德克兰，几年前我养了海龟作为自己的宠物，但在发现它们需要吃活鱼才能保持健康后，我决定给它们找别的家。我对这个似乎忧郁而孤僻的男孩说："有一次，我在宠物店给我的海龟买了鱼。带着它们开车回家的时候，我感觉自己像个刽子手，一路上我都在向每一条鱼说'对不起'。我讨厌把鱼放进龟缸里，因为我知道它们无处可逃。我再也没有这样做过，但30年后的今天，我还是忘不了这件事。"

这个沉默寡言的孩子的脸舒展开了，他的视线从地板上移开，抬起头来温柔地看着我，带着一脸浅浅的、温暖的微笑。这个笑容虽然只持续了几分钟，但已经足够——我们找到了一个小小的共同点，并由此建立了一段关系。

也许，有些治疗师不会和来访者分享自己的歌单，也不会讲海龟的故事，这没关系。重要的是，你要为自己设置一个参数，确定在什么情况下你愿意进行自我表露，并且要明白你为什么选择告诉来访者这些。如何将你的表露与来访者的需求结合在一起？你的意图是什么？是稍微揭示自己的个性？是让来访者知道，你并不希望让他们唱独角戏？是想展示自己的仁慈，还是为了让自己看起来很酷或精通流行文化？或者是为了诱导来访者告诉你一些关于他们自己的事情？治疗师采取的基于互惠合作姿态的表露可以推进谈话和治疗进程，而这与作为一种交易的披露有着天壤之别。在后一种情况下，潜台词是这样的：我会告诉你一些大多数治疗师都不会告诉你的私人的事情——只要你愿意敞开心扉，告诉我关于你自己的事情。我们要抛弃这种暗示。

自我表露可以把孩子的行为一般化，并为以后的对话埋下伏笔

11 岁的加比非常爱交际，但也很专横。她在咨询中谈起，自己为住在附近的朋友们制定了规则，规定哪些日子谁可以和谁一起玩。当她意识到这听起来有些过分时，觉得很难为情。我有理由怀疑，她有时会公然欺负一些孩子。我也明白加比关心我对她的看法，所以我觉得，应该利用这一点为治疗服务——加比目前的问题是焦虑和社会适应困难。

“你知道吗，加比？”

“什么？”

“我小时候也给每个邻居定规矩。”

“真的？”

“是的。那时候我还是个假小子，看不惯很多女孩喜欢玩芭比娃娃这件事，所以我定了一条规矩：除了周五，小区里的任何孩子都不能玩芭比娃娃。直到现在，我都不知道自己是怎么做到的……”

“你是老大。”她毫不犹豫地说。

“也许是吧。”我回答，被她迅速而正确的评价吓了一跳。“事实上，有点专横。我不喜欢这么说，但这是真的。”我补充道。

“是的，我也算是老大，但我不会专横。”

“这很酷。你比我更擅长做老大……我以为必须专横别人才会听我的话。”

然后，我又谈起了其他事情，轻轻地把这个话题抛在脑后。我面临的一个诱惑是继续聊下去，努力“理解”加比对当老大、为每个人制定规则有什么感觉。但这样做就过头了，会成为一场关于敏感话题的冗长谈话，而且最后她会溜走。

在加比还没有觉得不安的时候，我就让谈话停留在这个节点上。这样，日后我就可以轻易地回到这个话题，邀请她和我一起谈论成为老大这件事。我可以借助下面的任何一段对话开始：

· 加比提到自己有个朋友很专横。

· 加比又谈起她为住在附近的朋友们制定规则的事。

· 加比提到自己在家里、学校或朋友家发号施令，并掌控朋友的决定（买什么零食、玩什么电子游戏、跟谁视频聊天等）的任何情形。

一两个星期后，在一次闲聊中，我和加比讨论了附近喜欢制定规则的其他孩子。

我说："嘿，加比，还记得那天我们谈到，我们俩都是老大，然后我说，我认为只有专横才能让别人听自己的话吗？"

"是的。"加比说，好像不太感兴趣。

"嗯，我觉得你能成为老大，但又不专横，这很厉害。"

"是的。"我知道这段对话并没有吸引她，不过我只是想快速引出关于"专横"的话题。

"是啊，这是其一……"我轻松地说，然后话锋一转，"你有没有想过，有些孩子并不喜欢你制定的所有规则，但还是遵守了，因为他们不想让你生他们的气？"这就把谈话引向了加比更感兴趣的事情上。这时她抬起头，皱起了鼻子。

"不完全是。"她回答。

我也可以把话题转向……

> 嘿，加比，有没有人对你说过“嘿，我不喜欢那个规则”？
>
> 或者：嘿，我很好奇，加比，有没有人对你很专横？
>
> 或者：嘿，加比，你是怎么当上老大而又不专横的？
>
> 或者：嘿，你有没有觉得自己不想再当老大了，但还是得继续当下去？

不过请注意，我说的是“或者”而不是“和”。你最多可以问一两个这样的问题。你可以下次再回到这个话题，迅速进行转换，在加比开始防御或感到无聊之前退出。在这一系列对话中，你可以触及一些与加比在交友方面有关的问题，尤其是她想要掌控别人行为的问题——她的焦虑助长了这种掌控。

我们也可以轻松地把话题从社交问题转移到她的焦虑上：

> 加比，当你的朋友不让你当老大，或者不遵守你制定的规则时，你会感到心烦吗？——这句话其实在问：当你的朋友不按你的意愿行事时，你会感到心烦吗？接着我们可以说，这个时候，你会感到有些焦虑吗？就像你妈妈也在场的那天我们谈到的那样？眨眼之间，我们就转换了话题。

自我表露可以表明咨询师对来访者的良好印象

埃莱尼在 14 岁时第一次来接受治疗，现在她已经 19 岁了。她烫染了头发，更加时髦和自信了。我们一见如故，一直在一起工作。

但由于各种似乎并不那么充分的原因，多年以来，埃莱尼放弃了她非凡的声乐和音乐天赋。这个曾经让社区观众为之倾倒的孩子，却把她的天赋束之高阁，只是为了在家里和学校进行反抗，获得她渴望的关注。

所以几年后，有一天，埃莱尼对我说："嘿，我要用大提琴，甚至唱歌来找回我的灵感了……我觉得自己又有创造力了……"我真诚地回答道："哦，埃莱尼，我一直都认为你可以做到……"这时，埃莱尼慢慢地抬头看着我，眼里含着泪水。我想她很惊讶，居然还有人会为她内心那些更柔软、更慷慨、更丰富多彩的部分保留空间——在沮丧和愤怒中，她曾经将它们弃之不顾。

用自我表露来引出主题

我记得14岁的吉娜告诉我，她没有举办任何形式的生日派对，因为她"已经过了这个阶段"，抑郁让她不再喜欢这类事情。此外，所有受欢迎的女孩都举办生日派对，她不想和她们喜欢的任何一件事扯上关系。

"过了什么？"我问。

"举办生日派对。"她对此嗤之以鼻，好像我是世界上最大的白痴，"我可能只会去朋友家。"

就在这时，我把身体往前靠了靠，给吉娜讲了一个故事：

"在我妈妈82岁的时候，她说自己真正想做的一件事，就是和儿童电视节目芝麻街（*Sesame Street*）里的玩偶埃尔莫一起开生日派对——不是老式的生日派对，而是跟埃尔莫一起过生日。"

过了一会儿，吉娜问道："那你是怎么做的？"她似乎不太好意思问这个问题。

"我们给她办了个派对，还给她弄来了埃尔莫。"我回答道，打开手机给她看，我妈妈满脸笑容地站在我爸爸扮演的埃尔莫旁边。我把手机收起来，低声说："吉娜，请不要放弃生活中的乐趣。"

运用自我表露树立榜样、进行情感表达，可以让迷失的来访者重新找到方向

一对父母在家庭会谈中争吵起来，因为他们16岁的儿子今年不想和他们一起去买圣诞树。他们争论不休，所以我决定加入进来。

> “你们知道吗，每年我都为那些没有被买走的树感到难过，它们孤零零地待在那些空地上。”我说。三个人都转过头来看着我。“我觉得它们就像动物保护协会里的动物，等待着自己永久的家。”这对父母和他们的儿子都在想，治疗师是不是在开玩笑。
>
> “我是非常认真的。”我说，然后他们开始微笑，彼此交流目光。我看到，他们仍然能够欣赏别人的异想天开，并且放松了一点。在他们变得柔软之后，我郑重其事地对他们说：“随着孩子慢慢长大，需要对家庭仪式进行灵活的变通。你们可以用不一样的方式过圣诞节，那样也很不错。”

这种与青少年工作的模式关注了那些我认为最有可能影响青少年来访者的因素——重要的内容、我们的投入和关注、洞察力、坦率、明智而有效的建议、我们的智慧和真挚的情感。对我来说，重要的是要让治疗师理解，只有通过严谨和严肃的训练才能习得这种模式。我可以看出，人们很容易把它误解为一种“凭感觉行事”的治疗方法——治疗师和来访者促膝而谈、畅所欲言，但事实远非如此。我提出的这种方法需要极大的自律和自我约束，所以即使在轻松自然的谈话中，治疗师也要注意并用心倾听来访者所说的每一个字。对于干预的措辞，治疗师必须深思熟虑、慎之又慎，而且要出于善意。

无论是自愿还是非自愿咨询，在很大程度上，这些孩子都受治疗师的摆布。

对于他们的过去，我们了解很多，而他们却对我们的过去一无所知。我们了解他们的脆弱，或许也了解其中的缘由。我们知道他们体育不及格，知道他们存在多重学习障碍，或者被诊断为自闭症谱系。或许，我们也了解导致父母离婚的“真正”原因，而孩子却被蒙在鼓里，或者父母在未经孩子同意的情况下告知了治疗师，孩子做过某些错误的决定。我们也了解他们被霸凌多年的事实——他们曾经试图反击，却被狠狠揍了一顿，成为全年级的笑柄……这样的例子不胜枚举。其中某些事情对一些孩子来说有特别重要的意义。有的孩子会对某件事感到羞耻，但对另一件事却并不介意。另外，有些孩子会对自己的行为感到无地自容，另外一些孩子却会因此扬扬自得。如果希望青少年来访者在我们的陪伴下保持或恢复完整的人格，充满好奇心，并且获得疗愈，治疗师就需要成为一个爱憎分明、正直善良的人。我们绝对不能忽视这一点。

第六章

强调诚信、尊重和责任，促进与青少年的沟通

我研究生毕业后的第一份工作，是在一家寄宿治疗中心担任心理治疗师，这家机构专门治疗那些存在社交和情绪困扰的青少年。我刚刚学完了为期五年的全日制临床心理学课程——精神分析取向，我的教授们大都是精神分析学家。

这个治疗中心的青少年对治疗大都不感兴趣，而对于需要进行自由联想和自我反思的治疗，他们更加敬而远之。现在想来，两者之间的格格不入还挺有意思的。不过平心而论，我还是很喜欢自己接受的专业训练，现在仍然如此。它每天都会给我的临床工作带来影响，让我思考人格发展和结构、人际关系动力、冲突、自我防御和自我强度等问题。然而，在大多数情况下，它只停留在我的脑海中，很少直接出现在我和来访者之间的互动里。

展开新工作后不久我就发现，研究生阶段只是我接受青少年心理治疗训练的开始，尤其是对于非自愿青少年来访者。当然，有很多青少年渴望获得治疗师的关注和支持，但同样，也有很多孩子并不是这样，而且他们对此毫不掩饰。

青少年会在当下给予反馈——他们对你说的话题感兴趣，就会和你待在房间里；如果谈话比较无聊或漫无目的，他们就会转身离开。因此，我很快学会了审时度势。然而，当我环顾四周，去了解其他的治疗师时，他们与来访者之间的对抗性关系令我感到惊讶。治疗师们经常挑战自己的来访者，而他们唯一的目标就是证明自己的观点是正确的，或者是对来访者施加某种程度的控制。他们常常把来访者往最坏的方面想——认为他们爱操纵别人，缺乏治疗动力。这样的判断或许不无道理，但这更多是因为这些孩子受到了误解，并不能说明他们本性如此，

也不能预测他们未来就毫无希望。我看到，这个治疗中心的许多孩子都对自己缺乏尊重。因此，我对尊重在治疗关系中的作用和必要性做了很多思考。尊重这个概念成了我心理治疗实践的基石，也成了我养育自己三个儿子的基石。

在我的治疗模式所包含的特征中，我首先想到的是对来访者的尊重。紧随其后的是对人际自然秩序的尊重（例如自然地产生情感联结，学会信任他人，袒露自己）。另外，还有克制以及积极参与。这听起来矛盾吗？实际上，它反映了对来访者的反直觉反应，这在很大程度上是这种治疗模式的一部分，因为你往往需要在想要插手的时候稍事等待或加以克制，或者在想要等待或克制的时候不得不出手干预，采取行动。最后我要提到的一点是：我们对青少年施加的要求他们改变的直接压力越小，对话就会越宽泛，因为青少年相信，我们在咨询室里为他们保留的空间是不存在强迫或禁令的。在这个空间里，他们可以自由地思考，表达各种不同的想法。

青少年治疗方法的三大支柱

在这一章，我想谈谈对我的青少年治疗方法起到支撑作用的三个支柱——诚信、尊重和问责。如果我们能在临床工作中强调这三个要素，就能够成功地展开治疗性对话，鼓舞、激励、唤醒或支持我们的青少年来访者。我发现这个工作平台非常强大，并且具有广泛的适应性。

这三个要素包括：第一，成为来访者信赖的人；第二，对来访者表达充分的尊重；第三，坚决且充满同情地让来访者对自己的选择及其给周围人带来的影响负责。

成为来访者信赖的治疗师

我认为，一名治疗师要做到诚信，就要表现出值得信赖、专业和自控的特质。

此外，我们还应该令人信服，并且能够激发来访者的信念——这一点对于我们来说尤为重要。

我认为，诚信是我们最为强大的影响工具，是我们获得孩子的关注，并帮助他们接受新的观点、意见、理念或行为的可靠方式之一。它是一种纯粹的人类力量，能够让人在感受不到威胁的情况下发挥支配作用。在治疗中，你需要这样的非强制性杠杆帮助来访者做出艰难的改变，或者对他们的改变给予积极的支持。

在治疗中，治疗师的诚信很快就会显现出来。它最直接地表现在治疗师镇定自若的姿势和面部表情上，表现为治疗师是否能够自信（不带傲慢或审判意味）而亲切（而不是漫不经心）地迎接来访者。它表现为治疗师如何在青少年来访者的父母面前确立自己的立场（是毕恭毕敬，还是既尊重对方又保留自己的权威），是否能积极有效地塑造谈话，能否在会谈中熟练机智地处理很多挑战。它还表现为治疗师能否把某些行为一般化，让来访者感到放松，能否在不让任何人感到尴尬的情况下突出自己认为重要的观点。

诚信蕴含着极为强大的力量，能够改变看似顽固不化者的想法。在这方面，有一个非常恰当而感人的例子。我们可以看看弗雷德·罗杰斯 1969 年在美国参议院通信小组委员会发言的录像，他表示支持继续为公共广播公司提供资金。在 6 分钟的陈述中，面对小组委员会主席、参议员约翰·O. 帕斯托雷（John O. Pastore）的粗鲁和不耐烦，罗杰斯令人惊讶地保持着真诚、坚定和优雅的姿态，最终让帕斯托雷从怀疑者转变为公开支持者。“看来你刚刚赚了 2000 万美元。”帕斯托雷在罗杰斯陈述完自己的观点后对他说，台下数百人报以热烈的掌声。这真是一个动人的场面。

在治疗过程中，提高个人诚信度的方法有如下几种。

用敏锐的洞察力和诙谐的幽默感帮助孩子

有一个孩子不愿上学，治疗师正在和他的父母进行家庭会谈。他不愿意回去上学，是因为他需要在总是觉得自己见多识广、永远正确的父母面前保留自尊。治疗师并没有长篇大论地对家庭内部的动力进行解释，而是微微一笑说："我真心觉得，如果孩子知道你们俩不会在厨房里跳舞来欢庆胜利的话，他会回到学校的。"这样，你不仅让孩子马上注意到了你，还赢得了他的尊重，因为你发现了家庭中他永远无法用言语表达却能瞬间识别出来的暗流涌动。

灵活地处理尴尬的情况或潜在的冲突

面对喜欢在治疗师面前炫耀高风险行为的孩子，与其陷入一场关于"怎样才算过于危险"的拉锯战，不如说："我不想陷入一场永无止境的游戏。你说，看我做了这些危险的事情。然后我说，你没看到这有多危险吗？然后你说，哎呀，没有。"

接着，治疗师可以说："你做的事情让我感到不安。我不想说服你相信什么。我更感兴趣的是对于同一件事情，你和我为何会有如此截然不同的看法。"

在这种情况下，我发现，"我们之间有情感联结吗"这个问题，要比"我们达成一致了吗"更重要。情感联结可以消解控制权之争，有效地改变对话的方向。

用关于青少年心理的启发性观点推进治疗

一位名叫莱拉的14岁女孩非常没有自信，甚至可能是这个星球上最自卑的人。有一天，她来做咨询的时候换了一个很漂亮的新发型。她自己也认为这个新发型很漂亮，却什么都没说。她的妈妈也加入了咨询，并夸赞莱拉的新发型，告诉她新发型看起来很棒，她应该明天去学校展示一下。莱拉却对妈妈怒目而视，把连帽衫的兜帽套在头上。"莱拉，你为什么这样做？"妈妈非常困惑地问，"难道你不喜欢自己的新发型吗？你在车里说过你很喜欢啊！"

治疗师和善地对莱拉的妈妈说："露易丝，你的女儿每天都在努力不被其他孩子注意到，而你却想让她明天大摇大摆地走进学校，炫耀她的新发型？不。她也许确实非常喜欢这个新发型，但你期待的事情是不会发生的。"帮助妈妈理解即使莱拉喜欢自己的新发型，她仍然不希望受到过多关注，可以起到一箭双雕的作用：这位妈妈开始意识到，自信并不仅仅依靠外表；而莱拉也了解到，治疗师是可以给予她支持的。

保持感受、想法和话语的始终如一

治疗师的诚信也来自始终如一，也就是说，你的想法、感受和话语是一致的。这是我了解的描述真实性的最好方式。有一种方式会让治疗师在青少年来访者的心目中失去信誉，那就是两边讨好。例如，治疗师非常支持父母在家庭中更多地倡导分工合作，但在与青少年交谈时却淡化了这种支持。

青少年：你为什么告诉我的爸妈我应该多帮他们做家务？

我：因为你应该帮他们多做些家务。

青少年：为什么？我已经帮了他们很多忙。

我：我知道你确实做了很多，但只是在你心情愉快以及感觉必须得做的时候。

青少年：我不明白你为什么这么在意这件事。

我：因为我希望你长大后可以成为合格的公民。

青少年：什么？这听起来很蠢。

我：我就知道你会这么说。所以我才会告诉你的父母，他们应该对你提出更高的要求。因为你在高中不太顺利，他们降低了对你的要求。他们看到你非常沮丧和焦虑，为你感到难过，所以认为应该减轻你的压力。

青少年：嗯，他们确实应该这样做。

我：（微笑着回应她的话）哦，天哪，玛丽莎，这么长时间以来他们都是这么做的。可是，这并不能让你感觉好一些，也无法让你更好地应对今年面临的巨大压力。相反，你只会学到，如果自己心情不好，就可以不做家务。我非常希望你能明白，即使感觉很糟糕，也可以做一些事情来帮助别人，比如帮助你的父母。

青少年：哦，因为那样会让我感觉好得多，是呀……

我：（再次因为她敏锐的反驳而微笑）不，现在说这个可能会让你生气，但是……否则你会把家人都激怒，我觉得那样更糟糕。

青少年：我为什么要在乎？

我：告诉我你没有这么说。

青少年：为什么？

我：我的天哪！

青少年：说真的，你真的告诉他们，如果我不洗碗或不打扫浴室，就应该拿走我的手机？

我：当然！他们还能做什么？把你关在阁楼上吗？（这句话让我的来访者大笑起来，我们都笑了，然后把话题转移到了别的事情上。）

在避开陷阱的过程中激发孩子的好奇心

除了来访者之外，治疗师也要在他们的父母或照料者面前表现得值得信赖。我通过网络视频为一对以色列的父母提供咨询。他们13岁的女儿有严重的行为问题，她威胁父母要自杀，对母亲进行言语虐待，并且拒绝写作业。就像大多数郁郁寡欢、希望获得成人同情的青少年一样，塔玛用抱怨来转移学校咨询师和精神科医生的注意力，并让他们在不知不觉中卷入权力斗争。在和她的父母谈了两次之后，我向塔玛做了自我介绍，并请她的父母离开了房间。塔玛轻蔑而冷漠地坐在电脑屏幕前，等着我做治疗师惯常会做的那件事——努力让她对和自己交谈产生兴趣。他们可能会问这样的问题：你最近怎么样？（还好吧。）或者：家里怎么样？（我不知道，真的没什么。）或者：跟我说说你自己？（有什么可说的？）或者：你想聊些什么？（没什么可聊的，是爸妈让我待在电脑前面。）

我并没有这样做，而是问塔玛："嘿，你觉得我刚才和你父母的谈话怎么样？"

"我不知道。我并没有参加。"

"开什么玩笑？每次他们打开门看你有没有在听的时候，你都差点跌进房间里。你当然参与了这次谈话，只是没有说话而已。"

塔玛不由自主地笑了。

我停顿了一下。塔玛在等我主动跟她说话。我坐在屏幕前，只是温柔地对她微笑，好像在想什么事，而不是等待。

过了一会儿，我问："他们告诉你为什么要跟我联系了吗？"

"他们只是说，你会努力帮助他们成为更好的父母。"塔玛说。

"他们需要成为更好的父母吗？"

"我不知道。我猜是的。"

"如果他们成为更好的父母，你会有什么不同？"

"可能没什么不同。我只是一个糟糕的青少年。没关系，所有这个年纪的人都有这种感觉。只有等到成年以后，我才能开始自己的生活。"

"你是认真的吗？在成年以前你会做什么？"

在随后与塔玛父母的咨询中，我告诉他们，我觉得塔玛在等着我掉进她的陷阱：试图说服她事情并没有那么糟糕。*哦，不，塔玛，不是每个青少年都会感到*

*不快乐，或者你不想现在就感觉好一点，而不是等到长大以后吗？*显然，父母并没有发现自己女儿的小算计，或者即使发现了，他们也不知道该如何回应。由于没有落入塔玛的陷阱，我最终能够与她建立良好的咨访关系，这种关系经受了跨越大西洋的考验，并让我得以与塔玛分享自己对令她烦恼的社会关系的看法；支持塔玛的父母努力修复与女儿的关系，并为她在家里的行为设立边界；与父母讨论，在塔玛进入高中后，什么样的学校环境最适合她。

尊重来访者在选择和治疗方面的自主权

在与来访者共处时，我非常希望他们能够了解并感受到自己是被尊重的。对我来说，这不仅意味着尊重他们个人，而且也包括尊重他们的自主权、他们对自己的症状或问题的特殊倾向，以及对解决这些症状或问题的感兴趣程度。

在这种治疗模式中，重要的是让来访者认识到，他们并不是必须对干预做出回应，必须努力地去做自己之前承诺的事，或者必须始终对之前聊过的话题表现出强烈的兴趣。就好转的意愿来说，来访者并不亏欠治疗师，因为他们可能一开始就没有表达过这样的愿望。而且，即使他们表达过这样的愿望，也可以改变主意。

我认为，治疗师需要让孩子们感觉到，自己就是改变的主要推动者，并且让他们知道，自己可以说“我不再关心这件事了”，治疗师不会因此认为他们在“抗拒”。对我来说，更有意思的对话是，*嘿，为什么上周四对你来说意义重大的事情，今天却变得毫无意义呢？*在问这个问题的时候，我们要带着好奇心，而不要用嘲笑的口吻。

如果治疗师能尊重来访者不想在治疗中讨论某个事件或主题的意愿，来访者就可以更加自由地交谈和表达情感。如果不能后退一步、重新考虑或全身而退，那么对一些来访者来说，参与治疗可能会让他们感觉过于沉重。如果只能选择“接受或不接受”，大多数孩子的态度会变得更加保守。

当修复关系成为治疗师的当务之急时

在治疗中，有一种情况会导致尊重这一原则在不知不觉中被破坏，即治疗师无意中对来访者进行了指责。在来访者发生割伤和其他自伤行为时，可能会发生这类状况。或许，治疗师不想错过解决这个问题的机会，或者对安全问题感到焦虑。因此，治疗师要么无法给青少年一些空间，让他们自己展开这个话题，要么无法耐心地进行深思熟虑的询问，而是惊慌失措地做出回应，显得操之过急。这样做可能会产生一个后果，就是青少年不愿意再次提起这个话题。当治疗师表现得比来访者本人更急于谈论他的问题时，就必须承担他为了自保而逃离治疗的风险。而与此同时，治疗师也在越俎代庖，替来访者承担了进行反思和做出改变的责任。

让青少年学会承担责任

无论是作为一种治疗理念还是一种干预手段，问责都是非常有效的。它指的是治疗师愿意并有能力让来访者对自己所做的选择及其对周围人产生的影响承担责任。如前所述，它指的是治疗师努力把青少年的行为理解为选择的结果，而不是无法掌控的事。然而，必须强调的是，不要对来访者或他们的行为进行批评或评判。此外，治疗师绝对不要与青少年来访者争论或者挑战他们，或者让他们用与自己相同的方式看待问题。治疗师必须让青少年理解，对于治疗师如何定义或理解他们的行为，他们是无法掌控的。对于青少年来说，这是一次预演，预示着他们在失去父母的保护、朋友的耐心及社会对孩子的普遍善意时，将会发生什么。

在青少年治疗中，问责的作用从来不是让青少年“承认”自己的问题或同意解决问题。治疗师只是挑明来访者的行为或选择背后的意图。问责是有价值的，因为它能够让青少年醒悟，也就是在不与他们面质的情况下强化这样的观点——你无法控制人们如何看待或评判你。

正因如此，有时候将问责带入治疗，只是意味着治疗师需要安静、低调地拒绝某些一开始就没人真正相信的说法（例如她没法控制自己，他不是那个意思，那只是个玩笑）。重要的是，治疗师要能在咨询室里说出真相。

在整个治疗过程中，表现出同情心和让青少年对自己的选择和行为负责的双重任务，为治疗师创造了一种积极的紧张感。

也就是说，不假装并未注意到什么（睁一只眼闭一只眼）和真正与来访者面质是有很大区别的。前者不会以任何方式挑战来访者，只是指出其特定行为或言论背后的意图，而后者是要求来访者向你解释这种行为，甚至可能会要求他改变这种行为。前者是：*我发现你的话让我感到不安，但是不管怎样，我们继续吧，你刚才说什么来着？*（甚至可以通过面部表情来表达，比如，*做得不错*……）后者是：*你为什么要那样做？我觉得你是想让我回应你*。两者如何在治疗中应用取决于一系列因素，包括治疗关系的质量、治疗阶段、治疗目的、来访者的个性和反应，以及当下的临床任务是什么。然而，在大多数情况下，在治疗师与青少年的工作中，第一种方式是最有效的，尤其是在治疗的开始阶段。

这就是我的独特发现：治疗师不应该在与青少年来访者建立治疗关系之后再去问责，而应该先问责，这样才能建立良好的治疗关系。

要在治疗过程中处理责任问题，但不要因此偏离主题

有位青少年在治疗过程中说了不尊重父母的话，他的父母没有做出回应。你不想让谈话脱离正轨，但因为这有可能成为破坏边界的前奏，所以你又觉得不应该对这种情况视而不见。让我们仔细考虑一下：

如果你对此一言不发，就会变得和男孩的父母一样被动和胆怯。你选择不回应，就等于与他的父母共谋，会失去青少年的尊重，他会认为，你忽视这一点是为了避免发生冲突，或者不给自己“留下坏印象”。

你没有必要就这一点进行面质。事实上，关键在于，在咨询室里，要有人承认这种情况的存在——那个人不一定是你。

“这种事多久发生一次？”你这样问就能达到目的。也许父亲会说：“经常发生。”我会说：“哦，那太糟糕了。”然后继续讨论之前的话题。你要确保孩子的父母不会顺着你的问题对孩子在家里或学校造成的麻烦发表长篇大论。如果这个案例中的父亲打算这样做，你可以这样说：“哦，我们稍后会回来讨论这个问题，我只是对肖恩的话感到好奇。让我们继续往下聊，你们刚才正在谈论上周末的事情。”还有一些方法可以表明，你提出问题更多是为了表达一个观点，而不是邀请他们开始一场新的对话。你可以迅速地说：“这种事多久发生一次？”在问题的结尾用升调，不要把强调的语气放在“这种事”上面。否则，会让人感觉你在谈论这个男孩的时候，并不在意他是不是在咨询室里。

在这时，男孩已经觉得有些不安了。他没有想到会有人对此发表评论，因为大多数成人为了回避可能发生的摩擦，通常会忽略他说的话。通常，当孩子们在治疗中说一些挑衅的话时，他们并不想像在家里那样把事情搞砸——这更像是一种暗示。他们并没有预料到治疗师会处理这个问题，因为大多数人都不会这样做，他们更愿意在谈话中忠于“治疗任务”。但是，治疗任务在此刻突然发生了变化，即使是暂时的。

我可能会说的另一句话是：“你们之中有人对刚刚发生的事感到不舒服吗？还是只有我感到不舒服？”当我注意到父母倾向于淡化或忽视孩子的不当言论时，我可能会说这句话。我这样做是为了给父母一些衡量标准（例如，他们对某句话的接受程度），当他们试图分辨儿子说的哪些话是需要给予关注的、哪些话可以不管不问时，就可以运用这样的标准。在这里，问这个问题才是唯一的关键，因为这本身就表达了治疗师的观点。这引发了对青少年行为的关注，而这种关注是孩子始料未及的，因此这本身就是一种干预。而如何回答这个问题其实无关紧要。

总之，我做出上述评论（或提问）只是为了传达以下信息：

· 我听到了（孩子粗鲁或不恰当的言论）。

· 我很确定其他人都听到了。

· 我不知道为什么没有人说这件事，但我不能不予理会。

· 我不需要别人对我的评论做出回应。

· 让我们继续进行之前的讨论。

孩子们会试图恐吓那些想要用更高的标准来要求他们的成人。在这里我们谈论的是治疗关系，而不是平常的关系，这一事实并不能改变什么。治疗关系仍然是一种关系，包含许多在非治疗关系中存在的动力。治疗师要保持温暖、共情和不评判，同时传达这样的信息——你不会息事宁人或假装没有听到刻薄的言论。这样，青少年就会把你看作一个值得相信的人。一旦治疗师加入这场所有人都选择参与的闹剧，就会失去诚信和青少年的尊重。

一个名叫艾莉的 4 岁小女孩的案例能很好地说明这个问题。她来我这里接受治疗，是因为她动不动就发脾气。

艾莉经常乱扔东西，把自己的房间搞得一团糟。在一次治疗中，她告诉我，上个周末，她把芭比娃娃扔到墙上，打坏了窗帘杆，她的父母不得不重新粉刷墙壁，因为芭比娃娃的脚把墙砸出了一个缺口。

“哇，这是怎么回事？”我问。

“我妈妈说我不能去妮娜家（她最好的朋友），因为爷爷奶奶要过来吃晚饭。”

“我很好奇，你在妮娜家砸过东西吗？”

“不！当然不！如果我在那里砸东西，他们可能就不会再让我去他们家玩了。因为这样不太好。”

哈哈！可是，我们却认为，年幼的孩子并不清楚怎么做更好，或者他们缺乏自控力……

在家庭治疗中处理责任问题，而不是忽视它及其对来访者情绪健康的影响

以下这个案例向我们展示了，将问责纳入对一位无法掌控情绪、患有焦虑和抑郁症的 14 岁女孩的治疗中，可以推动治疗向前发展，而不解决责任问题则会给治疗和女孩的情感成熟带来阻碍。

近一年来，考特尼断断续续地来找我治疗。在过去，她喜怒无常，会把自己的沮丧情绪发泄在家里的每个人身上。她对别人很有戒心，贬低自己的姐妹，对母亲非常粗鲁。像许多青少年一样，只有在家里她才会表现出这种行为。

考特尼的母亲很难管束女儿的行为，随着时间的推移，情况变得更糟了。女儿的抑郁情绪越严重，母亲就越无法坚持要求她举止得体。母亲越是纵容女儿的出格行为，考特尼就越沮丧。然后，她就会感到内疚，进而割伤自己。整件事都是自我厌恶的老套路。当孩子们对照料者的“虐待”得到容忍时，他们就会陷入抑郁或愤怒情绪之中。因为多年来，家人一直在纵容考特尼的喜怒无常，所以她根本不愿意反思自己，而这本来可以帮助她更好地认识和管理自己的情绪。

在我和考特尼的母亲进行会谈时，她告诉了我上周末发生的一件事。这位母亲提议和三个女儿（包括考特尼和她的两个姐妹）一起去镇上买冰激凌，而考特尼又因为心情不好把气撒在大家身上。最后，考特尼的母亲实在忍无可忍，非常生气地让她自己走回家，而她则继续和另外两个女儿去镇上。

对于这件事，考特尼的精神科医生曾这样建议她母亲：“不要说她在大喊大叫、乱发脾气、伤害别人，因为她已经知道这一点（正确），只是没法停下来（不正确），然后会感到内疚并伤害自己（正确）。”

我之所以知道考特尼的精神科医生给予的建议，是因为这位母亲告诉我，她以及考特尼刚刚和他进行了一次心理治疗。之后她感到很困惑，不知道该听从他的建议还是听从我的，因为这两个建议对于行为出格的青少年运用了截然不同的方法。

我告诉考特尼的母亲，我相信如果听从精神科医生的建议，在“保护”考特尼感受的同时牺牲其他人的利益，只会适得其反，而且会给考特尼与母亲以及姐妹们的关系带来更多压力。我补充说，他的方法没有给考特尼提供机会，让她学会以别人可以接受的方式面对自己的挫败感。

学会用吸引别人而不是让别人排斥的方式说出自己的问题，是一项极为重要的社交/情感技能。父母需要耐心地给孩子示范这种技能，并鼓励他们去运用和学会这种能力。否则，当他们长大成人之后，会继续把自己糟糕的情绪和挫败感强加给别人，并抱怨没有人在乎这些。

我：正因为这样，我认为应该让考特尼对自己去镇上时处理情绪的方式承担责任。考特尼开始冲自己的姐妹们撒气时，你就需要进行干预，对她说：“考特尼，停下。我不会让你继续把你的坏心情强加给我们其他人。我已经忍耐你太久了。你可以自己走回家，我们会给你带点东西回来。或者，你可以学会在心情不好的时候不为难别人。”你以后可以对女儿这样说吗？

母亲：我只是希望她能把一切情绪都发泄出来，这样她就能感觉舒服一点。

我：考特尼永远不能“把一切情绪都发泄出来”。她的情绪并不是限量的，她的愤怒只会愈演愈烈。只要考特尼还被允许粗暴地对待你和她的姐妹，我不相信她会感觉良好或可以摆脱抑郁。这种模式没法让她感觉更快乐，也不能让她更好地自我控制或调节自己的情绪。你需要尽力阻止她去做那些让她感到内疚的事。她会逐渐把你施加给她的一些外部控制内化，而且，一旦意识到这样做能让自己感觉更好，她就会更有动力去做。

在接下来的治疗中，我和考特尼单独见面，并和她讨论了我为她母亲提供的建议，即母亲在处理女儿的情绪和行为时应该做出哪些改变。

我：考特尼，你妈妈允许你对她和你的姐妹乱发脾气，是因为她对你过去一年的抑郁经历感到很难过。但我并不认为这样会让你感觉更好，反而只会让你感觉更糟糕。我能理解，当时你可能会觉得很痛快，因为你太生气或伤心，但我很怀疑，事后你会不会感觉很好。

考特尼：（缓缓摇头）我感觉并不好。

我：我知道。与很多遇到类似情况的父母一样，你妈妈不想看到你不开心，所以她纵容了你。但我觉得，她应该对你说“停下，我知道你今天感觉很糟糕，但你不应该说这样的话”，然后坚持让你改正。这就是上周我和你妈妈讨论的内容，我想让你知道。你可以跟我合作，找到当你感觉控制不住要向别人发脾气的时候，能够帮助你自我克制的方法。你能接受吗？

考特尼：（点头）可以。好吧。

我可能有些先入为主，但我觉得考特尼一直在等着有人坚定地告诉她“够了，你需要停下来”。这让我想起几年前，我曾和另一个患有抑郁症的青春期女孩达娜一起工作。她比考特尼大几岁，在家里辱骂父母，而她的父母也为她感到难过，所以默许了她的行为，但这只会助长她的抑郁情绪和对自我的厌恶。

“天哪，达娜，”有一天我对她说，“家里总得有人告诉你别再胡闹了……"

"我明白！"她说，话语中带着热情和一丝希望，或许她真的希望有人这样做。

治疗师必须牢记，绝对不要通过控制、惩罚或羞辱处理家庭中的责任问题。我们应该为来访者示范健康、互相尊重的人际关系是什么样子的。当你以这种方式谈论问责时，就会对来访者起到激励作用，而不是仅仅要求他们遵守更多的规则。我相信，问责是心理治疗不可或缺的一部分，因为它能引导我们成为更好的自己，并强调了归属于某个组织（家庭、社区、国家）意味着要承担一系列义务。

我相信与家人一起处理问责问题极其重要，也是因为这可以大大减少父母对（被过度迁就或突破界限的）孩子的怨恨。在孩子不能对自己的行为负责的家庭中，那些一直以来都对来访者逆来顺受的父母和兄弟姐妹的内心往往会堆积很多痛苦和愤怒。而问责这种技术有助于减少家庭中的情绪冲突，为建立更健康、更和谐的家庭关系扫清障碍。

我们也应该承担自己的责任

父母总是被告知，不要把孩子的愤怒或抱怨当成是针对自己的。治疗师也经常被要求这样做。我认为这是一个疯狂的建议。如果我们不认真地对待其他人在我们陪伴下的体验，我们怎么可能真实而全然地出现在这些关系中呢？如果事实证明，我们自己的孩子或者我们的来访者表达的抱怨并不是单单针对我们的，那么我们就可以做出不同的回应。否则，我们就是在直接无视他们说的话。

"治疗是在浪费时间。"蕾拉说。

你立刻想要了解，她是指所有的治疗，还是单单指在你这里接受的治疗，于是你问她："你是指所有的治疗，还是单单指在我这里接受的这次治疗？"

蕾拉："所有的。这些治疗都很愚蠢。"

好吧。蕾拉在这里是广泛的说法，她的评论并不是针对个别情况，而是针对心理治疗的整体现状。你可以对她如何发现治疗机构在浪费时间表达好奇，以此继续推进对话。毕竟，来访者做出的评论是指向心理治疗组织的，而不是单单针对你这个治疗师的。

但也许，来访者的问题确实与治疗师有特定的关系，而且是针对个人的。让我们来考虑以下情形：

"你怎么就不知道该对我说什么？"一位无礼的青少年来访者说。在迄今为止的3次治疗中，他对你说的任何话都做出了攻击或挑衅的反应。

"我不知道。我也一直在想同一件事……"这是我可能会做出的一种回应。如果我也同样感到困惑，不明白为什么自己在男孩面前无法轻松自如地说话或者总是小心翼翼，我可能会接着这样说："我说的很多话都会被你顶回来，所以现在我说话之前都要考虑一下，这样我们没办法进行谈话。实际上，我并不介意你把我的话挡回来。我只是想弄清楚，我们该如何进行讨论，而不是困在原地……"

我最不想做的事情就是进行防御性回应。如果确实很难引导出流畅的谈话，那我应该试着找出一个变通的办法，我可以邀请来访者和我一起寻找这个办法。他可能会嘲笑这个想法，但我的坦诚和期待合作的态度很可能会让他放下戒心。他可能已经准备好了做出话中带刺的回应，诸如"*你是什么意思，永远不知道该*

说什么”或者“*和一个不想谈论自己的人交谈太难了*”。但我的回答基本上是：“*是的，我也看到了这一点，我不知道，你想做点什么吗？*”这就打消了他想要和我争执的念头。

以下是治疗中可能会突然出现的另外两种情况，需要治疗师对此做出深思熟虑的回应：

“你不是拉丁裔/同性恋/来自自治市/移民……你不可能理解我和我的生活。”

咨询师可以回答：

·“告诉我，你认为什么是你永远无法向我解释的，或者什么是我无法理解的。”

·“噢，缺乏信心的孩子……”（回答一个和我关系很好的青少年）

·“听起来，你希望帮助自己的人在某些重要的方面跟你有类似之处。也许你是对的，也许我做不到。我不知道。我想我可以做到。在我们弄清楚之前，你愿意和我多谈谈这件事吗？”没关系，不争论，谁知道呢，让我们讨论一下。

“我爸爸说你们这些人的生活总是一团糟，他说你们没必要去搅乱别人的生活……”

咨询师可以回答：

·“是的，我以前听别人这么说过……我不知道该怎么回应。但真正重要的是：我在搅乱你的生活吗？或者你担心我会搅乱你的生活吗？”同样，不争论。我们可以谈谈。

当被问到一个不太合适或者对我们的工作提出挑战的私人问题时，我们能给出的最糟糕的回答是什么？就是这个：“我们是来谈论你的，而不是谈论我。”

告诉青少年来访者，我们是来谈论他们而不是谈论治疗师的，会给他们留下拒绝、教条和冷漠的印象。这怎么能引发建设性的对话呢？孩子并不会想，*哦，对，应该是谈论我。那我不提问题了。*相反，他会想：“*呃，你可能是来谈论我的，但我不是。我一开始就不确定自己是否想和你谈谈。现在我确定自己不想了。*”

对于那些不愿意进行太多自我表露的临床医生来说，可以用更好的方式来回答私人问题，比如：

- “我不想在这里显得太神秘，你可以随时问我问题，但我可能不会回答太多问题，至少不会回答那些比较私人的问题。这些年来，我发现自己是一个非常注重隐私的人，但这并不意味着我不能成为一名优秀的治疗师。”
- “我知道你对我很好奇。我在这里问你这些私人问题，也许你在想，好吧，现在轮到我了！但这里的谈话和你与朋友或家人的谈话是不同的，会让你感觉是单向的。你是否愿意尝试一段时间，看看是否会感觉更好？我已经有了一些想法，如果你想听的话，可能会帮到你……”

我鼓励我的学员对来访者提出的有关治疗师的问题保持开放的态度。来访者提出的大多数问题只是缘于与生俱来的好奇心，以及想要把原本类似于审问的事件变成真正的对话。我喜欢把来访者的问题看作治疗师的一个机会——一个让治疗师以一种自然的方式更多地展现自我的机会，这样来访者就会觉得，自己不仅可以与治疗师交谈，而且还能和他们建立情感联结。

第七章

青少年治疗中破坏谈话的五件事以及正确做法

在本书的第一章，我提到，没有强大的内心，就不适合给青少年做心理治疗。写到第七章，我要再次强调这个观点。

我曾提过存在一些因素，它们可能会让治疗师过于努力地与来访者建立联结，让对话进行下去，证明自己的想法是正确的，显示自己有胜任力等，这样的例子不胜枚举。其他的“兔子洞”还包括第四章和第五章中讨论的治疗师和青少年来访者之间经常出现的鲜活而微妙的动力关系。现在让我们来看看治疗中最常见的五个僵局，这些僵局基本上都是无意中引发的。

破坏谈话的五件事

第一件事：试图激励青少年改变

有时候，治疗师是咨询室里唯一一个在意治疗的人，这就足以让我们加倍努力。

我们能和一个以漠不关心的消费者身份来接受治疗的人一起工作吗？在很多情况下，我认为我们可以。在我的经验中，来访者必须有接受治疗的动力才能从治疗中获益的想法并不正确。不过，治疗师的确需要提供一些具有足够吸引力的东西（对话、体验、自我），让青少年参与进来。

我认为，在面对一位新的青少年来访者时，治疗师首要的临床任务是引发能够激起来访者兴趣的对话，让来访者想要回到咨询室（或者至少可以接受这件事）。然后，也许在下次或接下来的几次治疗中，青少年从对话中收获颇丰，治疗师和来访者的这段关系由此开始变得重要起来。然后，随着你们之间的情感联结越来越深入，青少年开始真正地在意治疗，这意味着他开始关心自己。

如果我想要尝试鼓励一位青少年在治疗中与我合作，我会担心自己说的任何想要吸引他的话最终听起来都像是在推销。这极有可能使得他与我背道而驰，而这无疑会让治疗师更加努力地吸引来访者的兴趣，但这样反而让他更加害怕。无论我们讨论的是约会、工作面试还是心理治疗，过于迫切的渴望往往都会适得其反。

只有当我们把动机作为必要条件时，缺乏动机才会成为治疗的障碍。如果我们不那么关注如何激励来访者，而是更多地关注如何创造有趣的对话，让来访者逐步参与到治疗中来呢？如果治疗就在谈话之中，那么，不管我们的来访者对治疗持什么态度，只要我们能让他们参与到谈话中来，讨论对他们来说重要的事情——而不是对他们的父母、学校等来说重要的事情，他们就可以参与治疗。虽然有些事情对每个人来说意义非凡，但除非治疗师的谈话与让这些孩子夜不能寐的事情有关，否则他们很可能离我们而去。

请思考下面这段对话：

> 治疗师：如果你不跟我聊点什么，我就没法帮助你。
>
> 来访者（不太情愿的14岁女孩，情绪低落）：我不需要任何帮助。
>
> 治疗师：但是，你不想让自己心情好一点吗？
>
> 来访者：可能想吧，但我认为在这里不可能。
>
> 治疗师：你为什么不试试呢？

这位治疗师邀请她的来访者“试一试”，并没有什么吸引人的地方。试什么？我们只看到这位治疗师让来访者盲目地相信她的助人能力，却并没有打动来访者。

下面是另一段对话，你可以从中看出治疗师与高中逃学学生之间权力斗争的苗头：

治疗师：我担心的是，如果你不做点什么来告诉学校你仍想上学，学校就不会继续在你逃学这件事上费心思了。

来访者：那我干脆不去怎么样？

当我们坚持自己的立场时，他们总是更加固执己见。

这位治疗师犯了两个错误：其一，假设来访者拒绝上学的问题给她带来了困扰；其二，假设被停学或被开除的风险会促使女孩回到学校。实际上并非如此。让这段对话回到正轨的最好方法是，治疗师承认自己操之过急了……

治疗师：好吧，我真是操之过急了。不好意思。

来访者：你是说？

治疗师：哦，刚才不知为什么，我想要告诉你，如果你在校外待太长时间，学校可能不会让你回去。这可能是让你回到学校的一种方法，但这太离谱了。

来访者：是啊，有点。

治疗师：是的，对不起。我想我能做得更好一点……比如，你在学校的经历中，有没有什么非常重要的东西让你愿意回到学校的？

事情就是这样——当我们去影响而不是控制时，我们的来访者是否有改变的动力就不再重要了。

来访者之所以改变，是因为他们允许治疗师对他们思考、做事以及与他人相处的方式产生影响。我们不需要他们有动力，而是需要他们感兴趣，这样我们才能赢得“击球机会”。想想你曾成功地帮助过的来访者，真正发挥作用的，是他们的动机（这是我们无法控制的），还是他们对你的治疗工作的投入程度（这是我们可以控制的）？不要担心你的来访者是否有改变的动力，相反，要考虑如何引起来访者的关注。如果你引起了来访者的关注，来访者也认为你能帮助他们，他们自然会产生足够的动力。

第二件事：诉诸逻辑或青少年更“理性”的行为方式

作为治疗师，我们能做的最好的事情之一，就是把自己与那些父母、亲戚、学校咨询师和老师区分开来——他们希望让陷入困扰的青少年看到自身想法的谬误，做出更理性、更合乎逻辑的选择。

这里有一位治疗师，她想建议来访者从旁观者的角度看待自己的问题，更加“理性”地进行思考。但来访者并没有像治疗师期待的那样回答“哦，是的，我想这是真的”，而是不屑一顾地耸耸肩，改变了话题。

> “我觉得自己对一切都负有责任。”当治疗师问杰玛在学校哪些事情会给她带来压力时，她回答道，“如果我参与的小组项目获得了一个糟糕的成绩，我会觉得这是我的错。”
>
> “如果一个朋友告诉你同样的事——她觉得自己应该对小组的其他学生负有全部责任，你会怎么想？你会认为她有责任吗？”
>
> “当然不会。但那是两回事。” 杰玛回答说，确实是这样。杰玛的朋友和杰玛本人是不同的。人们对自己的要求和对朋友的要求并不一样。因此，这样的干预并不能带来太大帮助。

治疗师往往会面对很大的诱惑，忍不住想反对来访者（看似不合理的）的想法。你想说：“拜托，真的吗？你为什么要当替罪羊？”但治疗师基本上不会如此单刀直入。一般来说，许多治疗师会弱化自己的观点，转而提出一个试探性的建议：“如果一个朋友告诉你……你会怎么想？”

我相信，第一句评论（拜托，真的吗）中所包含的坦率，可以穿透一个人的防御，并邀请他们以同样的方式回应：“哦，我不知道，我只是担心拿不到好成绩……”或者：“我不想让任何人认为，我只是在榨取他们的钱……”这至少比“当然不会，但那是两回事”这类回应给了你更多的工作空间。

综上所述，治疗师询问来访者如果朋友和自己有同样的遭遇，她是否会有不同的感受，与邀请来访者从旁观者的角度看问题有很大的区别。在后一种情况下，你是在邀请她暂时放下对某个事件、某种信念和某些行为的评判。在这个案例中，就是让杰玛从自己以及朋友的观点中跳脱出来。对于如何处理友谊，杰玛有自己的规则，例如：*与对待自己相比，我总是更加善待我的朋友，或者我绝不会做任何让朋友生气的事情。*不过，对其他与自己无关的事情或人，杰玛就不太可能有这样的规则。正因如此，杰玛才可以更有效地回答关于他人，而不是关于她自己或她认识的人的假设性问题。

我认为，对这位治疗师来说，一个更有效的方法是询问来访者：“嘿，你为什么要替整个小组背黑锅？另外，如果你的小组项目得分不佳怎么办？我们来谈谈这些吧……”

学校咨询师错误地让学生“保持理智”

纳迪娅向我讲述了她和高中学校的咨询师进行的一次痛苦交流。

> “咨询师在她的办公室里。”纳迪娅告诉我，“你知道吗，有些人紧张的时候，会这样拨弄自己的大拇指（她用自己的手做示范）？她一边这么做，一边对我说：‘嘿，我听说你可能想伤害自己。’”

"我告诉她，'没有'。"

"这么说你不打算伤害自己？"咨询师回应。

"没有。"

"你从来没有伤害过自己？"她问。

娜迪亚："不，我没这么说，我只是现在不想。"

"是啊。"咨询师语带讽刺地回应道。

纳迪娅问我："她为什么不直接说，'我从自杀预防专家那里了解到，你又开始伤害自己了，希望我们能谈谈……'我会说，'呃，我想是这样吧……'我就会开诚布公地对她……"

真诚询问的力量在这里得到了认可。

下面还是这个孩子和这位学校咨询师的对话，不过发生在两周之后。纳迪娅那天早上吃了强力止痛药奥施康定，刚在学校的卫生间里把药吐出来。她的美术老师带她去做咨询，尽管她脸色苍白、视线模糊，但她坚决否认自己感觉很糟糕。没有人知道奥施康定的事。

"你现在不太理智。"她的咨询师说，"如果你不感觉难过，为什么要在这里哭？"强迫一个孩子真实地表达自己不会有什么效果，尤其是在他们情绪低落的时候。

"我不知道，"纳迪娅回答，"我现在只想去上历史课。"她想离开。

"这不合情理——你哭了，却还要去上历史课！"咨询师断言。然后又补充道，"显然，有什么事让你心烦意乱！你得告诉我。"

"没有，我只是想去上课。"纳迪娅说。

"好吧，那就去吧！"咨询师沮丧地回答，因为她无法让纳迪娅对她敞开心扉，说出自己的感受，"我还有事要做！"

孩子看起来似乎言不由衷这件事真的不重要。生活有时就是这样，所以纳迪娅只是需要有人对她说："我知道你在为什么事烦恼，如果你想告诉我，我洗耳恭听。如果不想说，你愿意在这里坐一会儿，然后再回去上课吗？"

或者，如果意识到自己在沟通中犯了错误，咨询师可以说："等一下，纳迪娅，对不起。我不应该说你不理智。我不知道你到底怎么了，所以我根本不明白什么行为是理性的，什么行为是不理性的。反正这也不重要。真不敢相信我竟然说了这样的话……我很抱歉，孩子。"如果咨询师能说出这样的话，而不是错上加错，青少年将会做出更加积极的回应。

第三件事：忽视自然法则的力量

在大多数情况下，治疗是在非自然的原则下进行的。我们与青少年来访者见面的方式、与他们交谈的方式、向他们介绍我们自己的方式，以及引导他们讨论的方式都与现实生活中的对话有所不同。因此，治疗性的谈话可能会让人感觉不自然，这导致一些治疗师和青少年之间难以建立情感联结，尤其是在开始的时候。

在日常生活中，人们自然而然地走到一起，互相分享自己的经历。我认为，当我们过多地偏离这种方式时，一段关系就更加难以建立起来了。自然法则指的是一套普遍的、天然的（未经学习的）法则，它支配着人们相遇、产生情感联结和接受他人影响的方式。

一种尊重自然法则对人际关系的影响的治疗方法，会试图让治疗师 / 来访者（以及父母 / 青少年）的关系发展符合当时情况下最自然的人际动态。忽视或者不了解这套法则，是导致亲子关系脱离正轨的一个主要因素。这也可能是治疗师和青少年，以及父母和青少年的关系存在焦虑、攻击、防御或屈尊俯就的主要原因。

最容易辨认的自然法则之一，就是"最小兴趣原则"（principle of least interest），它也是青少年心理治疗中最容易被忽视的法则。社会学家威拉德·沃勒（Willard Waller）在 20 世纪 30 年代提出了这一概念，用来描述关系中权力的一个指标。它的基本内涵是，最不感兴趣或投入最小的人在相关的事情或关系上拥有最大的权力。在《平等之爱：婚姻如何门当户对》（*Love Between Equals : How Peer Marriage Really Works*）这部著作中，佩珀·施瓦茨（Pepper Schwartz）展示了这一原则如何适用于人类的各项事务，包括国际外交、二手车交易以及决定谁来洗碗等。如果你愿意离开，而对方却不愿意，那么你就占据了优势地位。

让我们把它应用到对青少年的治疗中。在很多情况下，治疗师是更想要开始对话，让治疗发生的那个人。青少年非常了解这一点，并且可以惊人地利用它。他们可能不允许自己对治疗或对话表现出兴趣，也可能对治疗师提出的想法表达认可或积极参与。这一切并不是恶意或有预谋的，人们只是无意识地想在与他人的关系中确立自己的位置，保留一定程度的控制权。你会在夫妻关系中看到这种状况——双方都不允许自己表现出脆弱的一面，最后都假装自己对这段关系并不像对方那么在意。

而在青少年治疗中经常发生的情况是，面对青少年来访者不温不火的反应，治疗师可能会试图通过更加努力的尝试来应对青少年的缺乏兴趣、怀疑、拒绝和谨慎。也就是说，治疗师会通过更加积极的共情、更多的邀请和努力让事情发生，从而导致咨访关系变得更加不平衡。在这种情况下，孩子会觉得非常奇怪，他们可能会设法摆脱这种尴尬处境。

对于那些渴望得到帮助并期待积极体验的青少年来说，情况会有一些不同。他们可能是主动寻求治疗的，或者在选择治疗师的时候，他们自身的意见发挥了重要作用。只要这段关系在共同参与和投入方面保持相对的平衡，那么一切通常都会顺利进行。但是，如果青少年对治疗或治疗师的幻想破灭了，或者如果治疗师过于执着于治疗结果，开始向来访者施加压力，要求来访者做出改变，或者对来访者自相矛盾的承诺、不顺从或拖沓横加评判，情况就会发生变化。推动他人做出改变，同时允许对方自由地做出有关自己未来的最终决定是治疗服务的黄金标准。

第四件事：为了维持虚假的和平而放弃基本的礼仪准则

青少年总是很快就能发现，成人为了维持和平或“获得”融洽的关系而试图安抚或过度迁就他们。当这种情况发生在治疗的背景下，青少年就会知道，治疗师将通过达成妥协或者安抚，而不是相互尊重与自己建立同盟关系。这使得治疗师无法反对来访者的想法，诚信和尊重也就无从谈起了。

我在第五章举了一个例子，一个男孩当着我的面爆粗口。这种情况在个体治疗中更常见——青少年对自己的行为更加放纵，因为和他们在一起的“只有”治疗师，他们觉得在治疗师面前可以不用遵守公民礼仪。

所以也许这次，会有一个十几岁的男孩在你的书架上摆弄私人物品，拿出他的手机随便滑动，或者说：“我在这里无聊得要命——我还要待多久？”好吧……对此，你该如何回应？

最重要的是，你要以某种方式做出回应。在这种行为“第一次”发生时，你可能会试图忽略它，或者只是做出无关紧要的回应，就好像孩子并不知道做这些事情是不合适的，比如：“嘿，科尔，不要去拿架子上的那些东西，它们更适合被观赏……”但孩子知道这样做是不对的，他想要看看你会怎么做——就像个两三岁的孩子。（多动症的孩子是一个例外，他在你的办公室里走来走去，不受控制地拿起各种东西……你仍然需要说些什么，但在大多数情况下，这不是一种挑衅。）

对于那些刷手机或者通过其他方式挑战底线的孩子，我的回应总是非常低调。“你在开玩笑吧？”或者“真的吗？”这是在说，我知道他明白自己不应该做这些事情，但我不会成为那个在课堂上说“把手机收起来”的老师。然后我就看着他们，等待着。如果孩子说：“什么？”我会回答“那个”，并用下巴示意。或者，我可能会说：“告诉我，你现在不会真的要刷社交软件吧……”

“哦，不，对不起，我只是查看一下。”这是我通常得到的回应，而我只会说："很好。"

这里有个例子。有一位接受我督导的学校咨询师碰到了一个难题。她的一个学生要求在她的办公室里给妈妈打电话，然后当着她的面非常粗鲁无礼地对待妈妈。在电话里，这个女孩为了早上发生的事情冲妈妈大吼大叫，骂了10多分钟。

"我不知道该怎么办。"咨询师说，"我不赞成她那样说话——我的意思是在走廊里你都能听到她说了什么，真的很粗鲁——但是我想，如果我因为她骂人而批评她的话，她就会对我大发雷霆，或者认为我站在她妈妈那一边。所以我一言未发，但我觉得应该说些什么。"

我对咨询师说她很聪明，没有卷入这场有关骂人或校规的争执。"在学校里，其他成人可能会这样做。"我解释说，"我们很难每次都这样独立地思考。我可能会带着一丝微笑说：'真不敢相信，你妈妈居然一直没有挂断你的电话……'我会就此打住。在这样的时刻，你要做的是说出真实存在的情况，但不要表现出不赞成其言行的表情——咨询师已经从她的校长那里看到了这样的表情。"

在我看来，这句话说出了你对一个在你面前行为不当的青少年的看法，而不会让他产生防御性的反应。这不会产生争执，因为你不是在说那样做是不对的（尽管你是在暗示那样做并不恰当），也不是在告诉她不要再这样做（尽管下次她会更加注意，尤其是当你在场的时候）。你是在暗示，面对她的咆哮，她妈妈唯一恰当的回应就是把电话挂掉。

如果你不确定自己是否应该跟来访者说些什么，或者担心你们之间的情感联结还不够稳固，不足以解决轻微的争议，那么你可以考虑这样的做法。例如，假设你去候诊室接你的来访者，她正在用手机发短信。她看到你，点了点头，好像在说“好吧，等一下”，所以你……等了一会儿，然后又等了一会儿。她又向你点了点头，显然，她知道你在等她。但是，她还是继续发短信，偶尔会独自发笑。最后，大约 3 分钟后，她站起来说：“好吧。”

你的来访者跟着你进了咨询室，当你坐下的时候，你意识到自己被冒犯了，有点生气，因为你的来访者对你不屑一顾，希望你等她结束跟别人的谈话。但是，面对这种情况，你一时不知道该说什么。

你心里想着友善和真诚、想着不考虑治疗议程以及不强调自己的观点，然后你开始尽最大的努力：

> 治疗师：嗨，莫莉，你还好吗？
>
> 来访者：哦，我很好。我刚从学校回来，我刚刚和学生会的朋友们开了一个关于返校节的重要会议。
>
> 治疗师：是啊，好像发生了什么重要的事……
>
> 来访者：哦，你是说当我在候诊室的时候？
>
> 治疗师：是啊，其实我感觉很奇怪……因为当我出来找你的时候，你在发短信，我明白你让我等你一下。但是，你一直不停地发短信，就像我们现在都在候诊室，但我在等待，而你没有。我不知道，只是感觉很奇怪。就好像，我应该回我的办公室，而不是应该继续等着。但当时我觉得等待有点愚蠢，她在做什么？而我在做什么？在这里到底应该做什么？然后我就对着孩子笑笑，等待她的回答。

另一个例子很常见，就是在治疗开始时，治疗师很难和来访者开启对话。这时，治疗师可以安排一个游戏，或者用一些美术工具来化解这种尴尬。其实，治疗师还有一个选择，就是把彼此的局促不安作为你们共同的体验来处理。就像这样：

> “我们今天花了很长时间才开始谈话，你不觉得吗？我不知道为什么，但我猜我们都是这么想的，所以我还是说出来吧……别担心，这并不是什么问题。我对这件事非常好奇……我相信我们会弄清楚的……”

我认为，这比假装你和来访者只是“需要时间建立融洽的关系”好得多，后者通常只是“我们无话可谈”的委婉说法而已。

第五件事：不愿意追踪个人或家庭的消极情感，喜欢（过早地）把它转变成更积极的情感

“想想每个人积极的一面。”我偶尔会听到治疗师在治疗过程中对家庭成员这样说。他们尽力帮助家庭成员恢复与他人有关的积极情感或记忆，试图让已经恶化或充满太多怨恨而无法不治而愈的关系起死回生。

然而与此同时，这样的干预是在告诉来访者，他们不可能期待治疗师陪伴自己步入家庭过往和情感生活的黑暗深渊。对于多年来一直彼此怨恨，或者因为情绪低落而无法建立亲密情感的人来说，讨论别人的积极面无法引起他们的兴趣。来访者只会感到被迫腾出自己的情感栖息地，对每个人做出一些“积极”的评价，这种空洞的练习只会让他们感到不满，甚至变得非常恼火。

相反，治疗师要陪他们一起进入黑暗之地。让他们知道你可以去那里，如果有必要，甚至可以带领他们去那里。“你们是怎么来到这里的”是一个很好的问题，“这里”指的是他们共同栖居的恶劣艰难的情感环境。这个问题不带责备地尊重了发生在咨询室里的真相，也尊重了每个人内心的真相。如果治疗师能够平和、温暖、耐心地提出这个问题，就可以帮助来访者把家庭的经历一般化，从而让他们了解，*是的，有时非常相爱的人最终也会反目成仇*。

如果误解了来访者，我会纠正自己的错误。我更担心的是犯了错误却不自知。

我会对那些结果并不理想的案例进行梳理，找到错误的判断、不合理的假设、焦虑、反移情或措辞不当之处。对于成功的案例，我也会这样做。很多时候，我会对自己说：

- 我怎么能忘记她说过自己是被收养的！
- 这时候应该提 XYZ 而不是 ABC。
- 天啊，我真是太笨了！

来访者可能没有注意到这一点，或者这并没有对治疗的结果产生影响。但这仍然是一个很好的练习，可以让你注意到自己本可以在某个节点上做出更明智的决定。这和下棋有点异曲同工。

然而，更糟糕的是，在进行案例报告的过程中，当你正在谈论一个案例时，你开始对自己处理事情或回应来访者的方式感到有些不安。没有什么比公众的意见更能让你突然意识到，你多么希望自己当时可以想到其他的处理方式。不过，一般很少有人提出异议，即使有也非常委婉，对此我一直心怀感激。

更有甚者，当你准备把自己的经验和观点公之于世时，会在最后一刻临阵退缩。你会想，*哦，天哪，人们会读到这篇文章，如果其中有些部分让我看起来很愚蠢、傲慢或过时该怎么办？我无意中公开了自己的哪些无知之处？*这有点像当你为一个因吸烟而被父母责备的孩子辩护时，却发现他一直在偷他们的钱。

这些都不应该成为阻止我们分享自己工作的理由。我们的职业已经够神秘了，我的意思是，你能想到其他这样的职业吗？在整个职业生涯中，除了来访者，没有人看到你是如何工作的。所以，让我们继续分享吧，包括我们的错误。

第八章

帮助青少年摆脱困境：引发重要对话的策略

几年前，我与一位老朋友重新取得了联系，并计划到她的新房子里共进晚餐。我的两个儿子当时16岁，他们很想念我的这位朋友，也想加入我们的聚会。

餐桌上，他们三个人轻松地谈论着学校和工作、政治、青春期、各自的兴趣爱好等。我注意到，两个儿子都热切而周到地回答了我朋友的问题，并反过来问了她一些有趣的问题。他们似乎很享受这个互相了解的过程。

总而言之，这是一次美妙的对话——气氛和谐、彼此尊重、开诚布公、妙趣横生。它没有让人尴尬的冷场，也没有话不投机，而这些往往是治疗师和青少年来访者之间的对话，也是许多成人和青少年之间的对话存在的困扰。它的模式和节奏就像两个成人之间的对话，我想这就是它能流畅地进行下去的原因。

治疗中的对话和我们与朋友、家人或同事的对话截然不同。一方面，它有着明确的目的，需要遵循某些路线展开；另一方面，治疗的初始环境是人为的，治疗关系是全新的。此外，至少在开始时，一方（无疑是治疗师）比另一方更在意对话（治疗师开启对话，让对话持续进行下去，并利用对话进行治疗），造成了双方兴趣水平的不平衡。而这又导致了第四个差异（特别是在治疗的早期阶段），*治疗师和来访者都不可避免地意识到谈话正在进行*，这有时会成为谈话的阻碍。双方都对正在进行的谈话有着更强的觉察，这在治疗一开始是正常的。就像你试着想要入睡，突然意识到自己要睡着了，然后——“搞砸了”。于是你醒了，一切不得不重新开始。

但渐渐地，在几十次对话、不断地重述故事和记忆的片段、实时的反应、哭泣、象征性的较量、让步，还有表达关切之后，来访者适应了治疗。治疗师和来访者都不再对谈话感到不安，除非它过多地偏离我们在治疗之外的“日常”对话或咨访之间已经建立的对话模式中看到的节奏。

这里有一件有趣的事情：在治疗之外的“日常”对话中，我们会频繁而随意地互相交谈，因为要说某些重要的话而打断对方，或者迅速插入一些需要讨论的内容。这不同于我们在有节制的辩论中看到的那种千篇一律的模板：“你发言，然后我发言。”

然而，我注意到许多治疗师都在避免这样做。他们不想显得粗鲁或霸道，所以扭曲了自然的对话模式——他们觉得需要给青少年充分的空间来完成思考。而这个青少年现在觉得治疗师在等自己说出一个即兴的、没有特别意义的想法，于是又一次变得局促不安。青少年认识到，谈话之所以中断是因为治疗师试图让自己多说一点，这强化了他们的这种感觉：治疗师总是渴望他们说话，并随时准备鼓励他们说话，而这种感觉通常是准确的。这并没有太大问题，但是我们再一次注意到，这与普通的交谈方式不同，并且青少年也在无意识中产生了这样的印象。

我认为，成功的对话是逐字逐句建立起来的。一旦你把它想象成长篇大论，这个任务就无法完成。从本质上讲，要想让对话继续下去，你真正需要做的就是再多说一句话。只要一句，就能向前推进一步。然后再来一句，就像下棋一样你来我往，但没有输赢之分。

帮助话题浮现的策略

消除青少年说话的压力

“介绍一下你自己”——这是我们大多数人在面试新职位时最害怕的问题。有些人喜欢这个问题，他们能抓住机会讲述自己的故事，但另一些人就不太喜欢了。这个问题过于宽泛、缺少结构，而你有太多内容要说，不可能面面俱到。

在早期的治疗中，我们的青少年来访者肯定也有这种感觉。即使我们没有直接问这种问题，他们可能也会预料到我们希望他们主动开口回答我们的问题，讲述自己的故事。

我不喜欢一开始就给我的来访者施加压力，让他们开口说话。通常情况下，他们并没有主动要求接受治疗，所以更没有理由期待他们在一开始就说出重要的内容。大多数治疗师会采用两种方式：其一，问一些关于他们为什么来这里的问题；其二，问一些关于学校、爱好、运动等与治疗主题无关的问题。这两种方式可能都不是很恰当。

第一种方式会让交流变得别扭，治疗师往往会觉得自己是一名牙医。第二种方式会导致一场随意的讨论，在青少年回答完问题后，这种讨论就会戛然而止，只有在治疗师接着问下面的问题时，讨论才会重新开始。我想，有过儿童或青少年治疗经验的人都知道，通过询问他们最喜欢的节目、运动或电子游戏来打破僵局是什么感觉。孩子们知道这不是我们真正想要的对话，这只是我们努力让他们"敞开心扉"的尝试。有趣的是，我并不认为治疗师在一开始就摸索着说点什么，试图找到共同的话题有什么问题。

真正的问题在于，我们试图通过问一些无关的事情，而不是真正想问的问题来玩弄手段。我们以为自己轻松地进入了对话，但孩子们看到的是一个犹豫不决、害怕说错话的治疗师。暖场并不像我们想象的那样必要。我相信，当我们带着谨慎和敏感，直截了当地询问自己真正想问的问题时，孩子们就会如释重负。

玛莎·施特劳斯提醒我们，那些吸引孩子的老方法，比如积极倾听、支持性重构和奇迹问句，往往会招致愤怒的沉默、敷衍的回答、退缩和蔑视。她在治疗的这一部分使用的是一种临床性语言，这种语言不太注重话语和问题，而更强调情感联结和治疗师的胜任力。而我经常做的一件事，就是随意而带着邀请地说些什么，这样可以减轻青少年来访者的压力，让他们不会觉得自己必须填补治疗中所有的空白。或者，我会围绕青少年感兴趣的领域问一些具体问题，但我可以自己就这个话题聊些什么，而不必依靠他们，这样谈话就不会结束。比如说，孩子热爱的运动项目的明星运动员上了新闻，而我对背后的故事很熟悉，或者他喜欢的犬种刚刚参加了威斯敏斯特犬展，而我经常看这个展览。这样就可以带来热烈而生动的对话。

让我们回到一开始的话题。比如，我有一位新的青少年来访者，她患有严重的社交焦虑症，在母亲的陪同下来到我的办公室进行第一次治疗。她的母亲碰巧提到外面很冷，我可能会说："哦，天哪，这里的冬天是唯一能让我考虑搬回圣地亚哥的原因——我在那里住了3年，从来没有觉得自己这么格格不入。那里很美，但我就是想家。猜猜看……"

传统主义者可能会说："哦，在治疗中引入材料时要小心。"但并不令人意外的是，我对此抱有不同的看法，也很乐意像这样分享自己的一部分经历。（关于治疗中的自我表露的更多内容可参阅第四章。）这种分享并不是随意的，也不过于涉及隐私。事实上，这个关于圣地亚哥的简短故事为接下来与来访者直接相关的其他对话奠定了基础。它为这些对话埋下了伏笔：感觉自己格格不入以及由此带来的所有连锁反应、人际间的疏离、缺少归属感、思乡等。对于一个以社交焦虑为主诉的孩子来说，如果不能从我的故事中衍生出某些东西，与我们可以在某个时刻谈论的话题联系在一起，那将是匪夷所思的。

在另外一个场合，我也会讲述关于圣地亚哥的故事。我要见一位青少年来访者，她刚开始去当地学区专门为六年级学生新开的补课机构。每个人都喜欢那里——除了这个女孩。

"我讨厌那里，"卡梅拉说，"真是太糟糕了。我宁愿回到小学。"

"我知道你想回到小学。"我回答，"我们都希望几周后你会感觉好一点，但事情不会这么顺利。"

"其他人都很喜欢那里。我不知道为什么，但他们确实喜欢。"

“当所有人都对它趋之若鹜的时候，你却是唯一一个不喜欢它的人，你不觉得这很奇怪吗？”我说，“我曾经住在加州的圣地亚哥。每个人都喜欢那里：海滩、明媚的阳光、棕榈树。但我却不喜欢那里，我想念东海岸，想念纽约。我真的很想家……”

“真的吗？”卡梅拉兴趣寡然地回答。没关系，我并没有期待她对此特别感兴趣。我加入这个故事是想把它作为下一个问题的桥梁，接着可能会这样问她：“卡梅拉，你觉得其他那些喜欢补课机构的孩子与你有什么不同？”

或者：“是不是因为周围的人都很喜欢补课机构，所以让你更讨厌它了？”

或者：“当我在加州的时候，我真的很想念东海岸的氛围。小学的哪些东西让你怀念呢？”

很快，我们就一点点地展开了对话，来访者也放松下来。她知道我不会指望她直接把自己的事和盘托出，会让她对我有一些了解，并且会一直推动对话。

不要问太多关于感受的问题

来访者不得不从他们的治疗师那里听到很多相同的老套问题，而唯一比这更无聊的事情，就是必须回答这些问题。感受只是我们的一部分而已。

“我怎样才能让她说出自己的感受呢？”实习心理咨询师简问道。她即将和13岁的汉娜进行初次见面。“我不知道该对她说些什么。”汉娜将是简独立接诊的第一位来访者，她对此非常焦虑。

噢，天哪，我暗自纳闷。*难道研究生院还在教学生好的治疗就是*

*让孩子表达自己的感受吗？*我突然想起几年前见过的一位青少年来访者，当被问及她之前接受的治疗中哪些部分是无效的时，她开始嘲笑治疗师："辛迪，那件事让你感觉如何？它带给你什么样的感觉？你感觉怎么样？"

"呃，"辛迪继续说，"我已经受够了我那该死的感觉。这让我觉得，我只想让她闭嘴！这就是我的感受！"

"不用担心你能不能让她说出自己的感受，"我对简说，"如果你所做的与汉娜的需要比较贴近，你就不必让她说出自己的感受了。她的感受会在谈话中浮现，也会通过她的面部表情和身体动作表现出来。"

对治疗师来说，询问有关感受的问题似乎是一件很自然的事情。但是，问太多关于感受的问题会让来访者感到恼火。来访者会说出自己的感受，但不会谈论与当前对话无关的感受。

提问永远是治疗的一部分，我们无法回避。不过没有关系，因为如果我们能够注意到我们提问的方式、每一次提问的数量，它们就不会成为烦人的提醒，而是吸引人展示自己的邀请。我们可以做的另一件事，就是考虑问标准清单之外的问题——问一些意想不到、发人深省，但又不带有挑衅色彩的问题：

· 你和动物相处的方式与和人相处的方式有什么不同吗？
· 你认为我们的第一个分歧会是什么？
· 过去的什么对你来说比现在更重要？
· 你是否希望有些事情对你来说比现在更重要？
· 我说得比较多，这样可以吗？
· 谁更不会道歉，你还是你爸爸？
· 为什么除了我，每个人都跟你吵架？

新冠疫情给儿童青少年治疗带来了新的维度。如果治疗师询问来访者，他们和亲人在那段时间里过得如何，以及他们在隔离期间的经历对自己有什么影响，就可以为孩子们提供机会，让他们谈论身边其他人可能一直避而不谈的问题。阿曼达的祖母说："新冠已经过去 3 年了，阿曼达！是时候放下过去，继续前行了。其他人都是这样做的。"

可是阿曼达还做不到，除非有人愿意陪她面对过去的经历，否则她可能就不愿意放下。因为疫情，阿曼达失去了敬爱的祖父，从那以后，家里发生了翻天覆地的变化，她也变得判若两人。只要治疗师对她说，*告诉我，经历新冠疫情和失去祖父是怎样的感受*……她可能就会因为治疗师邀请她分享自己的悲伤故事而泪流满面。通过询问疫情期间的情况，治疗师会听到很多故事——关于领悟到谁才是真正的朋友（*在隔离期间，让你最惊讶的事情是什么*），关于发现自己确实喜欢独处（*在疫情期间，你对自己有什么新的了解*），关于巨大的幻灭感（*你提到自己对什么人或事失去了信心*）。

与家长会谈时，治疗师可以问以下这些问题：

· 对你的孩子来说，什么曾经很重要而现在变得不再重要了？

· 你经常就儿子花在电子屏幕上的时间与他争论。如果他在没有电子产品的环境中长大，你觉得会有什么不同吗？他的生活中会有哪些其他的东西？

· 你是如何尝试让女儿免受社交媒体的不良影响的？

· 你把儿子对当权者的不尊重归咎于新冠疫情，请帮我解释一下其中的联系。

·"你们家庭内部的游戏规则是什么？""什么？""你懂的，游戏规则……""我不明白，我实在不理解这个问题……"（治疗师现在已经掌握了有关这个问题的所有信息。）

最后，如果没有什么要问的，治疗师至少要避免问以下这些问题：

- 那么，你今天想谈些什么呢？
- 你对此有什么感受？
- 你觉得自己为什么那么做？
- 你为什么这么生气？
- 如果继续这样做，你觉得会发生什么？

不要对来访者隐藏自己的情感：你可以表现得既专业又真实

17 岁的考特尼遇到了一个男孩，他们坠入了爱河，不过两个月后，爱情的小船触礁了。“我真的喜欢上了他，”事后考特尼说，“我一直觉得很幸福，但现在一切都很痛，太痛了。”她抬头看着我，眼神变得暗淡：“嗯，你知道吗？我再也不会那么傻了！”

这是一句美妙的总结，留下了无数可能性让对话继续下去。

治疗师的哪些回应会打开这个话题，哪些回应会让对话进入死胡同呢？

以下回应会让对话陷入僵局：

- 你为什么会这么说？
- 你为什么这么说？

这些是认知性的回应，要求考特尼对自己的想法做出解释，而这会抑制她的情绪处理和表达。这两个问题更多地将注意力引向她决定背后的原因，而不是她的感受。考特尼说了一句饱含情感的话，我们也应该给予饱含情感的回应。

还有下面的回应：

· 不，别这么说。

· 听到你说自己傻，我很难过。

这样的回应告诉考特尼，治疗师希望一切都是美好和积极的。而这可能会让治疗变得盲目乐观，就像人们对自己的评价都应该是积极的，只关注优点。这只会让来访者远离真实。

一个例外是当来访者存在严重的自我贬低时。在这种情况下，解决自我贬低比讨论咨访关系中的风险和脆弱性更重要，因为临床任务或优先级已经改变。

这样的回应如何：

· 下一次你会有什么改变？

不幸的是，这是在告诉考特尼，她努力避免让自己变"傻"是正确的，并坚定了她的信念：你的确应该更加谨慎，变得更加完美，或者更好地保护自己。但这真的是我们想要告诉一个初次坠入爱河，又匆匆分手的 17 岁女孩的话吗？在这里，治疗师的价值观将会发挥作用，决定治疗的方向或基调。这不是一个关乎对错的问题，而是一次谈话——无论你认为对这个女孩来说什么是重要的，你们两个都可以就此进行讨论。

就我个人而言，我想让考特尼接受这个事实：当有机会和某个特别的人在一起时，风险和脆弱性也会随之而来（尽管在选择男朋友时要谨慎并做出自己的判断）。问她下一次会有什么改变，是在暗示她，下一次应该采取不同的做法，这很容易被考特尼理解为：要更加警惕、更加防备。

这么说怎么样：

你看起来并不傻。每个人都会犯错。

这就像一个孩子说："我永远都做不到"，而治疗师或父母说："你当然可以，继续努力，不努力就不会成功！"你以为自己在鼓励他们，然而——

· 你是在说，我没有听你说话。

· 这会让对方产生抗拒。(*我不行，妈妈。算了吧。*)

· 你失去了树立榜样和谈论如何面对消极想法、自我怀疑的机会。

以上这些回答很可能会让对话陷入僵局。在这里，我想做的是通过聚焦于考特尼的故事来打开对话。为此，我该说些什么呢？

· 你在开玩笑吧？你当然会！

· 哦，我的上帝，我希望你给自己一个机会，就像你说的，再做一次傻瓜！

在这里，我把失恋的心碎体验一般化，并向考特尼建议，再一次抓住这样的机会，比一生都紧闭心门更有价值。一般化意味着她不必对此做出如此消极的反应，并引入人生的真谛（*我们每个人都经历过，孩子*），将故事推向一个更宏大的主题：允许自己珍视某些东西，并因此承受失去它的焦虑。

在这里，治疗师可以做的事情还包括：

· 讲述一个你认识的人的故事，她过于谨小慎微，并为此付出了感情方面的代价。

· 讲述一个关于某人克服自我防御，决定再次冒险的故事。

· 问你的来访者，是否知道有什么人向自己保证永远不会再变"傻"，结果却为了"安全"而放弃了一些重要的东西。

如果你担心，自己已经错过了对考特尼自以为很傻进行讨论的机会，没关系，你随时可以再回到这个话题。因为你是在她做出这个评价之后一段时间才回来讨论的，所以和你立刻问她相比，她就不会那么防御了。过段时间再回头讨论的话，你就可以用声音和（更柔和的）面部表情来改变谈话的基调：“*考特尼，那天你说你和杰森之间发生的事让你觉得自己很傻。告诉我那是怎么回事*……”

这个例子也表明了我对青少年治疗的看法。我认为，青少年治疗不应该帮助他们去理解重大的问题和形势，而应该更多地帮助他们理解自己的感受和选择。这就是治疗的价值所在。他们通常可以在治疗中把碎片拼凑在一起。

理解对来访者而言和你交谈意味着什么，并帮助他克服误解或偏见

例如，你的来访者是否有以下任何一种想法？

- 如果我和她（治疗师）交谈，我的父母会认为我确实需要治疗。
- 如果我和她交谈，他们会认为自己是对的。
- 如果我和她交谈，我就再也不能离开这个鬼地方了。

也许在和新的青少年来访者见面的时候，来访者的爸爸会特意告诉你，他的儿子已经发誓不在会谈中开口。于是你说“没关系，没问题”，然后继续和他的爸爸交谈。但大约 20 分钟后，男孩两次欲言又止，好像想起了自己曾发誓要保持沉默。这时，你能说些什么来鼓励他加入谈话呢？

不要说讽刺、挑衅或听起来像“我逮到你了”之类的话，比如：

- 我想当我们谈到学校的时候，你可能会跟我们说话……
- 我以为你不会跟我说话了……

· 嗯（转向他的爸爸），我想他改变主意了……

· 你是怎么想的？

更好的回应是什么？这句话应该既能尊重他之前闭口不言的承诺，同时又认可他现在可能会发现自己处于两难的境地。也就是说，他现在有话要说，但已经发过誓不会开口。你试图帮助孩子挽回面子，告诉他如果想要说些什么，也不会与他之前打定主意不开口发生冲突。例如：

· 我知道你发誓不会在这里说什么，但也许谈话的方向是你没有预料到的，现在你确实有一些重要的东西要补充。没关系。我能理解你对整件事不太感兴趣。

· 有些孩子担心，如果他们在这里加入谈话，就意味着同意接受治疗，或者认为自己需要治疗。我不这么认为。我只是觉得你有话想说，仅此而已。

说出导致来访者退缩的矛盾心理

我：有时候，当你谈论一些困扰自己的事情时，我不知道你是否想让我帮你解决。

来访者：那我为什么要提呢？

我：嗯，有些孩子提出一些问题，只是想知道我是否会冲他们发火，试图解决他们的问题。另一些孩子并不确定自己是否已经做好了解决问题或放弃坏习惯的准备——他们只是在试水。

来访者：这很愚蠢。

我：摇摆不定是人之常情。对同一件事产生两种不同的感受也是司空见惯的。

来访者：听起来还是很蠢。

我：比如，有些孩子其实很想往前走，想做出改变，但他们又担心，如果自己不再焦虑不安了，大家就会觉得自己已经康复了，转而去关注其他孩子。

来访者：（抬头看着我，然后把头扭过去。）

我：有些孩子就是喜欢让我们成人觉得自己很愚蠢，因为我们把一个虚假的警报信号当成了 SOS。所以……你属于哪一种？

来访者：这些都不是，他们都很愚蠢。

我：告诉我一件事，任何事都可以，对这件事你有两种不同的感受。

来访者：我不知道。没有什么事。

我：（温柔地，带着好奇而不是挑战）嗯，你说说来这里这件事怎么样？你说这很蠢，但你还是来了……

把让来访者尴尬的行为一般化

9 岁的利亚姆羞怯地向我描述了他的习惯，就是摸自己的屁股，然后把手放到嘴里，这让他的父亲非常不安。我想让利亚姆多和我谈谈这个习惯，说说它有什么有趣或吸引人的地方，以及他是如何看待它的，但我不会问："你多久做一次？"因为我意识到，如果对话中有任何可能会让他感到尴尬的地方，谈话就会中止。

然而，如果我能让他觉得，其他孩子有时也会这样做（的确如此），那么我们就可以进行对话。"我明白，伙计。"我向利亚姆保证，"有些孩子真的很喜欢自己身上的味道。有时候他们只是好奇。他们会闻自己的皮肤、脚趾上的污垢、屁屁甚至便便！"当来访者发现，自己的确可以和治疗师无所不谈时，你总能看到他们如释重负的表情。

不要过早地放弃陷入僵局的谈话，尝试用幽默和创意继续对话

治疗师：你没有在上学？

青少年：是的。

治疗师：你做了些什么？

青少年：什么都没做。我很无聊。

好吧，你会怎么回应？你能让自己对这个孩子的无聊产生兴趣吗？来访者说这些话，要么是因为他们真的很无聊，要么是因为他们想甩掉你。所以，要让无聊成为谈话的主题。

以下这些回应可以帮助你把谈话进行下去——不过切记，不要一下子问所有的问题！

· 你怎么知道自己很无聊呢？
· 别人能看出来你很无聊吗？
· 真不错。我觉得现在并没有太多人会让自己感到无聊。
· 有时候我会怀念无聊的日子。我以前总是很无聊，现在我太忙了。

以下是我和两位哲学教授的女儿的对话，她很不愿意和我交谈：

我："共进晚餐时，你们一家人会聊些什么？"

拉娜："没聊什么深刻的东西。"

我："你是否希望谈话更加深刻一些？"

拉娜："不，我讨厌深刻！"

你会怎么处理"深刻"这个概念？好吧，与其问拉娜为什么不喜欢"深刻"（这是个无聊的问题，不太可能引出更广泛的话题），不如问她：

"饭桌上还有其他人反对这种深刻的对话吗？"

"当谈话开始变得深刻时，你会怎么做？你会站起来吗？你有没有抱怨过？"

"如果你真的在抱怨，你的父母会制止你吗，还是会让事情变得更糟，比如他们会生你的气？"

"你有没有发现自己加入了谈话，然后突然意识到，天哪，这比我想的要深入得多？"

"在餐桌上，你有同盟者可以把深入的谈话引向正轨吗？你哥哥呢？他能让谈话变得轻松点吗？"

"你有没有因为晚餐时的谈话过于深入而中途离开过？"

问这些问题本身并非关键所在。治疗师可以根据拉娜的性格，选择一两个自己认为最有可能与她开始对话的问题。比如，如果你知道她生性特立独行，而且总是跟父母顶嘴，你可以选择问她有关抱怨或起身离开之类的问题。如果你想和她谈谈她与兄弟姐妹的关系，可以问她在这种时候能不能指望她的哥哥。如果你了解她不愿意承认自己有任何不完美的地方（比如智力），你可以问她，在意识到自己不应该享受这样的谈话之前，有没有发现自己已经投入进去了。

对来访者的世界观表现出好奇，即使你认为它们“不正确”

我正在和 15 岁的蒂根谈论，在她的家里，重要的事情和话题是多么容易被抛弃和遗忘。

“你有没有希望它们不要这么快被遗忘？”我问。

蒂根回答说：“不，并没有。我认为家里的任何人都不想谈论这些事情。”

“听起来你的家人真的很难谈论敏感话题。”

“是啊，我们从来不聊。我也不喜欢。”

“和你的朋友在一起时也不聊吗？”

“我不知道，不太清楚。”

“也不和你的男朋友聊吗？”

“不，男孩子不喜欢聊天。”

“真的吗？告诉我吧！”我饶有兴趣地说，没有带一丝挑战的意味。蒂根抬起头，微笑着。

“多跟我说一些吧！”我说。

在这里，我鼓励蒂根告诉我为什么男孩子不喜欢聊天，因为我想了解，在她的世界里，男孩子为什么不喜欢聊天。而且，她活在她的世界里，而不是我的世界里。再说，即使她周围的男孩子们确实喜欢聊天，我也想知道她为什么听不到。但如果我直截了当地告诉她，她过于以偏概全了，或者我认识很多喜欢聊天的男孩子，那么我永远也找不到答案。因为你的眼神会告诉她，你并不太赞成她的看法，但这与你是否赞成并没有关系。

如果我说：“你说‘男孩子不喜欢聊天’是什么意思？”

我在这个回应中表现出来的评判态度，足以让谈话变得扫兴。很多孩子可能会敷衍地说一句“哦，我不知道，不要紧”，然后就不会再回过头来讨论了。这句话并没有邀请来访者更多地表达自己的想法。

·“你是如何产生这个想法的？”听起来带有太多评判意味，就好像你可能会接受关于性别刻板印象的训导。

·“你真的认为所有男孩子都是这样吗？”这句话就像律师在询问证人。

·“他们不喜欢聊天吗？”这句话也像律师在询问证人。

你的目标是让对话进行下去，而青少年来访者越多地说出自己的想法、选择和爱憎，治疗的内涵就会变得越丰富。

在治疗中与来访者开玩笑

就像我们与来访者沟通的其他方式一样，开玩笑——两个人之间诙谐、善意和活跃的交流，在治疗中占有一席之地。它可以很好地展示治疗师吸引人的一面，并在几分钟内以非正式的方式与来访者建立情感联结。

此外，与青少年来访者开玩笑是一种有效的方法，可以让你和孩子们的谈话顺利地进行，因为他们一遇到“重要”的事情就会犹疑不定。这种灵动的、镶嵌式的玩笑，可以让你和来访者在同一时间谈论几件不同的事情。这与线性对话形成了鲜明的对比，在线性对话中，一个“问题”的出现是非常醒目且突出的，会吸引所有人的注意。

14 岁的卡茜迪是一个咄咄逼人、愤世嫉俗、容易冲动的八年级学生。她喜欢成为人们关注的焦点，并且经常在学校里与老师和校长大吵大闹。除了抑郁之外，卡茜迪还患有相当严重的强迫症。她和家人关系紧张，经常说自己不想活了。按照她母亲的说法，卡茜迪“不愿意坚持下去”。

卡茜迪见过许多治疗师，但没有一个能够留住她。他们无法真正理解她为什么说自己不想活了，只是对她厌恶学校这件事表现出了过多的同情。对卡茜迪来说，一切都是个巨大的笑话，她立即拒绝了他们的帮助。

这是卡茜迪和我进行的第 4 次谈话，她解释说，她对想要教育自己的老师很愤怒。

> 我笑着问：“他们应该怎么做？”
>
> “别管我。”
>
> “那你就会因为他们不理你而生气。”
>
> 卡茜迪笑着告诉我或许真的是这样。
>
> “也许你就是很生气。”我淡淡地说。
>
> “我每次上课都会睡着。”卡茜迪选择这样回答。
>
> “什么，你不喜欢我刚才说的那句话吗？”
>
> “你说了什么？”
>
> “我说也许不管是谁在做什么，你都会生气。”
>
> “哦。我已经知道了。”
>
> “我的天啊，”我说，“关于你的事情，我告诉你的那些你肯定都了解了……”
>
> “我的老师们总是在玩这些权力游戏。”（有趣的是，鉴于卡茜迪对权力游戏的评论，她可能会把我上面这句话当作权力游戏。）
>
> “他们想要赢得什么？”
>
> “我不知道，但我的英语老师告诉我，她真的很喜欢我的文章。我写了一篇文章，内容是我的内心很痛苦，生活让我痛不欲生。”

这是一个值得更多讨论的话题，但我意识到卡茜迪不太愿意讨论它。如果我抓住这个机会和卡茜迪讨论它，她就会学会把自己不愿意讨论的事情隐藏起来，这样我就永远听不到她内心真实的想法了。我想让卡茜迪知道，坦然相告不会让她对话题或谈话失去控制权，我也不会以“安全”为由强迫她和我讨论这件事。

我对自己的回答感到满意，因为我认识卡茜迪很长时间，知道她和许多其他在新冠疫情期间感到孤独、抑郁、退出一切有意义活动的青少年一样，用“不在此处”的幻想来应对他们的绝望、孤独和对未来的不确定感。对一些孩子来说，这给他们带来了一些安慰，不再担心自己将在悲伤中度过余生。就好像他们可以对自己说，*好吧，如果情况真的很糟糕，我可以随时离开*。但他们从未认真考虑过要结束自己的生命。确实，有很多孩子结束了自己的生命，所以对于来访者可能陷入了严重的困境这件事，治疗师不能掉以轻心。不过，卡茜迪的情况并没有那么严重。

我决定间接地提及卡茜迪说自己很痛苦这件事。这样的话，如果愿意，她就可以把这件事抛在脑后，但如果她觉得讨论的时机已经成熟，也很容易再次提起这个话题。

“我很高兴你的老师能欣赏你的文章，”我对卡茜迪说，“某些人会觉得这令人担忧……”

卡茜迪没有理会我对老师回应的评论，而是继续谈论自己有多痛苦。“当我不想做作业的时候，我就去 YouTube 上看小孩子受伤的视频，因为这会让我想起自己的那些痛苦事。”

跟我说话时，卡茜迪垂着脑袋、披着头发。在剩下的 10 分钟里，她一直保持着这个姿势。因为她在几分钟内第二次提到自己很痛苦，我决定明确地邀请她告诉我更多的信息，尽管我知道自己必须尽快地结束这次咨询。

“多跟我说说你的痛苦经历吧。”

“我不知道。它就在那里。”她说，然后变得沉默，仍然低着头，拨弄着自己的头发。

我选择不强迫她，因为我相信在未来的治疗中，卡茜迪和我能够回到她的痛苦这个话题。我这么说是因为这个话题已经摆在桌面上，可以这么说，是卡茜迪自愿承认的（我不需要逼她说出任何话）。因此，当我们回到这个话题的时候，我可能不会遇到太多阻力。

卡茜迪和我静静地坐在一起，轻松地坐了一两分钟，然后，我用这句话结束了咨询：“嘿，卡茜迪，我必须结束了，但也许下次我们可以再谈谈这个话题……”

“也许吧。”卡茜迪说。

在两周后的下一次治疗中，我了解到卡茜迪和她的家人要搬去旧金山。她告诉我，她事先参观了那里的一所私立高中，但她刚刚被录取就被学校赶了出去。

那所学校不愿意接收我，告诉妈妈我不能去那里上学。

我的天啊，你总是爱惹麻烦。

这是什么意思？

意思是你就是喜欢和校方大吵大闹。

卡茜迪笑了。

我不知道你是想表达自己的观点，是想获得一点关注，还是想让他们生气，或者三者兼而有之，或者还有别的原因，但你确实喜欢成为那样的女孩。那么，你到底做了什么？

我开了个玩笑！

我猜，应该不是一个很好的玩笑。

不，它真的很有趣！这是一个很棒的玩笑！

时机决定一切，孩子。

我选择的时机也很完美！

（几分钟后……)

我讨厌那些真正快乐的人。

那所学校的孩子们看起来都很开心吗？

很多是。

有时候从表面上很难分辨。

我相信他们都有完美的家庭。

我不知道。

我喜欢看《辛普森一家》！

你当然喜欢。悲观主义！无政府状态！

今天在学校，我的牙掉了！

掉了吗？像乳牙一样？

是的。

等等，你怎么还留着乳牙？

我不知道，但我把它拔出来了。

你拔出来了？

是的，你知道它就在那里晃来晃去。

哦，天哪，我知道。嗯，它好像在那里摇摇欲坠……

是的。

你今晚会把它放在枕头下面吗？

不。我已经不是小孩子了。

这又有什么关系呢？如果我知道有人把它换成现金，我会把它放在枕头下面的。

我以前这么做过，但后来我发现牙仙子不是真的。

嗯，是的，但是……你是怎么知道的？

我假装自己睡着了，然后我看到我爸爸进来拿走了我的牙，在我枕头下放了一美元。就在那时，我知道了真相。我的眼泪流了下来，但没有说一句话。他走了之后，我一直哭个不停……

真是一个美丽的故事，卡茜迪。悲伤，但很美。在那一刻，一切都改变了。*我发现牙仙子不是真的。我发现我的父母让我相信一些不真实的事情。还有什么是虚假的？你把这个故事讲得如此美妙，我觉得你应该把它写下来……*

卡茜迪开始谈论即将搬到西部的事情。

我问她，你会最想念谁。

杰克（她的男朋友）、我奶奶、艾比……

艾比是谁？

我在《妈妈和我》（*the Mommie and Me*）里认识的她，那时我们还是婴儿。

不可能！

是的。我们从两三个星期大的时候就在一起了！我们还是最好的朋友！

太酷了。

不像我夏令营的朋友们，我讨厌他们。

什么？我几乎是在大喊大叫。他们是最好的朋友。

不，他们不是。他们是愚蠢的朋友。

你错得太离谱了，卡茜迪。夏令营的朋友是最好的。我已经和在那里认识的朋友交往50年了！

真的吗？你们还是朋友？

最好的朋友。超级好。我们的友谊维持了很多年。比《妈妈和我》还要久！

“这的确更久。”卡茜迪笑着说。她把腿搭在沙发背上，闭上了眼睛。

你要在我面前睡觉吗？

我不知道。也许吧。

我今天显得特别无聊吗？

“不。”卡茜迪一直闭着眼睛。

如果你要睡觉，那就把你妈妈叫来，这样我们就不会浪费她的钱了。

她走了。

去哪儿了？

塔吉特。

哦，上帝。每个家长把孩子送到这里后都会去塔吉特百货。他们从来没有及时回来过。

我不会去看任何关于加州新房子的照片的。

我认为这是你抗议的方式。我知道你不想去。

我要把自己锁在家里。哪儿能弄到链子？

五金店？

真不敢相信你竟然回答了这个问题！

我也没法相信！有那么一瞬间我想，我这么说会有麻烦吗？然后我又想，天哪，这想法太荒谬了，就像这孩子不知道去哪里买链子一样。

我要把自己拴在冰箱上。

哦，上帝。

是的，我要留在这里。他们可以去那里。

好吧，至少你还有东西吃。

卡茜迪笑得很开心。

几周后，卡茜迪去了加州，所以我们没能一起完成治疗。我举这个例子，是因为它说明了在开玩笑的时候，许多话题或问题可能会出人意料地浮现出来（否则可能永远都不会出现），包括：

· 卡茜迪与老师以及学校的其他人员关系紧张。
· 她与人交往时心里有一种隐忍的愤怒。
· 她内心很痛苦，这种痛苦有时让她想要放弃生命。
· 她似乎更容易把这种痛苦写下来，而不是说出来。
· 她总是自暴自弃地向别人挑衅。
· 她怨恨那些“过得更好”“看起来更快乐”的孩子。
· 她对玩牙仙游戏这种孩子气的事情很反感。
· 当她爸爸从枕头下拿走她的牙齿时，她决定保持沉默。
· 她不愿意搬到加州。
· 她设法把自己和房子绑在一起。

如果我们有更多的时间，卡茜迪和我可以选择上面的任何一个话题进行深入的讨论，因为它们已经浮现在咨询室里。我想她不会介意我说：“嘿，跟我说说那些你认为过得更好的孩子”，或者：“姑娘，你总是搞得校长们气急败坏，到底想要干什么？”我想她会大笑，并且感到些许骄傲，因为我认为她可以激怒学校里所有的成人。

我不认为卡茜迪像她希望别人相信的那样铁石心肠。我觉得她很可爱，而且非常有趣。真正反社会的孩子没有卡茜迪身上那种自然轻松、毫无防备的幽默感。在学校里，卡茜迪的幽默感吸引了很多不同类型的孩子，他们很想跟她交往，觉得她可以带来安全感。

当考虑该如何帮助青少年来访者接受治疗时，请记住，我们为这些孩子提供了所有的同情、支持和指导，而我们也是期待很多回报的。我们探询他们的感受、他们的想法、他们的故事。我们想要知道他们对我们说的话的反应，以及是否接受我们提出的一些建议。除此之外，我们还希望得到他们的关注和信任。请记住，许多孩子并没有主动要求接受治疗。对治疗师来说，提前说点什么没有坏处——一个夏天的小插曲、一个你经历过的有趣故事，或者对最近上映的电影、季末演出或新开的墨西哥卷饼店的评价。是的，你可以分享一些个人的、温暖的、吸引人的东西。你不需要做太多。在这里，一点点分享就能产生巨大的力量。

第九章

有悖于直觉的策略：让青少年在治疗中说话

你肯定有过这样的经历：你正在和青少年来访者工作，你认为你们谈得还不错，已经有了一些方向。然后，你突然发现你们的谈话变得漫无目的，甚至无法进行下去。虽然什么都没有发生，但你们的谈话就是变得死气沉沉。

如果能够弄明白是什么让我们与来访者的互动脱离了正轨，就可以更好地了解如何让互动更加吸引人。问太多的问题和生硬地让来访者参与，显然都是谈话的杀手。更难辨别的是，我们经常让来访者感到不自在、被攻击或被误解。我们并非总能意识到这一点，来访者也很少告知我们。我们只是知道，我们和青少年来访者都已经无话可说了。

治疗师对青少年来访者的个性，尤其是其心理状态的把握，会决定谈话的成败。有些青少年需要治疗师活泼一些，另外一些青少年则希望治疗师更加冷静。有些来访者需要治疗师对自己更好的决定或行为表示大力支持，而有些来访者则会在这种坦率的赞美下退缩，感到尴尬，甚至可能觉得咨询师在屈尊俯就。有些来访者希望治疗师能和他们亲密无间地站在一起，共同解决问题；而有些来访者只有在治疗师与自己保持距离时才愿意接受帮助。我们可以是以上任何一种治疗师，也可以是所有这些治疗师；其中的差异是微妙的，任何情绪灵活的人似乎都能做到，但其带来的差异效应却是巨大的。

这一章谈的是临床工作的细节。治疗师是用对来访者本人的理解指导干预，而不是根据来访者的临床状况、诊断或自己接受的培训进行干预。对于治疗师来说，做出与直觉相反的回应意味着，在任何你觉得需要采取行动或说些什么的情况下保持克制，因为对来访者的理解告诉你应该这样做。这意味着克制自己想要过早地解决看似紧急的问题的冲动，因为你明白，在那一刻来访者真正需要的，是接受不确定性和模糊性带来的不适感。这意味着，尽管《101 种心理疗法》（*Therapy 101*）教导我们，不要在青少年焦虑时挑战他们，但你要认识到，对于坐在你面前的这位焦虑的青少年来说，只有在治疗师对其问题行为背后所应承担的责任进行讨论的那一刻，他才会安定下来，并开始真正地和治疗师建立情感联结。反直觉并不是什么神秘、超凡的东西，也不是少数人的专利。它适用于所有知道何时应该暂停常规的回应，选择更加适合来访者和治疗过程的回应的治疗师。

有时候，要想让谈话继续下去，你唯一要做的就是避免做那些会使谈话中断的事情。

把讨论问题和解决问题分开

很多针对青少年的治疗甚至在开始之前就偏离了轨道。这里有一个例子：一位治疗师邀请一位青少年来访者向她敞开心扉，来访者也确实这样做了。但当女孩第一次提及自己面临的问题时，治疗师就把它作为关注的焦点。这导致她们之间生动的对话消失了，取而代之的是生硬的你问我答。不幸的是，这位治疗师本以为，来访者说出自己的问题是为了得到帮助，但这位来访者并不是这么认为的。

青少年来访者经常在愿意解决问题之前提及自己遇到的问题。这是因为……

· 有时候一个问题就这么脱口而出；

· 或者：有时他们深受问题的困扰，因此想要谈论它们，但并没有准备好做出有助于解决问题的改变；

· 或者：有时他们不想对自己的问题失去控制。

当治疗师在这一点上操之过急时，会出现两种情况：其一，来访者会对我们失去信心，认为我们无法识别一个人是否愿意做出改变；其二，我们无法在工作中保持节制，会更多地关注我们希望发生什么，而不是来访者愿意发生什么。

但是，当我们表现出耐心且谨慎的态度时，就是在告诉来访者：*我的时间表跟你的一致；我不期待发生些什么；我愿意接受这样一种观点：你真正在意的事情可能与你写在初访接待表上的问题毫无关系。*

治疗的中间地带

在开展治疗的过程中，有一个至关重要的"中间地带"，很多治疗师经常匆匆掠过，或者完全忽视它。在这个空间里，青少年最终说出了自己的问题，但并不想立即转换到解决问题的模式。通常，治疗师使用"安全"一词来指来访者对治疗关系的独特特征感到舒适，例如保密性、无条件关注，以及不做批评或评判。虽然所有这些都很重要，但我认为，安全也应该包括来访者不需要担心谈话被治疗师的需要所劫持，其需要可能包括帮助他人，表明自己的看法或者让来访者回家"做一些尝试"。

当青少年来访者在治疗中敞开心扉时（尤其是在他们一开始并没有吐露太多的情况下），有些治疗师会非常热切地给予回应，试图深入探究来访者的问题或刚刚提及的事件。他们也许担心以后再也没有机会解决这些问题，所以会直接进入解决问题的模式：*在你的日记里写下来。试着深呼吸。回想一段积极的记忆。想象一个安全的地方。*这可能会让治疗师感觉更好，但并不一定是来访者想要的。

青少年需要一个地方，在那里他们可以大声地说出自己的想法，并相信自己的想法和观点不会立即被一种更加"合乎逻辑"或"健康"的思维方式所否定。此外，治疗师不应该说：*我相信自己可以为你提供一些帮助，因为我的另一位来访者也有类似的问题。*这类建议缺乏创意，没有针对性，没有什么吸引力。

青少年特别令人担忧的症状

这一点与青少年的治疗工作有很大的相关性，因为他们出现的问题很容易让治疗师感到警惕。治疗师急于让一个 15 岁的孩子不再割伤自己，或者不再酗酒到昏厥或挂科，所以可能会匆忙地制订一个计划、一份合同或一项任务，而我们的青少年来访者想做的，只是谈谈对自己所做选择的不满。我们一直说，希望青少年来访者向我们敞开心扉，但如果他们这样做只是为了让我们“解决”他们的问题，而不是理解和欣赏他们，他们就会保持沉默。

16 岁的艾琳和治疗师坐在一起，决定谈谈割伤自己的问题。她的治疗师知道，每当艾琳担心朋友生她的气时就会割伤自己，但艾琳从来都不想谈论这件事，而且总是不想让治疗师了解更多。然而，今天艾琳多谈了一些。她说自己不喜欢这样做，有时会感到害怕。“但这对我有帮助。”她最后补充道。

艾琳的治疗师听到她这么说，感到非常欣慰。然而，这位治疗师误以为，艾琳坦然相告是想邀请自己帮助她。于是，在治疗的后半段，治疗师给了艾琳一些建议，告诉她在想要伤害自己时可以做哪些事情。（“当你想要伤害自己的时候，你能想出三件事来代替吗？”）她还试图让艾琳回顾过去使用过哪些应对策略。

艾琳的面部表情瞬间变得僵硬了。她的内心反应呢？*天啊，我说自己不喜欢这样做，有时会感到害怕，并不一定意味着我想让你帮助我停下来。我只是想告诉你这件事而已。*

艾琳的治疗师怎样回应更好呢？更好的做法是，她首先应该弄清楚，艾琳想对自己的自残倾向做些什么。此外，艾琳可能还会在生活的其他方面“自我伤害”，也许从其中一个方面入手对这种倾向进行探索，对她来说是更简单的方法。

我还有一个想法，就是对艾琳的治疗师来说，在试图让来访者摆脱自残行为之前，首先应该以某种方式认可她对自残行为的依赖，这可能是一个好主意。*艾琳已经与这种行为产生了某种关系*，并且必须让艾琳知道，治疗师不会对她唯一可以获得自我安慰的事物造成威胁。

记住，艾琳曾说过：“但这对我有帮助。”——这可能是一个很好的切入点。治疗师可以用一种邀请的语气说：“你说这对你有帮助，艾琳。告诉我它是怎么帮到你的……”不要用批判的语气说：“你觉得这对你有什么帮助？”

另一种巧妙回应艾琳评论的方式，是讨论她对于自残的矛盾心理，比如：

· 有想要自伤的冲动，又希望自己不要这样做；

· 伤疤虽然会让艾琳感到尴尬，但她内心的某一部分却认为伤疤很酷，或者不在乎它是否会暴露；

· 希望有人注意到伤疤，同时又想隐藏它。

治疗师可以这样评估上面第一种矛盾心理：“告诉我，当你想要自伤却没有这样做的时候，是什么阻止了你？”

邀请艾琳“剖析”对自伤的感受，以及它带来的情感获益，也可以让治疗师表明，自己尊重来访者的时间表以及她对这个问题的“所有权”。先让艾琳能够谈论这个问题，让对话进行下去，这之后她才能轻松地探索自己与自伤的关系。除非会造成毁灭性的伤害，否则艾琳需要自己去控制或解决自伤的冲动。最重要的是：当我们的青少年来访者相信我们会保留空间，而不是急于找到解决方案时，他们更有可能放松警惕，轻松地进行更具治疗效果的对话。

尽管如此，要做到这一点并不总是那么容易。很多青少年的问题（自杀、自残、酗酒、霸凌、离家出走）都很严重，再加上他们是未成年人，所以我们对保证他们的安全负有重大的责任。严重的情况总是会引起我们的关注。但严重并不一定代表着危险，而对于一个严重但没有明显的危险迹象的问题，我们并没有充分的理由去抨击它。

当我们的青少年来访者相信，治疗师会给他们留出讨论自己问题的空间，而不一定要插手解决问题时，他们就能放松地进入对话，慢慢地放下防御、不安和戒备。

允许某件事亦真亦假

我曾治疗过一个 14 岁的女孩佩奇，她非常情绪化。在家里，她乖戾、无礼、刻薄，甚至利用父母害怕让她“心烦意乱”的心理。在前三次治疗中，佩奇发誓说自己没有任何问题。第四次治疗时，佩奇的父母说她喜欢争论、爱发脾气，总想控制所有家庭成员，并对令他们伤心的评论不屑一顾。我对她说：“人们不会认为自己的痛苦给周围的人，尤其是给家人带来了困扰，但这种情况正在发生，并且也需要成为谈话的一部分。”而佩奇的回应是：“*我才是那个遭受所有困扰的人，我为什么要担心他们？*”好吧，在三周的治疗中，她都不愿意承认自己有任何问题，而现在却说自己有很多问题。

我本可以指出佩奇陈述中的矛盾之处，可这样做又有什么意义呢？我只是向她表明，我更感兴趣的是表达自己的观点，而不是帮助她更加轻松地说出真实的感受或想法。这会让她觉得，我只是在利用她毫无防备的言论。那就太不厚道了。

此外我想，一旦佩奇意识到她刚刚说的话，与她几个星期以来一直坚持的描述自相矛盾，她可能就会在心里想，*哦，该死*。而且，她会觉得自己危在旦夕，正等着我对这种明显的矛盾进行攻击。但我并没有这样做，而是直接忽略了它。我给了她关照，因为这个孩子现在真正需要的是挽回面子，以及明白我不会利用她的口误。

这是我照顾来访者的方式——与其说是一种美德，不如说是一种实用主义：

通过这种方式，我可以让一个对治疗或治疗师不太确信的孩子建立信心。我认为，在青少年治疗中，信任和安全问题发挥了最重要的作用。孩子心中最大的疑问并不是：我可以相信，这个治疗师不会告诉任何人我说了什么吗？而是：我可以相信，这个治疗师不会利用我故事里的矛盾之处大做文章吗，即使这可以支持她想要表达的观点？对于一个正在犹豫是否要投入治疗的孩子来说，能够肯定地回答这个问题非常重要。

类似的问题还有：我可以相信，治疗师知道什么时候应该适可而止，所以我不需要计划逃跑吗？我可以相信，我的治疗师不会仅仅因为她吸引了我的注意力，就试图让谈话继续下去吗？这些问题都是非常重要的。

阐明你的观点，然后继续对话

我们还是再来谈谈佩奇的案例吧。在她脱口而出，认为她不应该为任何人担心，因为她才是那个饱受困扰的人之后，我对她说了什么？我看着她，温柔地告诉她，无论她的问题有多严重，她也是某个更大的组织（家庭、学校、社区）的一部分，如果忽视了这一点，在这个世界上她可能会变得非常孤独。

对我来说，这是一个机会，可以让佩奇知道，她处理问题和情绪的方式最终会让她觉得自己被亏待了。但我不会指责她，也不会与她面质。我也说出了我的担忧，就是她的正义感无法保护自己。我想帮助佩奇理解，利用自己的喜怒无常让人们退却，不再对她抱有期望，起初可能会缓解她目前面临的压力，但最终会让她变得更加孤独和沮丧。

但我并没有在这里停留太久，而是迅速但并不匆忙地把对话继续下去。对此，意大利人有一个可爱的说法——忙而不乱（Festina lente）。我把这些话留给了佩奇，让她觉得自己不需要对此做出回应，然后我把注意力转向了她的父母。

我绝对不会在对佩奇说了这些话之后让她谈谈自己的看法，或者更糟的是，和我“讨论”一下。那样的话，我就会把这变成一种“干预”。我更喜欢把它作为一个吸引人的想法，有点空灵，又有点诱人。另外，既然它已经出现了，在以后的治疗中，我就可以随时回来进行讨论。如果治疗师在某一点上过于较真，最终会失去青少年来访者的好感。

有趣的是，在治疗结束时，佩奇问是否可以私下和我见面。而当她第一次被父母带来时，她下定决心不参与治疗。“你想跟我父母说什么都可以，因为我没什么好说的！”这是佩奇对我说的开场白。

对于佩奇改变态度，愿意跟我单独会谈这件事，我思考了很多。如果换一个孩子，我可能只会问她：“就在几周前，你对心理治疗还这么反感，我甚至看到你有几次对我翻白眼。究竟发生了什么呢？”但对像佩奇这样的女孩——她一开始就迫切地请求父母不要让她参加治疗，如果我让她告诉我为什么会改变主意，可能会让她觉得自己现在必须打退堂鼓。也许以后我可以问她这个问题，但不是现在。

我相信，吸引佩奇和我建立情感联结的原因在于，我不愿意像她生活中的其他成人那样去安抚她，并且我愿意在她和她父母面前说出他们心里在想却不敢大声说出来的话。我认为，这就是青少年想要从他们与成人的关系中寻求的真实性。在这种关系中，成人是透明的、诚实的、非对抗性的、会进行情感回应的。这就让他们愿意进行更加深入的对话。

孩子不会因为你告诉他们要改变而改变。他们之所以改变，是因为你能够在咨询室里创造一种氛围，让他们愿意暂时放下对以下这些东西的防御……

- 不同的想法或观点。
- 一个他们可以学习的成人。
- 一种他们认为会吞没自己的感觉。
- 一种他们认为无法分享的感觉。

· 他们更柔软、更善良、更脆弱的一面。

正是对这些时刻的体验才具有治疗作用——而不是一个人强行表达自己观点的能力。好的治疗是由一次次具有强大威力的微小转变构成的。通过在咨询空间内创造这样的氛围，治疗师为来访者提供了一个抱持性环境。在这个环境里，他们可以尝试展现自己性格中的不同部分，这些部分在他们生命的大部分时间里都是被忽视、轻蔑、压制，甚至是被畏惧的。当来访者开始在治疗之外寻找类似的安全之所，表达自己个性的其他方面时，就意味着治疗开始走出我们的咨询室，进入更广阔的外部世界，即使在一开始，这样的安全之所只是值得信赖的姐姐或好友的卧室。

第十章

诊断与处理：确定在青少年治疗中该做什么

在美国医疗电视剧《豪斯医生》（*House*）中，格雷戈里·豪斯（Gregory House）医生愤世嫉俗、自以为是、脾气乖戾，以非正统的诊断方法闻名。在试图让住院医生理解有关诊断病人的一个悖论时，他说："因纽特人捕鱼时不会找鱼。"

谈到儿童青少年心理障碍的诊断，我想不出还有比这更完美的比喻了。这说明，在试图给我们的青少年来访者确定诊断和治疗方案时，有必要从不同的角度对他们进行审视。这反过来又说明了治疗师创造对话的价值，这些对话可以让他们袒露内心的各个方面，这样我们就不会对所有自残或者患有社交焦虑的青少年都一视同仁。在理想的情况下，治疗师如何接待新来访者、如何开始对话、如何应对来访者的紧急情况或他们的对抗，以及如何选择干预时机和措辞，不仅取决于对来访者呈现的问题的理解，还取决于对他们的性格结构、个性、人生经历、防御系统和人际关系风格的理解。

对来访者的诊断通常会有一两个，但这些诊断很少能告诉我们治疗工作或者治疗性的谈话应该是什么样的。抑郁的表现形式有一百多种，缓解抑郁的方式也有很多种。许多治疗师在治疗早期收集各种事实和数据，以此作为设计治疗方案的依据，却往往只能得到二维的、静态的有限图景。

如果治疗师有意愿，就可以不断地了解来访者的过去。如果治疗师对推进治疗感到焦虑，就很容易止步不前。新手治疗师尤其容易受到伤害，为内部关系紧张混乱的家庭服务的治疗师也是如此。然而，如果考虑到治疗过程本身具有启发性价值，治疗师就会意识到，帮助家庭或个体需要的很多东西其实随手可得。

对于个体治疗来说，治疗师可以观察来访者与自己的关系风格（开放、谨慎、合作、焦虑、温暖、冷漠、尊重、叛逆），来访者防御机制的质量（是退行或否认等扭曲判断和现实的原始机制，还是合理化和投射等妨碍来访者看到不同观点和适应新环境的机制，还是升华等更健康的机制），他们的幽默感如何，他们如何谈论身边的人，他们的自我觉察能力，他们能否为自己的决定及其对他人的影响负责，诸如此类。

在家庭治疗中，治疗师可以留意谁先叙述发生的事情，其他人是如何回应的（否认、强调、试图改变），在谈论他们与青少年的斗争时父母或照料者的态度是否温和，不同成员接受他人帮助的难易程度，以及在治疗师眼前发生的权力动态等。

治疗师无法通过直接询问来访者获得这类“发现”，它们都来自你做的观察和你的推断。但它们将是丰富的、有启发性和指导性的，并允许治疗师在评估和干预之间无缝切换，即使只是测试来访者的灵活性、挫折容忍度、共情或情感表达能力。谁需要确定自己是正确的？谁会为此争吵？谁并不在意？

最好的诊断可以告诉治疗师：

- 来访者心理功能的大致水平；
- 你的注意力应该转向或停留在哪里；
- 需要解决的问题是什么；
- 正在发生的行为背后的情绪力量；
- 阻挠自然纠正力量的内外部因素。

我基本上无法从“抑郁症”、“对立违抗性障碍”（ODD）或“混合情绪特征的适应障碍”这样的常规临床诊断中得到所有这些信息。但描述性诊断会让你更加有迹可循。描述性诊断涉及的不仅仅是某一种障碍，它能让你对面前的来访者产生一种更立体更丰富的感觉，洞察其诸多品质和特征——他看重自己和他人的哪些方面，他试图回避和伪装哪些感受，让他鼓舞和沮丧的因素是什么，他能否很好地处理或表达自己的愤怒，他对挫折的容忍程度，他的共情能力，他是否有清晰的界限感，以及他会温和还是会强势地贯彻这些界限。这些都是我想了解的部分，因为他们遭受的痛苦远比自己告诉我的多得多，而这些东西可以告诉我该如何去帮助他们。

历史和事实可能会让你做出传统的诊断，但你的眼睛、耳朵和情绪感受会引导你做出更有区分度、更加动态、更有效的诊断。在与来访者会谈时，我会问自己（但不会问来访者本人）以下这些问题：

- **这个孩子对自己的问题持什么态度？对治疗呢？对我呢？**她是心存疑虑、漫不经心、疲惫不堪、充满希望、不屑一顾、忧心忡忡，还是自以为是？她是否以受害者的形象出现？她是否对那些认为她有心理问题的人不屑一顾？她是否放纵和夸大了自己的心理问题？
- **这个孩子是如何看待成人的？**她认为他们是安全的吗？她认为他们很愚蠢吗？她认为他们无法沟通吗？她认为他们对青少年有误解或者怨恨吗？
- **她对从家庭、学校和社会中得到的反馈有什么反应？**她是否会迅速防御并发起反击？她会因为善意的批评而自我惩罚和自我诋毁吗？她会因为别人坦诚相告而惩罚他们，几天不理睬他们，或者通过社交媒体进行报复吗？
- **什么样的谈话或情感表达会让她对治疗感兴趣？**当谈话离开更加严肃紧张的话题时，她会放松下来吗？或者当谈话变得真实时，她会集中注意力吗？对于别人的关心，她会回避并试图嘲笑，还是渴望得到支持和认可？

· **这个孩子身上有哪些弱点可能会影响她做出清晰的判断？**比如，永远不要让自己看起来很傻对她来说很重要吗？觉得自己太依赖别人了？不能被轻视或羞辱？不能显得不受欢迎？

· **我也会思考自己对这个孩子的反应，尤其是当我对自己的反应感到惊讶的时候。**比如，我是否会无缘无故地讨厌她？还是想要拯救她？我对她有一种奇怪的极度信任吗？我是不是在想，为什么我觉得自己应该同情她，却无法产生同情？

· **对这个孩子来说，允许自己加入治疗可能意味着什么？**例如，她会担心父母认为他们是对的，或者认为她确实有严重的问题吗？她会不会觉得自己放弃了表达愤怒的权利？

在不同情况下，我会用不同的问题问来访者。举个例子，我与16岁的基拉及其父母进行第一次家庭会谈。她被转介过来接受治疗，是因为她的抑郁症越来越严重，这让她与家人和朋友越来越疏远，而且变得暴躁和冷漠。

对于父母在第一次会谈中谈到的问题，基拉表现得不屑一顾，这种态度让你想要抓着她的肩膀说："你在开玩笑吗？"不过你当然不会，相反，你会怀疑她是真的无动于衷，或者只是有极强的防御心理。又或许她是对的，是她的父母夸大了一切？

在咨询中，我注意到基拉非常善于观察，内心很敏锐。此外，对于自己会让周围的人感到不安和困惑这件事，她似乎泰然自若。如果你试着抛出几个简单的问题跟她搭讪（"你喜欢和朋友们做什么？""你和妹妹相处得好吗？"），她会抓住这个机会让你觉得自己无关紧要，就像她酸溜溜地对父母说"我不知道"一样。如果你做出一个总体的评价，比如："你似乎不那么关心你父母刚刚谈论的这些事情……"她会认为你站在了她父母一边，同时也会觉得你是在屈尊俯就。这并不是一个好的开始。

那么在这里，你还能怎么做呢？这种情况下，我会转向基拉，以一种非常镇定和冷静的方式问她：*有没有什么事你已经不再在意，但你仍然希望自己在意?*

像基拉这样的孩子会皱起眉头，摆出一副不太耐烦的样子说，什么？我会回答，我不知道，也许你以前很在乎妹妹对你的尊重，但现在你不在意了。或者，你以前很在意那些无家可归的动物，但现在你也不在意了……诸如此类……什么对你来说已经不再重要了？无论她是给出了答案还是只是耸耸肩，这些都不重要，因为在这里你真正想做的，是不带挑战或面质地让她知道（还有她的父母，如果他们还在咨询室的话），你已经发现，有些事情对于那些关心她的人来说非常重要，而她喜欢否定它们的意义。

我可能会继续问，*有什么事让你害怕吗?* 然后也许会问，*你的父母在哪些方面误解了你?*

问这些就够了。如果她对上面任何一个问题都没有做出太多回应，我就轻轻地一笑而过，让她知道不说什么也没有关系，然后把注意力转移到房间里的其他人身上。我对她回答的内容并不感兴趣，因为我想借自己的提问说明几个观点：

· 我有足够的洞察力发现基拉倾向于忽视她可能更应该关心的事情的重要性（例如，她与父母和妹妹的关系；她的冒险行为——她被怀疑吸烟；她的成绩直线下降；以及她不想让任何人认为自己是一个“需要帮助”的孩子）。

· 我不是那种在治疗过程中一遇到她的问题（愤怒、抗拒、冒险行为、糟糕的成绩）就急于解决的治疗师。

· 我可以很好地避开她的陷阱，而不会引起她的挫败感或防御。

· 只要她觉得有必要，就可以转移话题和阻挠谈话，我会继续耐心地试探。

在某种程度上，这就是治疗师在孩子面前建立信任的方法。他们来接受治疗的时候会想："是的，我知道这是怎么回事，我不想接受它……"治疗师通过语言或者行动来引起来访者的兴趣，把来访者的问题一般化，推进治疗，或者以其他方式告诉来访者，治疗体验可能会有所不同，或许是值得投入的。这也说明了收集信息和进行干预这两个过程是平行的，是无缝融合在一起的。你不必等到获取了"全部"信息才开始治疗，因为直到与来访者结束最后一次会谈之前，你可能都会不断地有新的发现。我发现治疗更多的是一个流动的过程，而不是我们大多数人最初学到的那样是一个按部就班的过程（例如，发展治疗关系，然后评估问题、确定目标、实施干预，最后结束治疗）。这是一件值得庆幸的事。

基于诊断根据新来访者的个性定制咨询方法

研究生毕业的时候，我们对最新的 ICD（国际疾病分类）编码或 DSM-5 [精神障碍诊断与统计手册（第五版）] 系统非常熟悉。但这实际上只是我们接受的诊断训练的开始。

这里我想举例说明，标准的诊断标签会告诉你一些关于来访者的情况，但并不会透露他们需要你采用什么样的治疗或互动方式。假设有着相同诊断的两个孩子出现在你的办公室里：

· 对立违抗性障碍儿童 1：沉默寡言、不善交流，喜欢让周围的人感到不舒服，并暗中破坏成人的权威。

· 对立违抗型障碍儿童 2：脾气暴躁、言语过激，总是公然挑战权威。

治疗师最初对待新的青少年来访者的方式，可能会推动或破坏治疗。如果治疗师问一大堆问题，想要和第一个孩子套近乎，希望让他参与谈话，那就会错失良机。治疗师看到他并没有主动提供太多信息，但继续和他互动，就好像他马上就会改变态度。你们之间的交流可能是这样的：

治疗师：那么，最近在学校里发生过什么事吗？

来访者：没发生过什么。

治疗师：在家里呢？

来访者：你是什么意思？

治疗师：在家里你和你的家人、父母在一起的时候……发生过什么吗？

来访者：也没发生过什么。

治疗师：那你为什么来这里？（这一直是个糟糕的问题，因为它给人的印象是咄咄逼人和充满挑战。）

来访者：我真的不知道。我爸爸开车带我过来，说“进去和那位女士聊聊”，所以我就来了。

治疗师：但你什么也没说。（他当然什么也没说。这句话本身就是在告诉男孩，治疗师并没有很好地理解他。）

来访者：我没什么要说的。

或者是这样的：

治疗师：你今天过得怎么样？

来访者：（嘟哝了一声。）

治疗师：你说什么？对不起，我没听见。

来访者：很好。

治疗师：好。你周末过得好吗？

来访者：当然。

治疗师：你和爸爸相处得怎么样？

来访者：还不错。这次治疗需要多长时间？

想要和第一个孩子慢慢相处，治疗师需要让自己表现出的感兴趣程度与他的感兴趣程度相匹配，在他缺乏兴趣、不给予回应的情况下，你要表现得不卑不亢。这并不是件轻而易举的事，因为和这样一个孩子坐在一起，试图展开一些妥帖恰当的对话，会让许多治疗师产生挫败感。但请记住，这个孩子从来没有主动要求坐在你的办公室里回答你的问题。治疗是强加给他的，除了拒绝之外，他可能无法表达自己的不满和非自愿加入。然而，如果治疗师能保持对来访者的兴趣，表达出自己的好奇而不是挫败感，就可以通过多种途径逐渐对来访者产生吸引力。

治疗师：周末过得好吗？

来访者：是的，当然。

治疗师：（无论说什么，都要立刻留意来访者说话的语调。）好的，我明白了。这样的对话不会有结果。也许还有另一种……

来访者：另一种什么？

治疗师：哦，对不起，我的意思是另一种可能会更好的对话。

来访者：不见得。

治疗师：（微笑）你是不是让每个大人都觉得不知道怎么跟你说话，还是只有我这么认为？

来访者：（轻轻地笑了起来。）

治疗师：我姑且认为是——实际上，我不会做出任何假设。我第一次跟你谈话遇到麻烦就是因为这个。

来访者：什么意思？

治疗师：因为我做了假设。

来访者：你的假设是什么？

治疗师：假设你周末过得愉快。或者更确切地说，假设“周末”是一个好话题。实际上并不是。

来访者：（微微一笑。）

治疗师：我不知道。聊什么会更好呢？

来访者：可能没有。

治疗师：你是说，没有什么更好的话题，还是说可以聊聊虚无（nothing）？

来访者：我不知道有什么区别。

治疗师：我也不知道。不管怎么说，这是一个有点奇怪的问题，没关系（然后我停顿了一会儿）。看过电影《死亡诗社》（*Dead Poet's Society*）吗？

来访者：什么？

治疗师：《死亡诗社》。看过吗？

来访者：从来没听说过。

治疗师：在一所破旧的私立男校里，有一位老师在上课的第一天带着学生们走到体育馆附近的展示柜前，那里放着学校所有的体育奖杯和20世纪初的球队的老照片。老师让孩子们仔细地看看照片里的每一张面庞，他们照做了，然后他说：“孩子们，他们都死了。珍惜现在吧。”

来访者：我不明白你在说什么。

治疗师：我知道。这就是我给你讲这个故事的原因。这位老师讲的是，你在做一些自己认为很重要的事情，然后你猜怎么着，在你还没有明白过来的时候，你就已经离开这个世界了。我知道，这听起来很阴暗，但是等等，他想让学生对自己今天还活着心存感激。这听起来很做作，但我有自己的观点。这位老师让这些厌倦了一切，已经变得玩世不恭的男孩产生了好奇心。他们已经很多年不再对任何事情好奇了，就好像他们已经死去。我停顿了一下，然后问道：*罗恩，什么会激发你的好奇心？还记得上一次还对什么感到好奇吗？*

在这里，我并没有寻求来访者的回应。实际上，如果谈话就在这里结束会非常完美，这样我的来访者就不会因为必须进行回应而感受到某种压力，并且明白这不是我想要的。

谈话继续进行——

治疗师：嗯，不管怎样，我只是想到了那部电影。另外就是，还有没有什么东西让你感到好奇，就像以前那样……嘿，我要结束了，但也许以后我们还会再聊的……

我会想到对这个孩子讲这个故事，是因为我一直在想他是多么封闭，不愿意探索舒适区之外的任何东西——在这个舒适区里，缺乏创造、灵感、艺术性或探究精神。但我不会对他说这些，否则我很快就会失去他。

罗恩和我可能再也不会谈论这部电影了。我们不需要。在这里，我希望通过自己的提问激发来访者进行思考。我突然从谈论电影里的男孩们转到来访者本人身上，这让他有些惊诧——这是米尔顿·埃里克森（Miton Erickson）想出的技巧，可以暂时解除青少年的防御，并为另一种观点创造空间。这也会让这个男孩在离开时更加难以摆脱我最后提出的两个问题。理想情况下，它们会在他的意识中产生短暂的共鸣，让他好奇我为什么要告诉他那部电影，同时让他产生更多的自我觉察，哪怕时间比较短暂。

现在让我们看看与第二个孩子的互动，他属于对立违抗性障碍的另一种类型。这个孩子需要治疗师从一开始就和他一起积极地互动，根据他的情况调整自己的情感水平，并真实、随意、合理地回应他的挑战。小心翼翼的对话适用于第一个孩子，但对于第二个孩子来说，可能会显得过于谨慎和试探了。那样会很无聊，没有吸引力。在几分钟内，孩子就会开始翻白眼，而治疗师很快就会跟不上节奏。

不太成功的对话：

第二个孩子：我应该在这里说些什么？

治疗师：没有“应该”。你想说什么就说什么。这就是心理治疗。

第二个孩子：如果我什么都不想说怎么办。

治疗师：你为什么不想谈谈那些不太顺利的事情呢？

第二个孩子：一切都还行。

更好的对话：

第二个孩子：我应该在这里说些什么？

治疗师：我不知道。你想说什么？

第二个孩子：没什么，我没什么可说的。

治疗师：好吧，那就这么说。

第二个孩子看着你，想确定你是不是在开玩笑，但你没有。你并没有比他更努力地去做成某件事，你也没有想要显得睿智。你只是在邀请他加入一场开诚布公的对话。对于一些孩子来说，这足以吸引他们回到咨询室。

对话继续进行——

治疗师：说真的，这比说一些你认为我爱听的话要好得多。

第二个孩子：我为什么要这样做？

治疗师：（大笑）你说得对，我不知道你为什么会考虑我爱听什么，然后就这样说。忘了我刚才说的话吧。我不知道我们要谈些什么……

第二个孩子：你的狗叫什么名字？（现在我知道我们可以继续对话了。）

将常规诊断扩展为描述性诊断

除了少数例外情况，单单依靠来访者的诊断或病情，治疗师永远无法获得制订可行的治疗计划或方法的必要信息。

在治疗过程中，我与一位因注意力缺陷障碍而严重受损、缺乏学习动力的来访者的谈话，听起来很有可能和我与一位非二元性别取向的抑郁症儿童的谈话相似。这是因为我不是在与他们谈论诊断或病情，而是在谈论症状会对他们各自的性格、情绪、判断、自我概念和关系造成怎样的影响。

例如，阿贾用自残来表达自己对独断专制的继母的鄙视。蕾拉忘记交作业，是因为她相信自己在表达一个观点——没有人能告诉她应该怎么做。与我接下来要谈的两个来访者相比，这两个女孩有更多的共同点。其中一个用自残来逃避自己的匮乏感和孤独感；而另一个则忙着刷社交媒体、发帖子，以至于根本不记得自己要交作业。

诊断很重要是因为它是一种速记，能让我们快速地了解一个来访者。但你当然不能“治疗”自残，就像你不能“治疗”一个对向家人公开自己的性取向感到焦虑的人一样。然而，根据在前几次治疗中收集的信息，你可以将传统的诊断扩展为更形象、更生动、更实用的描述性诊断。这里有一个例子，这个男孩叫梅森。

梅森的案例

16 岁的梅森被他的父母带到我这里接受治疗。他们形容自己的儿子爱发脾气、性格孤僻、郁郁寡欢。他是一名合格的学生，但没有兴趣或爱好。他有一个朋友。

这让我了解了他的一些情况，但这些情况不足以让我制定治疗方案。

然而，当和梅森坐在一起，面对他那惊人的冷漠态度时，我了解到了更多信息。我治疗过很多本来不想接受治疗，或者发誓在整个治疗中都不开口的孩子，但这个男孩不一样。他的目光冰冷，想要吓退我，让我不要请他开口说话……我其实觉得不太舒服，感觉自己受到了挑战，而且是通过让人不寒而栗的方式。我甚至开始想，这孩子是反社会人格吗？他的父母对他的生活有很多控制，但具有讽刺意味的是，他们对他如履薄冰、过分关注。我认为这种教养方式不但不可取，而且令人不安。

在最初的治疗中，我观察到一个值得注意的地方，就是梅森努力让自己变得无比冷漠。在治疗期间，他对任何人说的任何话都无动于衷，而且基本上不给予回应。这种态度中有控制和算计。鉴于梅森的父母控制欲很强，但又对他百依百顺，我开始怀疑，他曾经决定再也不让自己受任何人或任何事情的摆布。

在第一次会谈之后，我对梅森的诊断进行了修改：从“梅森患有抑郁症”（父母的诊断）变成了“梅森对控制和恐吓的需求掩盖了他的个性，也掩盖了他对生活的渴望”。

第二次会谈快结束时，我请梅森的父母离开咨询室，开始考虑如何和这个男孩进行对话。我想他最不愿意谈的话题应该是“他的抑郁症”，但我想不出他还愿意谈什么。事实上，我很确定他根本不想交谈。对这个孩子，我没有时间拐弯抹角。如果我希望引起他的注意，我说的话必须大胆和出乎意料，还必须与他本人有关，因为这似乎是他唯一感兴趣的事情。

于是，我对梅森说：

> “我觉得你牺牲了自己所有的欲望，只是为了感觉一切尽在掌握之中。”
>
> 梅森只是看着我，好像在说，这到底是怎么回事？我想让他好奇

我为什么会对他产生这种印象，但也乐意接受他的反驳。

“你在说什么？”他不高兴地回答道，眉头紧锁。

“你很坚忍，也很克制。你不会透露自己想要或者需要什么。我甚至不知道，你是否明白自己想要什么。”我故意不提任何问题，因为这样会给他带来被迫回答的压力，或者他会向我隐瞒实情。

梅森没有做出任何回应。他只是一直看着我，但眼神不再冰冷。

“这样很好。”我继续说。“我很想帮助你，但我并不了解你的实际情况。我甚至不知道，你是否愿意接受我的帮助。我们知道，你的父母希望你接受治疗，但他们的意见并不是全部。所以，我们走着瞧。但是，无论如何，梅森，我得结束了。你觉得我们先停在这里可以吗？”

我注意到梅森一直在仔细地观察我。然后，他慢慢地点了点头。

就这样，我和梅森进行了多次对话，其中几次进展缓慢，我说得比梅森更多，而其他几次双方说得差不多。我不能说哪一次他很健谈，因为这需要内心很放松才能做到，而梅森根本无法放松。但其中也有一些有意义的时刻，在这些时刻我们谈到了恐吓、控制和压抑等主题，并且，我们相当坦率地交流了这些主题是否体现在他与父母、我、老师和同学的关系中。

多年以后，我在外出办事的时候偶遇了梅森的母亲。她说，她和丈夫非常感激我为他们的儿子所做的一切。显然，在治疗之后，梅森冷漠孤僻的态度有所缓和，在家里也不那么格格不入了。他在学校交了几个新朋友，甚至把他们带到了家里——这是他一直不愿意做的事情。就在我们分手之前，梅森的妈妈说：“等等，我要给你看样东西！”然后，她拿出一张照片——高中毕业典礼上的梅森戴着帽子、穿着长袍，面带微笑。我不知道那笑容是发自内心的，还是因为要拍照强行挤出来的。但在这个场合下，梅森本可以让父母伤心、失望甚至感到震惊，但他并没有这样做，这是最让我感到欣慰的事情。

斯嘉丽的案例

斯嘉丽的父母打电话过来，请你治疗他们女儿的焦虑症。但你一见到孩子，马上就意识到，斯嘉丽的焦虑本身并非问题所在。真正的问题是，在没有人迁就她的情况下，她无法忍受哪怕是极为轻微的焦虑。这样一来，“斯嘉丽有焦虑症”就变成了“由于父母长期以来的过度迁就，斯嘉丽形成了顽固和自我中心的个性”。

多年来，斯嘉丽的父母一直对女儿的焦虑过度迁就。也就是说，他们积极地寻找方法保护她，不让焦虑对她造成负面影响。在这个过程中，父母开始怨恨女儿，用他们的话说，她“对他们为她所做的一切视而不见，从来都不心存感激”。

斯嘉丽的父母也觉得，因为斯嘉丽非常情绪化和反复无常，并且无法承担应有的责任，导致他们被她绑架了。他们非常努力地想让女儿快乐，当她的顽固让他们不得不取消家庭计划时，他们隐藏了自己的沮丧，并努力调和女儿与外部世界之间的冲突。

斯嘉丽的父母将女儿的焦虑视为敌人，认为“需要摆脱它”。从另一个角度看，他们帮助女儿的最佳方法不是让她远离焦虑，而是让她把焦虑看作可控的事情。这才是父母应当做的。

与此同时，在与斯嘉丽的个体咨询中，治疗师可能需要帮助她恢复自信，让她能够处理生活中的正常压力和挫折；培养她走向独立的意愿，帮助她意识到，当人们觉得需要对她小心翼翼、仔细呵护的时候，她自己也应该承担一部分责任。

当把过度迁就误认为同情的时候，每个人都是输家。

莉莉的案例

当我与 14 岁的莉莉和她极其忙碌的父母会面时，我很容易得出这样的印象：他们是一个注重成就的家庭——我是指在董事会会议室、教室、棒球场或演奏厅取得的那些成就。

然而，莉莉在这些地方都表现不佳。在我看来，她是她家三个孩子中最善良的那一个，也是最重感情的那一个。她有几个好朋友，和他们相处了很多年，这告诉我她是一个值得交往的人。莉莉博览群书，思考问题也很深入，还参加了学校组织的一些活动。这些活动的宗旨都是帮助别人，比如“好伙伴”（the Best Buddies）项目、“特奥会”（Special Olympic events）志愿者。莉莉是那种能照亮别人内心的孩子。在与莉莉和她的父母进行初次会谈后，我对她的诊断做了调整：从“莉莉抑郁、害羞”变成了莉莉情绪低落，是因为她觉得自己在家里被忽视，为了向家人“展示”这让她多么受伤，她对家人不理不睬。

以这个假设为前提，我开始制订治疗计划。我认为，在治疗的早期阶段，我的任务是：

· 帮助莉莉认识到倾诉比展示更有用。而要让别人了解自己，你需要发出自己的声音。因此，我打算……

· 帮助莉莉说出自己的心声，并且获得表达的信心。也就是说，她可以鼓励父母倾听自己，并认真地对待她的困扰。很多孩子都会发出自己的声音，但他们说话的方式并不是邀请成人倾听。他们发出的声音是尖锐的、愤怒的或不尊重的。他们说话带刺，或者一旦遭到拒绝就闭口不言。作为青少年心理治疗师，非常重要的一点是，在教会他们相应的技巧吸引聆听者以获得自己需要的支持之前，我们不要匆忙地对他们发出的声音给予认可，放大他们的愤怒。他们需要学会调节自己的情绪和语气，需要学会在被驳回或批评时保持冷静，这样对方才能认真地对待他们。

· 我还需要帮助莉莉的父母认识到，他们与莉莉的关系让她感到自己“被忽视了”，并且他们不仅要认可孩子的行为，还要认可孩子的品性。我想让他们明白，女儿之所以态度冷淡是因为她觉得自己像个隐形人，正是这种感觉导致了她的抑郁。同时，她表现出这种冷淡的态度也是想让父母明白他们可能会失去她。

卢卡斯的案例

和梅森一样，卢卡斯也是一个看上去玩世不恭的男孩。然而，他内心挣扎的起源、性质和表现形式都与梅森大不相同，因此，治疗方法也有很大差异。

16 岁的卢卡斯不重视任何事情，因为这太让他受伤了。我第一次见到他是在他 13 岁的时候，当时他因为身材瘦小、不擅长运动、涂指甲油而受到欺凌。3 年后，他自愿回来再次接受治疗，说自己心情很低落。现在的他冷漠、轻率且傲慢。这样的表述没有什么吸引力。为了更好地治疗“卢卡斯和他的抑郁”，我对这个诊断进行了扩展：我认为，卢卡斯是“一个用‘随便怎样’来逃避的孩子，他想借此不再让自己承受痛苦，结果却疏远了那些本可以减轻他痛苦的人”。

卢卡斯知道，他与那几个朋友相处的方式出现了一些问题。他们开始说他的幽默“太黑暗了”，不喜欢他变得如此讽刺。卢卡斯怀疑他们在疏远他，但他既没有进行自我觉察，也缺乏修复关系的技巧来改善人际关系，所以他只是一遍又一遍地重复同样的错误。

我发现，卢卡斯让我感到不太愉快的地方，也会让他这些渐行渐远的朋友感到不快。但我觉得，卢卡斯不会欢迎别人谈论他的“冷漠态度”及其对周围人造成的影响。他可能会这样说：“我的朋友不在意这个……”或者：“我的朋友觉得我很有趣，这不是问题……”所以，我要在谈话中等待合适的机会。也就是说，在这个时刻，关于这个话题的交流对他来说很重要。幸运的是，我很快就等到了机会。

卢卡斯又在谈论自己和朋友之间的麻烦。他惹怒了他们，却不明白为什么。

“上周末我和埃琳娜大吵了一架。”卢卡斯说，他显然很难过。“我真的不擅长交朋友吗？”他哀怨地问道。

卢卡斯继续告诉我和埃琳娜吵架的事，但很快就以“随便怎样”这句话结尾。我一直认为，这段对话是一个潜在的干预窗口，但在我还没来得及做任何事情之前，卢卡斯就把这个窗口关上了。所以现在，我只能继续等待下一个机会。这个问题在卢卡斯的生活中经常发生，所以我确信一定会出现另一个机会。

在接下来的会谈中，卢卡斯说：“我不想再失去朋友了。”

“他们知道这一点吗？”我问。

“不知道。”

我停顿了一下，让他好好体会这句话——他甚至不让自己的朋友知道他们对他很重要，并决定此时先不乘胜追击。对卢卡斯来说，这是他第一次如此坦率地表达自己的痛苦，为了不吓到他，我不想横加批评。我想让他知道，我永远不会在他脆弱或坦白的时候引他钻入我的圈套，否则他以后就不会再这样做。所有这一切都让我们以后更容易回到这个话题。

两次咨询之后，我们确实又回到了这里。卢卡斯告诉我，他在学校里和一个同学在推特上聊天。他发布了这样的信息：#Kill melanie 2013（杀了梅兰妮2013）。

梅兰妮则这样回复：# Don’t kill melanie 2013（别杀梅兰妮2013）。上课的时候，没有老师在场，卢卡斯站起来走到教室前面，在白板上写下了关于梅兰妮的整个推特帖子。然后老师回来了，卢卡斯被送到了校长办公室。

卢卡斯告诉我他去见了校长，但他说话的语气好像是在描述跟同龄人的会面。他说自己告诉校长，他不明白这有什么大不了的。

"你真的对他这么说了吗？"我怀疑地问。

"是啊……差不多。"卢卡斯巧妙地出尔反尔告诉我，他知道我要说什么。

"哦，天哪，"我说，然后，我直视着卢卡斯的眼睛补充道，"你知道，在这种情况下，大多数人都会汗流浃背，但你和校长的对话听起来就像你们在谈论春假去了哪里。"我接着说："我的天哪，卢卡斯，你花了这么多精力，就是为了确保别人无法了解你。这样的话，就没有人能触碰你的内心了。"

卢卡斯安静地听着，一动也不动。他也在注视着我。

我说："无论那是什么，我知道你以为它能保护你，但实际上并不能。它伤害了你，伤害了你关心的人。他们需要知道自己对你来说很重要。"

这就是治疗，或者至少是其中重要的一部分。卢卡斯善于反思、信任他人，他想要让自己开心起来，并且明白自己需要做出改变。这样的孩子不需要我指导他应该如何在意某些事情，或者告诉他为什么它们很重要。从这里开始，他可以自己继续向前。

想要完成治疗，你不必总是和来访者一起跨过终点线。

但如果你确实这么做了呢？我怀疑，自己有时会一发而不可收，不能恰到好处地结束治疗。在生活中，我并没有那么信奉极简主义。但作为一名治疗师，我相信过犹不及。这也许是因为，我对画蛇添足、华而不实的个案研究比较反感，它们似乎不必要地让本可以更流畅直接的过程变得复杂拖沓。我并不认为，自己必须把所有这些观点、教训和见解都说得明明白白。事实上，我认为这样做往往会破坏它们的整合。因此，我宁可简化治疗。

我记得一个叫莉莉的女孩。从她还是一个焦虑、害羞的二年级学生开始到现在，我们已经断断续续地一起工作了 9 年。她现在快 16 岁了，马上要面对许多高二学生需要认真思考的事情——喝酒、吸烟、性等。一方面，我觉得自己像个家长（哦，我的孩子长大了……）；另一方面，作为治疗师的我又担心，因为感觉自己有点像个家长，我会做些什么或说些什么，让她不能像过去9年那样坦率地跟我交谈。因此，当莉莉和我分享她的冒险经历时，我有点犹豫，没有像对其他青少年一样询问她如何看待自己所做的选择。

直到有一天，治疗结束后，莉莉出门前转向我说："我看得出来，你越来越在意我了！"

我在想，是吗？我并不这么认为，然后我突然想到，她也许是在提醒我应该这么做。

在下一次会谈的时候，我迫不及待地回到这个话题。

> "嘿，莉莉，"我说，"还记得上周你说我越来越在意你了吗？"
>
> "嗯，是的……"她说，在"是的"上面加重了语气。
>
> "你是在用这种方式说，也许我应该这样做吗？"
>
> "没错！"

好吧，有时候我会后知后觉。我开始意识到，在跟莉莉工作的过程中，自己是多么容易做出妥协。我对这个教训进行了思考：也许我并没有做到经常询问自己的来访者。也许我应该问问青少年来访者，*有什么事是我没有问，而你一直希望我会问的吗？*

在写这本书之前，有人告诉我，在治疗过程中我有时会厌恶冲突，我会笑出声来。而现在我不会了。

第十一章

对青少年及其家庭进行评估的过程和内容

尽管我一直在不厌其烦地谈论，我们有必要结合当代背景对青少年治疗和服务模式进行思考。但我不得不说，几十年来，有一些古老的标准都被证明是非常有效的。我们的目的在于对青少年及其家庭进行评估，并提出量身定制的治疗计划，所以我想从评估的过程和内容这两个方面来谈。

内容是指谈话中的文字陈述，也就是来访者讲述的“故事”和相关的问题。过程则是指来访者在讲述故事时的个人情感体验，或者其他人倾听或忽略这个故事时的情感体验，或者是参与治疗者彼此之间的动力状况（例如，在初次会谈中，父亲在向治疗师诉说自己对儿子的担忧时突然大发雷霆，因为儿子和他的母亲说他很可笑）。在《给心理治疗师的礼物》（*The Gift of Therapy*）和《爱情刽子手》（*Love's Executioner*）这两本著作中，存在主义精神病学家欧文 · 亚隆（Irvin Yalom）对内容和过程进行了广泛的论述。

评估来访者的第三个视角是，确定出现的问题或行为在多大程度上影响了家庭功能的健康和平衡。无论是与青少年来访者本人还是家庭会谈，这都很有帮助。影响的程度可以帮助我们确定，来访者的父母为应对孩子的挑战做出了多大程度的调整。下面我将对这三种工具进行讨论。

评估的过程和内容

在家庭会谈中，观察孩子的症状对健康的家庭功能造成了怎样的影响

尼拉：帮助父亲看到，他女儿“典型的青春期行为”其实是无礼

一位父亲正在描述，在每天早上上学前的一个小时里，女儿尼拉都很暴躁、喜怒无常，他对此束手无策。他似乎很能接受女儿糟糕的态度，以及这种态度对家里其他人造成的影响。他说：“我原谅尼拉早上的糟糕行为，因为我想让她的一天有一个好的开始。她就是这样的孩子。再说，不是所有的青少年早上都这样吗？”这实在让人惊讶。

这就是问题所在——这一切完全因尼拉而起。她不知道需要在别人面前调节自己的情绪，或者至少是尝试改变表达情绪的方式。这或许不仅影响了她与父亲和兄弟姐妹的关系，也影响了她与亲戚、老师和朋友的关系。她没有学到如何成为一个组织的一分子，在这个组织里，要尊重他人的愿望，每个人都应当为这个组织做出贡献。她没有学习如何做到共情、慷慨或耐心——所有这些品质都是建立和维持健康的关系所必需的。此外不幸的是，尼拉了解到，如果足够挑剔的话，人们就会尽力为自己服务。

我们可以向与尼拉的父亲类似的父母指出，虽然没有人会因为女孩的感受而责怪她——她的情绪是无可厚非的，但她应当为自己的情绪影响到周围的人而承担责任。当别人帮助你做好出门上学的准备时，对着别人发火、摔东西、大喊大叫，这些都不是青春期的正常表现。青少年做这些事，是因为他们的父母认为这是青春期的必经阶段，所以允许他们这样做。尼拉可以控制自己所有的行为，包括她糟糕的情绪，尽管对她来说，控制它们比那些起床时心情愉快的孩子更难。

我建议这位父亲从“选择”的角度看待尼拉的行为和态度。也就是说，这些行为都是她选择去做，或者是允许自己去做的。如果这样看待她的行为，他会产

生不同的感受吗？如果女儿拒绝改变自己的行为方式，他愿意对她进行惩罚吗？当女儿大喊“那样只会让事情变得更糟”时，他能做出恰当的回应吗？如果不能，他可以和我一起思考对策吗？

有些读者可能会觉得奇怪，为什么我不多谈一些不良行为背后的情绪问题。它们一直是我思考的一部分，也是谈话的一部分。我无法想象在讨论青少年的行为时，不处理他们的情绪和精神状态。然而，只要他们的不良行为还在继续，我并不认为把他们的情绪作为治疗的主要焦点能起到什么作用。这两种对话可以同时进行。不过，如果我们只探索一个行为出格的孩子的抑郁、焦虑、愤怒或其他困扰的本质，却不同时努力让她对自己的行为负责，这几乎不会产生什么效果。青少年通过这种行为发泄自己的情绪，而父母因此变得越来越被动和怨恨。在这种情况下，很难让孩子真实地面对自己的脆弱，坦诚地谈论自己的感受。

过程往往胜于内容

仔细观察青少年来访者对父母或继父母言论的反应。他们是否表现出反对家人陈述的非语言行为？家庭中缺少了什么——幽默、严肃、活力或者共情？有人对某人刚才说的话感到惊讶吗？赶紧去探究一下。

雨果：帮助一对父子更好地理解父子关系与孩子抑郁的关联

我正和 14 岁的雨果及其父亲进行初次会谈。他们都提到，雨果在过去的一年里一直很抑郁。当雨果的父亲以一种非常积极的态度谈论儿子的时候，我正在追踪雨果对他父亲的反应。我注意到，每当雨果的父亲骄傲地提到，雨果能够在沮丧的时候保持冷静，或者尊重别人的观点（即使他可能不同意他们的观点）时，雨果就会转过身来看着他，好像他很惊讶自己的父亲居然会花时间考虑跟自己有关的事情，更不用说夸赞他了。所以，我决定就这一点说些什么。

"听到你爸爸那样说你，你好像很惊讶。"

"嗯，是的。我从来都不知道。"雨果轻声回答。

现在我通过雨果与他父亲的关系，特别是雨果心目中父亲对他的看法，与父亲对他的实际看法之间的差异，来观察他的抑郁。这也许不能完全解释雨果的抑郁，但是一个很好的起点。

"伙计们，这就是我感到疑惑的地方。"我说道，"雨果，你说你从来都不知道爸爸对你有这样的看法——你能够保持冷静，虚心接受其他人的观点——是因为这是他第一次在你面前这样说吗？"我时不时地看看孩子的父亲，又看看雨果，接着说，"还是因为你爸爸以前说过这些话，但你不太相信他，或者记不住这些话？"

雨果的爸爸突然插进来说："我一直跟他这样说，但他从不相信我。我儿子从不接受别人的赞美，这让我感到很难过，因为他是一个很棒的孩子，每个人都爱他，但他却看不出来。"

这段话透露了很多信息，并且为我的治疗开辟了新的道路。大部分都是个体治疗，重点是分析为什么雨果对自己的看法与别人对他的看法会存在差异。

让我们假设，在第一次会谈中对话有了另一个走向。比如说，雨果在回答我关于他父亲以前是否说过这些话的问题时指出，他的父亲从来没有正面评价过他或他的兄弟姐妹。事实上，他相当挑剔，这是他第一次听到父亲夸赞他。让我们假设，雨果的父亲看起来有点恼火和尴尬，嘀咕着不想让自己的孩子"自以为是"。

我可能会回应说："我理解……（我在这里将父亲对孩子会自以为是的担忧一般化，以避免父亲产生抗拒）有些父母担心，如果孩子听到父母对他们的正面评价，就会利用这种评价。我不知道，比如说，*既然我会在你需要的时候照顾奶*

*奶，你为什么还要在我不想洗碗的时候找我的碴儿？*或者他们担心，就像你说的，他们会变得自大，难以相处。”我会微笑着问雨果：“那你会自以为是吗？”从这里开始，根据雨果的回应，你可以让谈话朝着你希望的方向发展……

艾米丽：帮助一位年轻、冲动的孩子打开情感通道，接受成人的意见和支持

13 岁的艾米丽是个像旋风一样的孩子，她那讲故事般夸张生动的表情让我头晕目眩。

“在学校里，我总是说‘看看我！我是朋克女孩，我是糖果女孩’！我喜欢亲吻男生！我在商场里吻了很多男孩。我玩果冻手镯的游戏。我在商场和学校里和男孩子亲热！我讨厌所有的老师，只有一个例外。”

“哦——”

“我不会在家里做任何事情，但如果我得到许可，我会去做。我的老师说我来学校不是为了社交，但我告诉他们‘我就是’。我不会从老师那里寻求帮助，因为他们让我很生气……”

我意识到，如果我想加入这场对话，就需要创造空间。这让我想起了小时候玩花式跳绳，两个女孩朝着相反的方向挥动跳绳，我思考着怎么才能跳进去。

最后，艾米丽停顿了一下。我跳了进去。

“等等，生老师的气和寻求帮助有什么关系吗？”

我不指望艾米丽对我的问题有任何真正的回应。如果有的话，我估计只是一句“嗯？我不知道”，然后她就会轻巧地跳开。但我想低调地表明一个有点偏离中心的观点——我想让她知道，我完全沉浸在她的独白中，但又可以冷静地分辨出，至少对我来说，她的陈述与其他人的陈述在本质上是不同的。在这种情况下，我可以通过提出问题加入“对话”，而她的其他陈述并没有给我这样的机会。当然，我想表达的观点是，并不是每个人都把对某人生气等同于无法向其寻求帮助。我把它称作一种“顺手牵羊”式的干预：稍纵即逝、不易察觉、灵光一闪。

“我不需要任何人！”艾米丽是这样回答的。

在下一次治疗中，艾米丽和她的母亲一起进来。在谈话的某个时刻，艾米丽的母亲提到，这周艾米丽因为严重的痛经请假在家休息。

我看着艾米丽，温柔地微笑着问她妈妈，当艾米丽不舒服的时候，会不会接受她的帮助。我问这个问题是因为，我想找到一种方法来追溯艾米丽在之前的治疗中说的那句话：我不需要任何人！

“通常会，但只能按她的要求来。”妈妈回答，“如果是我认为对她有帮助的事情，比如使用加热垫或喝热茶，她会礼貌地拒绝。但如果她在自己的房间里，觉得点福来鸡（Chick-fil-A）快餐会让自己感觉好一点，那她就会毫不犹豫地提出要求！”

艾米丽看着我，笑了。她对妈妈的评价很满意。

“但我是个软心肠的人，”艾米丽的妈妈补充道，“而艾米丽非常善于利用这一点。”

如何帮助艾米丽的想法在我脑海中慢慢成形。到目前为止，我们可以处理三个问题。第一个问题是，她之所以喜欢长篇大论，是因为她感到焦虑，想获得控制感，或者也可能只是为了炫耀。举个例子，我可能会在她又开始滔滔不绝的某一天这样说：“哦，我的天哪，你有这么多话要说，有这么多感受，有时我觉得好像没有我的空间！”我会面带微笑，并不指望艾米丽在我说话时为我腾出空间。

我做出评论只是让她意识到自己在做什么，也许还可以让她有一点自我觉察——绝不是感到羞愧，更多的是一种自我反思。

第二个问题是艾米丽的伪独立，她过早地假设自己是独立自主的，这让她对那些一心为她着想的人产生了抵触，不愿意接受他们的意见和建议。

第三个问题是，艾米丽利用了母亲慷慨和不愿冲突的个性。当然，我也可以把其他主题带到治疗中——总是会有新的主题出现。比如，她的判断力，以及她在他人面前塑造的形象与独处时的差异。

艾米丽独自参加了下一次治疗。“我和尼克正要这么做，他想退出，但我拒绝了他。”

“好样的。”

“是啊，我并不想这样。我和乔丹约会过，不过他是个拘谨的人。有些朋友抽烟，但我不喜欢它的味道。我不抽。”

这次谈话给了我更多空间，于是我利用它表达自己的看法。

我对艾米丽说：“你知道，你根本不像看上去那么鲁莽。你做得很好。”

艾米丽笑了。她对我的评价也很满意。

以下是我从与青少年及其家庭进行的首次会谈中获得的一些过程性观察。这些观察不一定会决定整个治疗最终的面貌，但它们可以帮助我辨别出一些对问题行为起到推动或维持作用的动力，并且完善我当时获得的诊断：

……这个孩子和父母的关系就好像他们是同龄人或室友，他们彼此之间没有尊卑之分。

……这位母亲对女儿过度保护，因此她认识不到自己的行为冒犯了别人。

……这个孩子看起来与她奶奶在电话里向我描述的完全不一样——更加随和、更有自知之明、更有同理心。

……这对父母多年来一直避免让女儿接受治疗，现在我明白了其中的原因：他们只关心自己的形象和别人的看法，并不在意女儿抑郁这件事，更不用说让她接受治疗了。

……这位爸爸在这里说了很多大道理，但看起来我只要说错一句话，他就会大发雷霆。

……这个孩子把习得性无助作为让父母不再批评她的一种方式。

……这个孩子看起来很想和父亲沟通，但又缺乏勇气和技巧让父亲了解这一点。

有时候，内容才是王道

艾薇：帮助青少年的父母摆脱盲点，认可女儿的洞察力，同时也帮助青少年相信自己内心的声音，建设性地应对家庭挫折

16 岁的艾薇来接受治疗，是因为自己一直以来都很抑郁和自卑。在治疗过程中，她与我分享了一些合理的担忧——关于父母如何管理弟弟在家里的攻击性和不当行为。艾薇的弟弟伊恩多年前被诊断出患有孤独症。他在学校或者参加一些课外活动的时候都很正常，但回到家就会退行（regression）。不能随心所欲的时候，他会一直尖叫，偶尔还会光着身子在家里跑来跑去，因此艾薇不敢带朋友到家里做客。而且，每次全家外出用餐的时候，艾薇的父母都会听从弟弟的要求，去弟弟喜欢的两家餐厅。艾薇从来都没有选择的机会。

艾薇抱怨说，尽管她妈妈经常埋怨自己“要为每个人做那么多家务”，但她仍然每天早上起床为 14 岁的伊恩准备午餐。艾薇之所以担忧，一部分是因为父母对伊恩的管理方式对她的生活产生了负面影响。另一方面，她也很担心伊恩，因为他根本不需要为自己的行为负任何责任，而当他以后不再住在家里时将不得不面对这些责任。每当艾薇提出这些担忧，她的父母就会让她闭嘴。有时，他们会认为这些事情“没什么大不了的”，或者是因为她“嫉妒伊恩得到的关注”，或者说弟弟无法控制自己。这让艾薇火冒三丈。

为什么在治疗中解决艾薇对弟弟的担忧很重要，而治疗原本的关注点是她的抑郁和低自尊？因为也许，她的部分症状与她觉得自己在家里没有发言权，或者她的意见没有被认真对待有关。也许是因为听到“等你为人父母了，或许就不会这么想了”这类话之后，她觉得父母总是高高在上地对待自己。也许是因为她觉得自己的感受和见解对父母来说永远都不重要，特别是他们总是不承认自己对心理障碍的看法是短浅的，也看不到降低对孩子的要求，不让他做自己力所能及的事情是有害的。

我对艾薇及其父母所做的干预包括：

· 与艾薇的父母单独会面，讨论他们能否更加认真地对待艾薇的反应，并开放地接受她的一些正确观点。

· 同时帮助他们认识到，对伊恩的过度迁就在短期和长期内都可能对艾薇造成伤害。

· 确认艾薇对父母对待弟弟的态度的感受，并把它们一般化（“我经常从那些兄弟姐妹有某种残疾的孩子那里听到这样的话，他们看到父母对待这些兄弟姐妹的方式使得他们非常依赖父母，或者觉得自己理所应当受到优待，或者变得让人讨厌”）。

· 如果她的父母不改变，就和艾薇一起更好地管理她的挫败感。

· 帮助她将自己和弟弟的关系与父母和弟弟的关系区分开来，这样她对他们的怨恨就不会影响到她对伊恩的感情——其实她很爱他，并且非常关心他。

· 更好地了解艾薇在家庭之外的世界，弄清楚她在那里是否有不同的感受。如果不是，生活中还有哪些其他因素导致了她持续的抑郁和低自尊。

从一个焦点转向另一个更重要的焦点

阿曼达："自伤"不是一种诊断

这个孩子呈现的问题是"自伤"。这只能告诉你，在伤心、焦虑、愤怒或者想要表达自己的观点时，她会做什么，但不能告诉你治疗师的工作是什么。你可能会想，嗯，我必须让她停止自伤，但其实并不是这样。事实上，你不需要让任何事情发生。当治疗师认为自己有责任让不好的事情停止时，就会陷入麻烦。你可能不得不采取安全措施来保护孩子，但并不一定要阻止其自伤。

当妈妈对阿曼达说刻薄的话时，她就会伤害自己。她说，妈妈的话让她很生气，而自伤会让她感觉好一些。就是这样。这是对一个复杂问题的简单回答，也没有为更深入的对话留下太多的余地。

在这种情况下，我有时会开始思考"解药"，比如，阿曼达这种行为模式的解药是什么？她的行为及她对自己行为的思考，让我觉得非常被动：我妈妈伤害了我的感情，所以我伤害了自己，然后我感觉好多了。仅此而已。被动的解药是主动，所以我开始考虑，如何让阿曼达在她的生活中成为一个更积极的行动者，这样她就可以感受到，行动者的力量比受害者更大。

我问阿曼达："当你妈妈说一些伤人的话时，你会对她说些什么吗？"（主动）

"没有，她不会听的。"（被动）

“她可能不会听。但有些事情很重要，即使没人愿意听。重要的是你要说出来。”（行动）

我不希望阿曼达学会根据别人对她的反应来采取行动——这样做充满偶然性，会破坏行动者的感觉和它本应激发出的力量。这是治疗中很重要的一部分，因为从这里开始，阿曼达开始和我谈论她是如何受他人摆布的。

因此，有自伤倾向的青少年的诊断演变成更具描述性的诊断，即青少年在受到威胁时默认采取被动，将自己视为受害者，然后通过对母亲的被动攻击行为来保护自己。这样的治疗围绕着自我拥护（self-advocacy）的理念，并且粉碎了这样一种观念，即只有通过报复他人，尤其是自身付出巨大的代价，才能带来真正的情感满足。我教导阿曼达，采取“我是受害者”的立场，绝对不会像她说“我在这里，我会让你因为对我的伤害负责任”那样产生强大的力量，也不能让她的内心获得满足。——这虽然并不是治疗的全部，却至关重要。

症状不能决定治疗的过程。

来访者本人才可以。

第十二章

宏观：让治疗在谈话中发生，然后逐步推进

我的一个实习生曾问过我一个很棒的问题：如何从与青少年的一般性对话过渡到干预。吉塞尔说："只要我说一些类似干预的话，谈话就会结束。我该做些什么，才能保持活跃的互动，同时又能解决出现的问题呢？"

然而，我们可以从吉塞尔的问题中看到，为什么她和其他许多治疗师都在努力做到对青少年来访者产生影响的同时，又不让他们感到害怕。吉塞尔问的是，如何从对话过渡到干预，就好像这是截然不同的两件事情。而在我的治疗方法中，对话成了治疗的载体，治疗（或干预）被嵌入对话中——不是作为一种噱头，也不是预先计划好的策略，而是作为治疗师和来访者之间的逐步交流。这只是因为治疗机会浮出水面，而治疗师看到了它。这里有一个例子：

> 16 岁的利亚姆在治疗中像往常一样和我说话——他在办公室里走来走去，一边和我的狗玩拔河游戏，一边抱怨他的妈妈和老师。我们的谈话很轻松，聊了聊棒球、对我的好奇、对其他人的愤怒，还有关于他自己的一些事情，以及吃零食的问题。和利亚姆在一起时，我采取了一种更随意的坐姿，因为这样似乎能让他放松，所以我把脚放在桌子上，或者把腿搭在椅子的侧臂上。我用眼神和声音在办公室里追随着他。
>
> 利亚姆喜欢横行霸道——主要是在家里，他走路的方式和总是愁眉不展的表情，都表现出了霸道的样子。当然，他并不这么看待自己，也不明白为什么别人不愿接近他。有一天，他告诉我他打算在万圣节做

点什么。利亚姆长大了，不能再玩“不给糖就捣蛋”的游戏了，所以他决定在自家门前的草坪上放上骷髅、超大的蜘蛛和其他道具。当孩子们来要糖果时，他就跳出来迎接他们。

“哦，我的天哪，这太坏了。”我说这话时没有看他，只是喝着我的苏打水。

“不，没有，”他回答道，做了个鬼脸，“你在说什么呢？再说，这一天是万圣节，你本来就应该做这些事。”

“不对，”我平静地说，又喝了一口苏打水，“你应该给他们糖果，而不是吓唬他们。”

“嗯，我去年就这么做了，没人抱怨。”利亚姆说，好像这就解决了问题。

我在椅子上转过身，看着他。现在做鬼脸的是我。“没人抱怨？”

“是的，没有人。”

“当然没有人抱怨。你那个街区的每个孩子都不敢和你说话。还有谁会抱怨呢？”

利亚姆站在那里看着我。

我微笑着，亲切地说：“每次我提到别人被你吓到，你还是很惊讶，好像你毫不知情……”

利亚姆摇了摇头，继续在墙上玩投球游戏。

当利亚姆提到在万圣节吓唬孩子的主意时，我很确定自己能找到某种方式利用它，把它和与治疗相关的因素联系起来。利亚姆在家里也是个小霸王，他利用自己的身材优势、喜怒无常的性情和叛逆的天性恐吓他的母亲，尽管他自己并不这么看。正是因为这样，我总是在“物色”一些故事或评论，想以此作为跳板，与来访者展开一场更广泛、对其更有意义的治疗性对话。对于我所说的，来访者可能会赞成，也可能不太喜欢，但他会留下深刻的印象。

理想的情况下，我们不能把谈话和干预截然分开，因为它们之间并不是那么泾渭分明。（在利亚姆这个案例中，焦点在于利亚姆需要通过恐吓与他人建立关系，并且他否认这一点。）来访者不会觉得，*哦，治疗师刚刚还跟我聊得很开心，然后她突然又对我板起面孔*……相反，两者都是流动性治疗过程的一部分，一系列言语和时刻累积起来，达到一个临界点，才促成了一些心理或人际关系的转变。成功的治疗性对话会促进来访者的投入，而正是有了来访者的投入，治疗才会发生。

在理想的情况下，治疗是即兴的、偶然发生的，但也是经过精心策划的。

谈话就是一种治疗

当我们觉得青少年的选择似乎没有什么明显的意义时，要记住，人们做事从来都是有理由的——即使他们不知道那个理由是什么。哪怕是看起来很疯狂的行为（比如自毁）也是有目的的，而且更多地受到一种情感逻辑，而非理性逻辑的驱使。当我们和孩子们谈论他们的“非理性行为”时，他们实际上很少运用理性逻辑。然而，当你即使不理解来访者的行为，却仍然保持好奇和尊重的时候，有时会出现一些故事，让你和来访者开始理解这些原本费解的选择。

帮助马库斯做出明智之举，而不是努力逃避失败感

让我们比较一下治疗师在处理孩子厌学问题时的两种不同的回应方式。在我早期工作过的住院治疗中心，我被指派给 17 岁的马库斯担任他的治疗师。他对学校的老师非常不满，因此决定退学。

三四天之后，马库斯开始感到痛苦，因为他觉得自己做了一个糟糕的决定。他再也不能每天从校园离开，不能在吃完晚饭后到健身房打篮球，不能和朋友们

出去玩了。

> “怎么了？”我在会谈时问他，感觉他焦虑不安。
>
> “我很无聊。”他回答。
>
> “我能看到。我想你以为结果会不一样。”
>
> “我不知道自己当时是怎么想的……”
>
> “我想你是想表达一个观点，结果却发现没有人真正在倾听。我知道这感觉不太好受。”
>
> “也许吧。”
>
> “那我们回学校吧。现在你似乎觉得如果你回去了，就意味着让步。不过不一定，这很可能只是你一个人的想法。但我明白这一点——如果你认为别人会这么想，那你就不愿意回去。听着，最糟糕的情况是，你的猜测是错的。不，实际上，更糟糕的是，即使你想这么做，也还是不回学校——仅仅是因为你担心，别人会认为你已经妥协了，用你的话来说，你是一个失败者。”
>
> 我当时就说了这些，但我本可以这么说：“要知道，你说自己想要毕业。如果你想实现这个目标，就得努力去做自己不愿意做的事，这样才能自由自在地去做自己喜欢的事。”这无非是一场伪装成励志演讲的说教。

那些为了保留自尊以致适应不良的孩子，往往需要鼓励才能走出困境。有时，治疗师可以对令他们感到不适但在预料之中的想法或情绪进行讨论，并让他们接纳这些想法或情绪。

当青少年遇到的问题导致自尊心与明智的判断产生冲突时，他们可能会陷入困境。虽然我们已经长大成人了，但对以下这些感受也并不陌生：

· 当所有人都在期待你改变的时候，你很难改变自己。

· 如果这是成人的想法，就更难改变，因为现在它已经被“污染”了，即使你以前真的很赞成这个想法。

· 如果别人帮你解决了问题，那就没什么意思了。

· 有时候，做正确的事比做聪明的事更重要。

如果你正在和一个做出非理性决定的青少年一起工作，可以看看上述情绪或信念是否阻碍了他。你可以直接问这个孩子：“嘿，我知道对一些孩子来说，让别人帮助他们解决问题是一件很糟糕的事，他们不会这么做的。你怎么看？我之前听到你说：‘我还是自己想办法吧……’”

也许，你的来访者拒绝了来自成人的任何想法——无论好坏。而且，你看到他因为拒绝接受唯一可行的解决方案而止步不前，而这个方案恰好来自他的继父。

“你真的……？”我可能会这样问。

“真的什么？”

“真的要否决你继父的主意吗？”

“我会想办法的。”

“亨利，他已经替你弄明白了。这个问题可以解决。”

沉默。

“怎么了？”我问。

“没什么。我只是不想那么做。”

“因为这是他的主意，不是你的？”

“因为这是……我只是觉得这不是个好主意。”

“这是我第一次不相信你的话。我认为你宁愿放弃希望，也不愿让你的继父认为他能帮助你，因为他居然和你妈妈结了婚。你还要责备他多久呢？”

亨利抬头看着我，好像在说，我不知道……我不想再有这种感觉了，但我停不下来。

于是，关于亨利不愿接受继父帮助的谈话，促使我们讨论了他对于父母离婚又再婚、继父“闯入”家庭的感受。或许，亨利无法摆脱对继父根深蒂固的怨恨，即使他自己也意识到这种怨恨早已过时。

帮助西尔维用自己的声音说话，哪怕只有她自己能听到

在西尔维 12 岁时我就认识她了，她现在是东北部一所小型文理学院大二的学生。西尔维风趣、优雅、富有洞察力，喜欢心理治疗。然而，在与父母和一些朋友的关系中，以及当她对自己的生活不满时，她仍然默认自己是受害者。在下面这段对话中，西尔维抱怨她的父亲没有联系她，看看她过得怎么样，也没有安排时间来学校看望她。

“你问过他这件事吗？”我问西尔维，只是带着好奇而不是挑战。我见过她爸爸，觉得他突然和女儿那么疏远是一件很奇怪的事。

“没有。他只会对我大喊大叫，最后我会觉得自己更加糟糕。”

在这里，治疗师可以用几种不同的方式回应西尔维。一种是对她刚才说的话进行逐字逐句的回应——如果她问父亲为什么似乎不太关心自己，他就会大发雷霆，让她觉得自己很糟糕。但我以前也做过几次这样的回应，试图把她从受害者的心态中解脱出来（她经常认为自己受到了侵犯或迫害，但实际上并没有）。这已经是老生常谈了，所以这一次我想从不同的角度切入，完全不提这个问题：他到底说了什么让你感觉如此糟糕（真的有那么糟糕吗）？我想通过自己的回应表

达这样的观点：有时候别人怎么回应你说的话并不重要，重要的是你说了什么。

“西尔维，你问父亲最近为什么不跟你联系，其实是为了你自己，而不是为了他会怎么回应你。在这里，你面临的挑战是，在不知道对话会有什么结果的情况下说出自己的想法。”

“如果他生气了怎么办？”

“那就让他生气。比起想出各种理由为他开脱，因此心生怨恨，我认为你能更好地应付他生气的情况。再说，你爸爸生你的气会让你崩溃，那是过去的事。我觉得现在不会这样了。”我说，暗示着在过去的一年里，西尔维已经表现得更加成熟，而她自己还没有承认这一点。

西尔维确实跟父亲交谈了。令她惊讶的是，父亲并没有生气，反而告诉她，他也一直在想，为什么现在他们之间几乎没有联系了。“我以为你现在上大学了，想要更多的隐私或空间。”西尔维告诉我，父亲是这样说的，然后他补充说，“对不起，西尔维，我只是想表现出对你的尊重，并不想疏远你。”然后，父女俩立即约好过两天共进午餐，并且互相承诺，如果感觉到有什么不对劲，就直接告诉对方，而不是默默忍受。

当我问西尔维如何看待她父亲理性而热情的回应时，她说：“好吧，也许他这次没有对我大喊大叫，但下次就难说了……”

“哦，我的天哪，”我说，“怎样才能让你不再对莫须有的事情信以为真……”西尔维对我笑了笑。“但是，说真的，”我补充说，“另一件需要考虑的事情是，你向父亲提出这个问题时，是不是有什么东西让他更加温柔地回应了你？”

“善意是什么？”

“你知道的，亲切、随和。”

“噢，也许吧。我觉得自己在问他的时候并没有带着情绪。我只是向他提出了这个问题。”

“那就对了。你可能不喜欢听我说这句话：有时你会对父亲做出的回应产生影响，不过好消息是，你也有一定的控制权。”

“我知道，我知道，”西尔维说，“我妈妈总是这么跟我说。”

我笑了起来。“你妈妈很聪明。”我说。

帮助卡米拉学会与人交谈，即使他们是“浑蛋”

卡米拉今年17岁，他的父亲这个月第二次成了“浑蛋”，她不再跟他说话了。

“卡米拉，你需要第二套装备。”我说。

“你这话是什么意思？”她嗤之以鼻。

“你需要另外一套装备来和你认为是浑蛋的人交谈。因为有时候你需要和他们打交道，比如你爸爸。”

“跟那个浑蛋说话对我没有任何好处。”

“你看，你说你想去康奈尔大学，然后他取消了去校园开放日的计划，让你失去了这个机会。你其实可以说，‘爸爸，这对我很重要，我知道我搞砸了去匹兹堡的旅行（她因故错过了车），但也许6个月后我们可以去其他学校，我向你保证。你可以让我继续申请其他大学，重新安排行程吗？’”

“他不会改变主意的。”她说。

“这不仅仅是他改变主意的问题，”我回答，“甚至都跟他无关。这是关于你是否能够和让你生气的人交谈——以便从他们那里得到你想要的东西。”

“我不想听他的意见，因为他是错的！”

“也许他是错的，我不知道。问题并不在于你们谁去改变谁的想法。你可以看看，他是否可能从不同的角度看待事物。还有就是试着和你的父亲沟通，即使你认为他是个浑蛋。”

当我说“浑蛋”的时候，卡米拉笑了。

帮助帕克认识到，关注人际关系可能比关注“自己是对的”更重要

16 岁的帕克是一个易怒的女孩，她态度消极，不太讨人喜欢。没有什么能让她满意，她总是对某个人大发雷霆。帕克疏远了自己的朋友们，因为她认为“他们不在乎”（因此她很沮丧）。“我的意思是，拜托，”她苦涩地说，“他们甚至懒得问我现在怎么样了。”

嗯，仔细想想，“他们不在乎”可能有很多含义：

· 也许帕克的朋友问过她，但她不记得了，因为这不符合她为自己创造的故事。

· 这可能意味着她对友谊的期望超出了合理的范围。例如，也许在她的朋友圈里，除非发生了严重的问题，否则没有人会问别人过得怎么样。

· 这也可能意味着她变得非常消极和愤怒，所以她的朋友们都不愿意问候她了，因为他们认为她会生气，或者对他们大发雷霆。

· 也可能就是她所说的那样，她的朋友们已经不再关心她了，或者从一开始就没有关心过她。

我让帕克告诉我更多这方面的信息，她转述了她和一个朋友的交流。朋友说她再也不会问别人过得怎么样了，因为这太沉重了，让她觉得难以应付。“基本上，

她是说她不在乎我，我只是她的一个负担。我听到的就是这个意思。”

“我听到的就是这个意思”——这句话对于治疗师来说是一份礼物，因为它给了我一个机会，让我可以和帕克一起对听到的意思与真实的意思进行区分。帕克说她听到的就是这个意思，这也意味着，其他人听起来可能会是不同的意思。我不需要强行插入这种可能性（比如，你觉得只有你听起来是那样的吗？这肯定会冒犯到她）。她会对事实与感知的区别产生兴趣吗？我不知道，但这是一个潜在的起点。

“哦，哇，”我说，“这很有趣，因为我听起来你朋友的意思有点不一样……”然后我就等着帕克的回应。

如果她说……

好吧，我真的已经不在乎了。

我的回应是，等等，发生了什么？你不想接我的茬。这是因为我说，我从你朋友那里听到的与你听到的不一样吗？

不。我只是不想聊这个了……

好吧，但我还是觉得，你希望我同意你的观点……那有什么意思？（只有在我和青少年来访者亲近到可以开玩笑的时候，我才会加上这一句。）

如果她说……

什么？有什么不一样？

我会说，我没有听到她说你和你面临的困难对她来说是一种负担。我听到她说的是，只要朋友有困难，她就会感到不知所措，所以就不再询问他们了。

如果她说……

不，我知道她并不是真的在乎，没关系。

我会说，天哪，帕克，别这么想。当一个人不想继续在意某件事或某个人，但仍然心有牵挂的时候，就会说这种话。我知道你很在意这些朋友，我想你只是想知道，你对他们来说仍然很重要。

帮助埃琳娜减少与人沟通时的评判和批评

埃琳娜喜欢研究连环杀手，有一天，她跟我说起一个生活在20世纪的连环杀手。她说出了他的名字，我茫然地看着她。她又大声说了一遍他的名字。我耸耸肩说："还是想不起来。""开什么玩笑！"她惊叫道，几乎是在大喊大叫。她盯着我，继续追问："你真的不知道他是谁吗？"于是，我一边看着她轻蔑的表情，一边挤出温柔的微笑，说："你看我的眼神，好像我是个彻头彻尾的失败者……"埃琳娜突然大笑起来，过了一会儿才停下来。

这正是一种干预，因为我并没有告诉她应该改变自己的态度。我并没有问她为什么要那样回应我，我也没有告诉她我认为她盛气凌人。我不需要这么做，因为埃琳娜从我的反应中体会到了这一点。而且，因为我没有反驳她，她可以加入那一时刻怪诞的幽默。也就是说，她把我当白痴一样跟我说话，并稍微反思一下自己。我肯定我不是第一个对埃琳娜说她有多挑剔的人，但我可能是第一个没有因此受到她粗暴反击的人。

一年后，我和埃琳娜坐在一起，她跟我提起了一位知名的电影制片人。我没有听说过这个名字，然后就直接告诉了她。她看着我说："哦，你知道吗，他拍了……"我一脸茫然，她说："他也拍过很多其他电影。你看过……吗？"我慢慢地摇了摇头说没有。"哦，好吧，"埃琳娜说，"不管怎样，重点是我喜欢他的作品。"然后我笑着说："天哪，埃琳娜，你对我太随和了。还记得去年，我不知道你说的那个连环杀手是谁时，你对我说了什么吗？”

“是的，我已经进步很多了。”埃琳娜从容地笑着说。

运用间接反馈促进西德尼无意识的自我转变

西德尼比埃琳娜小几岁，她也需要更好地进行自我觉察，认识到自己对别人过于强势。然而，我们谈话的语气和节奏与我和埃琳娜之间更加慎重的谈话完全不同。另外一个很大的差异是，埃琳娜从我这里得到的直接反馈让她迅速成长；而西德尼喜欢争吵和发脾气，她需要更加巧妙的反馈，这样她就无法进行防御。

13 岁的西德尼聪明绝顶，也是我所有来访中最有意思的一个孩子。她很幽默、见解深刻，但也容易冲动和激动。在跟我治疗的几年前，西德尼被诊断出患有孤独症。她很想引起别人的注意，但不能很好地解读社交暗示。在尊重他人的私人空间和界限方面，她也有很多困难。结果，西德尼很难结交朋友和维持友谊，对此她开始变得不屑（“我不需要朋友”）。

我和西德尼的谈话总是充满活力，我们会调侃、讲故事、进行幻想和表演戏剧，也会随意地讨论她生活中发生的任何事情。她非常坦率地谈到了自己在学校里与孩子们之间存在的问题，以及她是家里的异类，因为她的家人只会在那些可以远离网络、一次徒步几个小时的地方度假。你看，西德尼讨厌任何形式的体育活动，并认为自己对电子产品“上瘾”。西德尼还会因为自己的姐姐愿意遵守家规、承担家庭责任而嘲笑她，而且通常会把时间花在抱怨上。

我和一位正在学习如何与青少年工作的心理学实习生一起回顾了这个案例，我给她看了一段治疗的视频片段，其中包括我和西德尼之间的交流：

> 我：“你喜欢让别人猜！”我对西德尼说。
>
> 西德尼：“我当然喜欢！我想要掌控感！”

我："你为什么喜欢掌控？"

西德尼："你不喜欢掌控？"

我："这要看情况了。我不知道，我不这么认为。我不喜欢管别人。但我认为你喜欢这种感觉！"

"当然！"西德尼说，"然后我就可以操纵他们了！这样我就能得到自己想要的东西！"

"关于她给别人留下的印象，之后你会跟西德尼说些什么吗？"我的实习生问，"比如，她有多咄咄逼人，别人会讨厌这样。我的意思是，她似乎可以深入了解自己的行为……"

对这个问题，我的答案是"不会"。我告诉我的实习生，我不会在这次交流之后再去关注西德尼对别人有多咄咄逼人。首先，她刚刚毫不掩饰地（甚至相当自豪地）告诉我，她是多么喜欢控制别人。我担心在听到这些后迅速给予批评，会让西德尼后悔告诉我这件事（好吧，如果我告诉你之后，这就是你要做的，那就算了吧）。我会觉得自己好像背叛了她，因为我邀请她坦然相告，结果却反过来谴责她。此外，如果治疗师为了"教育"来访者或表明自己的观点而"绑架"谈话，可能会失去他们。不要把每件事都变成说教，这很重要。

这并不意味着我让西德尼觉得她的做法是可以接受的，或者我喜欢她和别人互动的方式。但我不会教育她不要咄咄逼人，而只是对她与老师、同学、兄弟姐妹和父母打交道的故事，表达我自己不加修饰的反应，我会说：

- 你做了什么？
- 不可能。
- 你在开玩笑吧？
- 你对你的老师这么说？

- 等等，你妹妹想洗碗有什么奇怪的吗？

此外，我没有理由相信，西德尼愿意听到对于自己人际交往方式的直接反馈。她很可能还没有做好听到这些反馈的心理准备，如果是这样的话，她可能会因此对我产生戒备心理，而之前我们的关系中从不存在这种情况。西德尼喜欢我们的谈话，我想如果我能利用这些谈话，让她培养更好的情绪觉察力，并且让她在没有操纵或掌控的谈话中获得乐趣，那么她也许能拓展自己的人际行为，表现出更加健康的新行为。

我对西德尼进行干预，帮助她更好地融入社会的另一种方式是，把她性格中鲜为人知的其他部分视为培养情感技能的肥沃土壤。在我的治疗室里，西德尼可以完全做她自己，而不仅仅是她向同学或家人展示的部分。我看到了她聪明伶俐，能够准确地评价他人，敏锐地判断出别人不喜欢她哪一点，并且她是完全透明的——这一点总是会吸引别人。我甚至看到了她体贴、有同理心甚至善良的一面，我让她知道这些是多么可爱的品质。

我从来不需要告诉西德尼要善待别人，不要再嘲笑她的妹妹。如果我这样做了，就会成为告诉她不要再做这些事的一群成人中的一员。西德尼自己停止了这些行为，部分原因是想要得到我的认可，但主要原因是她想要克制自己冲动的一面，以便与她重新塑造的自我概念（现在想要让自己展现怎样的面貌）保持一致。

我认为是心理治疗让西德尼看到，在与人相处时，还有另一种不那么咄咄逼人和霸道的方式。更重要的是，通过治疗，她看到自己能够做到这一点，也可以享受其中的乐趣。我们的治疗关系充当了她通往更广阔的世界的桥梁：*在这里你可以这样做，所以和其他人共处时，你也可以这样做。*

西德尼慢慢地不再通过抱怨来引起人们的注意，并努力克制自己的情绪，说几句话之后就回到自己的卧室。她开始关心家人，说话也不再尖刻和讽刺。她在人群中感到不那么焦虑了，这让她不再那么消极，尽管在与同龄人相处时依然存在困难。我觉得，让身边的其他人接受你已经改变这件事总是很困难的，尤其是对那些很难改变刻板印象的中学生来说。我希望等到上了高中，在心智更加成熟的同龄人中间，她可以更好地适应。

与对他人缺乏同理心的青少年来访者谈话

13 岁的丹妮尔总是利用母亲希望两人和睦相处的愿望。每当母亲试图和她说话时，她都会嘲笑母亲的唯唯诺诺。

我："我的天哪，丹妮尔，你惩罚妈妈是因为你认为她没有及时回复你的短信。但你没有看到，如果没有经过反复思考，她就不敢跟你说任何话，因为她担心自己说错话，把事情搞得更糟。"

丹妮尔："我不敢相信你认为她怕我！"

我："她怕自己说错话，破坏你们之间的感情。但是，我觉得你喜欢她害怕的样子。"

丹妮尔：（发出冷笑）"我为什么会喜欢？"

我："因为这能让你控制你们的关系，或者至少让你有这样的感觉。"

丹妮尔盯着我。

我："在你跟我说过的所有关系中，你跟对方的地位都是不平等的。"

丹妮尔再次对我嗤之以鼻。

我："我不知道……这让你觉得自己如此强大，我却认为你很孤独。"

我并不指望丹妮尔会回应我最后这句话，我只是想让她听到。我相信，当孩子们觉得治疗师在等着自己对一句尖刻的话做出回应时，他们就会对这句话敬而远之，因此它也就失去了力量。在这里，我只是伸出双手轻轻地耸了耸肩，过一会儿就把谈话转移到了另一个话题上。

在治疗过程中，我会和丹妮尔围绕她缺乏同理心这一话题展开多次交流，这只是第一次。然而，她突然离开了治疗（参见第十五章），所以我不知道这些关于同理心的简短对话会带来什么影响，尤其是对一个如此热衷于用攻击性来制服别人的孩子来说。如果我有更多的时间和丹妮尔工作，我会把关于同理心的对话深入下去，提出自己的观点：缺乏同理心无疑会对她产生负面影响。我也会把这个问题放在最重要的位置，关注它在治疗关系中以及治疗关系之外的显著表现。

简单明了地向青少年来访者表达自己的观点

有时候，我只是想向来访者表达自己的观点。仅此而已。

在这个案例中，我想对15岁的谢伊说的是，她在生活中不经意忽略的东西，实际上是值得关注的。谢伊在她妈妈和学校咨询师的要求下来接受治疗。除了在学校和家庭作业上存在问题之外，谢伊在维持友谊方面也遇到了困难。谢伊对老师和行政人员说话也很粗鲁，当被问到是什么困扰着她时，她表现得一脸茫然。不过，最糟糕的是谢伊苛待自己的母亲，她直接咒骂母亲，拒绝母亲让她帮忙做家务的所有请求，而她母亲则选择低声下气、委曲求全。

在下面这段简短的交流之前，我已经和谢伊见了几个星期的面了。她告诉我，前一天晚上她对妈妈非常粗鲁。

> “我知道你不会为此烦恼。”我说，“你应该觉得困扰，但我知道你不会。你永远不会来到这里说，‘珍妮特，我需要改变一下我和妈妈说话的方式’。”
>
> 谢伊笑了。
>
> “那么，”在她以为我已经说完的时候，我又补充道，“我应该跟谁

讨论这件事呢？”

谢伊突然抬头看着我，她不知道该怎么回答，只是说：“我不知道……”

“我也不知道。”我笑着回答。在她开始为自己辩护之前，我转移了她不尊重母亲这个话题。我不指望谢伊告诉我，我应该和谁继续讨论这个问题。我只是指出她对妈妈说话的方式需要更深入的讨论，并暗示这样一个事实：在适当的时候，如果她和我无法处理好这件事，我可能不得不让其他人（她的父母）参与进来，以便让她减少对成人的冲动式攻击性，提高其情绪的自我调节能力（和意愿）。

当治疗师自身的感受占了上风……

一个可爱的15岁女孩坐在我面前，我开始对她产生好感。她带着一种严肃的表情告诉我，她爸爸叫她“大屁股”——还有其他一些带有极大侮辱性的称呼。

我还没来得及回应，吉莉安就对我说：“没事，他只是不想让我像他小时候那样胖。我知道，父母生我的时候没有看过如何抚养孩子的书（她显然是在模仿他们说过的话）。他已经尽了最大的努力。”

“他可以做得更好。”我坚持说。

“也许吧，”吉莉安说，“但没关系。如果我妈妈在的话，她会让他闭嘴，但他通常不会在她面前说。”

“哇，吉莉安，”我说，“说真的，你是如此善良和宽容，和你坐下来聊天让人感觉很愉快。我希望你爸爸知道你是个多么可爱的孩子……”

你认为来访者应该对那些虐待或不尊重自己的人表达愤怒，这可能很有诱惑力。但挑起别人的愤怒是没有帮助的，毕竟，这是他们的愤怒。如果你的来访者想要更加大声地说出自己的想法，那么治疗师可以帮助她。如果她并不想这样做，那么治疗师可以探究一下，这是因为她想要避免冲突、满足于现状，还是因为她觉得自己应该受到侮辱。

或许，在吉莉安这件事上，我才是那个太敏感的人。或许，我对家庭成员应该如何沟通抱有扭曲的信念，我还没有意识到冷嘲热讽是家人之间进行情感沟通的另一种方式。虽然我可能不喜欢这样，但我不应该主动挑起战争。

我还有一种设想，就是我对吉莉安的喜爱激发了反移情（countertransference），也许是一种无意识的拯救幻想。要知道，她的父亲虽然没有精神病，但是一个严重的偏执狂，并且严格地限制女儿与外界接触。他居然让女儿去接受心理治疗，真是不可思议。事实上，我和他的第一次（也是唯一一次）会谈就感觉像是在特勤局面试。尽管如此，我还是觉得这个男人很可爱。我知道他每天花几个小时向女儿灌输阴谋论和末世论，而吉莉安对此非常抗拒。因此，我想我渴望成为保护她的骑兵。

然而，吉莉安没能和我一起完成治疗。她的父母决定搬到另一个社区，因为那里的生活成本更低。吉莉安非常伤心，她的需求又一次被忽视了。

让青少年来访者通过观察治疗师来学习

有时候，治疗师会过于在意自己的言行，以至于忘记了自己在治疗关系中的表现能对来访者产生多大影响。我们的青少年来访者会特别关注我们，看到我们表现出耐心、接纳、灵活、谦卑、坦率和轻松善意的幽默，会产生很好的治疗作用。我会寻找机会与来访者分享，自己是如何面对冲突、尴尬、害羞、紧张和批评的。我可能会告诉他们自己是怎么面对坏消息的，或者是怎么做到跟对方道歉的。

如果与其他治疗师一起进行团体治疗，可以让来访者看到我们的人际交往能力。例如，我们可能会带着敬意委婉地向合作的治疗师表达自己的不同意见，或者巧妙地帮助她摆脱尴尬的时刻。几年前，我和同事克丽丝滕·德·马尔可（Kristen de Marco）为一群来自寄养儿童寄宿中心的女孩开展马术辅助治疗（equine-assisted therapy）。让我印象深刻的是，这些女孩被克丽丝滕吸引，因为她能够轻松地谈论那些艰难的事情，并且表现出无与伦比的善良、强烈的同理心和共情。在糟糕的环境中，她也能保持轻松，发现小小的乐趣。在与孩子建立治疗关系方面，她为我们树立了大师级的典范。

第十三章

微观：选择恰当的干预时机，提高治疗效果

治疗和喜剧一样，时机就是一切。单口相声演员需要读懂观众，根据观众的整体情绪和“个性”来调整自己的表演。同样，治疗师也需要读懂来访者，以便安排干预的时机和顺序，尽可能地提高治疗的有效性。

但是，心理治疗实践并不是一门精确的科学，而是某种艺术。因此，我们理解了心理治疗过程，并不代表就能将这种理解转化为有效推进治疗的言语和行为——两者之间是存在差距的。关于如何将理论转化为恰当的语言、干预和行为，我们并没有现成的公式和模板，此外还有选择时机的问题。从研究生院毕业时，我们都非常熟悉与人类改变过程相关的理论，但缺乏让这种改变实际发生的能力。

本章讨论了一些与选择时机的临床敏感性相关的话题，可以帮助治疗师提高治疗水平。例如，对于一些青少年，你要趁热打铁：一个议题出现的时候，你得抓住它，否则它很快就会消失。而对另一些青少年，你却不能操之过急：你跳上去，他们就会离开。下面这些例子告诉我们，治疗师可以从会谈中搜集到来访者的不同回应、互动风格、防御、情绪状态和需求，这些可以为治疗师提供指导，帮助治疗师选择时机，用最恰当的方式把自己的见解融入治疗。

时机与对话的桥梁

伊恩及其解决冲突的糟糕方法

伊恩是一个 16 岁的男孩，他有一头鲜红的头发，脾气也很火爆。他非常努

力地想成为一个小混混，但他的多愁善感有时会成为阻碍。他是那种你以为永远不会来治疗的孩子，但他却出现了——一周又一周。如果我问他想从治疗中得到什么，他会看着我，好像我疯了一样，竟然认为他来治疗是为了自己。难道我不明白，他来这里只是因为妈妈让他来吗？伊恩的表情会告诉我这一点。所以我从来没问过他。但他一直来。有一次，我无意中提前结束了会谈。“还有两分钟！”他提醒我。

对伊恩来说，治疗是有一搭没一搭的——这里聊两句，那里谈一谈。在这些时刻，我可以短暂地在他面前举起一面镜子，让他看到自己的善良或丑陋。他被迫认识到，自己并不是一直都富有同情心，并因此产生了内心冲突。

有一次，伊恩在治疗快要开始时给我发短信，告诉我他不来了。他没有给出任何理由。下一次他来了，但没打招呼就走了进来——这对他来说很不寻常。他在表达某个想法，但我不知道他想让我明白的这个想法是什么。“嘿，怎么了？”我漫不经心地问。“上次你放我鸽子，这次又不打招呼就走进来。”而伊恩只是笑着开始和我的狗玩耍。

于是我就不再提这件事了。这是因为我想让伊恩知道，他可以简短地认可或回应我，不用跟我进行长时间或深入的谈话。我也知道，如果我问他为什么，比如为什么取消治疗，或者为什么不打招呼就进来了，他只会说“我不知道”，把它当作一个愚蠢的、无关紧要的问题不予理睬。这样我就浪费了一个本来可以留到以后的机会。

我们照旧继续咨询，我等待着可以连接到这个话题的“桥梁”再次出现——其他某个他不那么防御，可以跟这个话题保持一些距离的时刻。而且他也会记得，在这个话题第一次出现的时候，我没有猛扑过去。

以下任何一种情况都是潜在的桥梁：

伊恩告诉我，他本来要去爷爷奶奶家吃晚饭，却在最后一刻决定留在家里。

“嘿，你在这里也做了同样的事！这是怎么回事？”

伊恩说自己和妈妈吵了一架，决定和她冷战。

我：“哦，也许这就是你那天在做的事，你进来的时候没有打招呼或说什么……但是你看起来并没有生气，所以我想我猜错了。”

伊恩：“不，我不是在对你冷眼相待。我只是在想其他事情……”

我：“等等，你有没有在这里对我冷眼相待过，而我却没有察觉到？”

伊恩：“没有。”

我：“好吧，那其他我没听懂的呢？告诉我，我错过了什么？”

伊恩只是微笑着摇了摇头。

整个交流都是轻快俏皮的。伊恩看得出来，我并没有真的认为他跟我冷战过，而这给了我们一个机会来谈论许多事情：错过的线索、通过行动来表明观点等。

现在我的表情变得严肃了一些，声音也柔和了一些。我问伊恩：“那你没来的那天呢？发生了什么事？”

伊恩：“我和妈妈吵了一架，很生气，所以不想来，就是这样。”

我：“你在惩罚谁，我还是她？”

伊恩抬头看着我，用眼神和我交流了很久，然后说：“我不知道。谁都不是？”

我微微一笑，让谈话停在这里。这是我能承受的谈论严肃问题的最长时间。如果再多聊一会儿，他就会因为和我用治疗的方式谈话而感到难为情。不管怎样，这已经足够了。重点不在于当时发生了什么——比如那一天他和母亲争吵，而在于他开始对自己与周围人之间发生的互动有所觉察。

时机与耐心

麦克斯及其不合常理的愤怒

假设你想处理来访者对他母亲的愤怒，这种愤怒似乎是错位的，与你现在对他们关系的了解并不符合。直接询问这个问题往往不会收到满意的效果，只会让你的来访者更加防御，所以你不会成功。我想，处理这个问题的更好的方法是耐心地等待时机。例如，你注意到来访者对某个人特别宽容，也许是某个朋友、亲戚，也许是他的父亲。你不需要刻意地指出这一点，只需要稍微暗示一下他在哪里放了他一马。你要做的是设法把当前的谈话与几周前他痛骂母亲那件事联系起来。

“你对爸爸和颜悦色，”我对麦克斯说，“很有耐心。不过，你对妈妈的态度好像不太一样……”我没有问那个呼之欲出的问题。有时候，问为什么会让原本正在进行的思考停下来。在这种情况下，麦克斯可能会问自己为什么。他不需要对我说什么，因为这是一个重要的时刻。他可能想独自待在这个时刻。

有了这次的交流，也许在下次治疗中，你会注意到他对妈妈的另一句评价。比如说，他说她从不道歉，或者她从不认为自己错了。这是你的第二座桥。

“嗯，这也许就是你很难对她有耐心的原因吧……”我说。你给出了一个共情的解释。换句话说，你是在说自己理解他为什么这么做，而你可能也会这么做。

在这里，治疗师不应该说：“你认为，这就是你对妈妈发脾气，或者对她不耐烦的原因吗？”

为什么不该这样说？因为很明显，治疗师觉得这就是他生妈妈气的原因，这样麦克斯就会觉得你已经知道，或者自以为知道问题的答案。孩子们讨厌回答这样的问题，这会让他们觉得你高高在上。

对于麦克斯，我们可以慢慢地把这些蛛丝马迹编织起来，最终让他在你们的谈话中主动提到自己对母亲说话不耐烦。他可能会说：“我不知道，有时候我就是对她很生气……我知道自己不该生气，但就是……她就是会踩到我的点。”在那一刻，你只要轻轻地说一句“再多谈一些”，就可以让讨论继续下去，因为你们看待问题的立场是一致的。

萨沙对母亲节的借题发挥

13 岁的萨沙总是抓住一切机会让母亲知道，自己有多生她的气。有些愤怒似乎是合理的，但很多愤怒都有些过分，比如，萨沙一心想要指出，她是个失败的母亲。

作为一名来访者，萨沙有很强的戒备心理，会对治疗师暗示她的行为或态度不恰当的任何话语给予回击。我想在谈话中找到一些东西，让我能够处理她对妈妈的愤怒和反感，而不会让她感觉自己受到了攻击。在一次关于母亲节的讨论中，我做到了这一点。

> “呃，”萨沙说，“母亲节那天，我妈搞了个愚蠢的寻宝游戏——我们（萨沙和她的两个兄弟姐妹）不得不到处跑来跑去找东西。”
>
> “寻宝出了什么问题？”我问。
>
> “就是太大张旗鼓了。”萨沙回答。
>
> “你是说，太小题大做了？”
>
> “是的，没错。而且时间太长了。我的意思是，这又不是什么重大节日……”她补充道，声音里带着一丝尖锐。

母亲节。很好。但考虑到萨沙的语气很尖锐，而且她说这个节日并没有那么重要，所以我还没打算继续谈这个话题。我想，如果当时我向她提出这样的问题：你不认为母亲节很重要吗？或者：你说什么，母亲节不是什么重要的节日？萨沙肯定会反击。这样一来，我们再也不能顺利地回到这个话题了。

相反，我会等待下一次机会——也许一周后，也许三周后。要记住的是，当一个孩子想要贬低某件事情的重要性，并且你知道她明白这件事很重要的时候，我们最好耐心地等待。

两周后，我听到萨沙嘲笑玩“不给糖就捣蛋”游戏的想法。

“这太愚蠢了，”她轻蔑地说，“让我乔装打扮，然后去要糖果。”

就是这里，我想，就从这里入手。

“你不喜欢这样过节，是吗？”我说，“这有点像母亲节那件事……”所以，这个话题又回到了讨论中。我希望萨沙可以告诉我，到底是什么让她对母亲节如此不屑一顾。“多跟我说说那天是什么让你烦恼，还有为什么母亲节不应该成为重要的节日。我一直很好奇……”

如果我面对的是另一个跟我比较友好、没有戒备的孩子，我可能会以完全不同的方式处理这件事情。我可能会在她第一次提到母亲节并不是重要节日之后，马上就和她讨论。“什么？母亲节不重要吗？”我会笑着说，“你知道吗？母亲节是一年中通话次数最多的一天！”

寻找让话题推进的时机

“你怎么总是在纠正你妈妈？”我问 14 岁的萨米，她坐在妈妈旁边，“这就像你一直拿着一支红笔走来走去。你在这些无关紧要的小事上指责她，却让她觉得你想表达自己的观点。”

“我猜……”萨米回答。

“你和别人一起时会这样吗？”

“不会。”她回答，好像这是一个愚蠢的问题。

"很好，"我说，"你肯定不想成为那样的女孩。"

我们三个人都笑了——我、萨米和萨米的妈妈。

"我猜……"萨米又说。

"不。你确实不想成为那样的女孩！"

这只是一系列干预中的第一次，这些干预措施让萨米注意到，自己喜欢批评或评判他人。我暂时把谈话放在这里，等待着下一个机会。我会寻找机会，提到一个人，甚至是一群人对另一个人进行评判的情境。这种情境可能出现在网飞（Netflix，美国在线娱乐平台）的剧集里，或者在学生吃午餐时发生，或者是萨米在马场里看到的。这个机会可能会在一两次或更多次会谈之后出现，我会看看是否能够借此重温我们之前关于她和她的红笔的谈话。

有一天，萨米告诉我，马场上一些年龄比较大的女孩在背后议论其他女孩。

"我敢肯定她们也在议论我。"

"他们都说些什么？"我问。

"他们什么都说，谁的马表现不好，原因是什么，骑手应该采取什么不同的做法，为什么她没有其他人赢得多……这真的很烦人。"

"天哪，就像他们都有红笔一样！"我说。萨米抬头看着我，笑了起来。"我是说那些女孩！"我补充道。

我让萨米讲完她的故事，决定暂时先把问题放在那里。我没有感觉到萨米对自己喜欢评判别人这件事感到不安，她甚至对此毫无觉察，所以通过这次交流来处理这个问题还为时过早。我会回到这个问题上，现在这个问题在两种不同的情况下出现了两次，所以事情变得更加简单了。

两周后，萨米告诉我在马场上发生了一件事——有些女孩开始吹嘘自己吃得有多少。

萨米说:“是的,他们居然把下个月参加马展裤子的尺寸‘缩小’了。”

“哇，这都是老把戏了。”我回答道，“很多年前，我家谷仓里的孩子们也在做同样的事情。”

“自从我去了那个马场，我就对自己变得挑剔了。我总觉得自己不够好。”

“因为谁？因为什么事？”我问。

“我不知道……我自己？”萨米回答，“我不知道。但我知道，当我回到家去找我姐姐的麻烦，我会感觉好多了……”

“或者找你妈妈的麻烦？”

“对，或者找我妈妈的麻烦。”

“你不必把那支红笔带回家，萨米，”我告诉她，“当你告诉姐姐或妈妈她们做错什么的时候，这可能会让你感觉好一些。但你已经和我分享了很多关于你自己的事情，所以我认为在那之后，你会感到不开心。把这件事抛在脑后，让我帮你找到另一种方式来处理马场上的闹剧吧。相信我，在这方面我驾轻就熟。”

这和萨米呈现的问题——抑郁症有关系吗？我认为确实如此。心情愉悦的人对自己是有信心的，如果他们很自信，就不会拿着红笔走来走去。他们更乐意让身边的人感觉更好，而不是更糟。想要帮助孩子摆脱抑郁、焦虑或不安全感，治疗师要做的并不是谈论这些问题，而是要谈论他们生活的各个方面，找到支持这些症状的线索，并从微观的角度解构发生在马场、舞蹈教室和学校餐厅的故事。

不要在该停下的时候恋战

很多父母都养成了“恋战”的习惯，也就是说，当他们的孩子碰巧很健谈的时候，他们就想把每件事都了解得一清二楚。就好像他们担心，一段时间内不会再看到孩子这样的状态，所以抓住机会不肯放手。在孩子停顿的时候，父母就会沉默地期待孩子开口，这让本来很顺畅的交流变得尴尬异常。于是游戏到此结束。

有时候，治疗师也会出于同样的原因这样做。如果我们保持警惕，一旦注意到来访者已经对某个话题失去兴趣就转移话题，那么情况会好得多。试图让谈话继续下去、唠唠叨叨或画蛇添足，这些都不会带来什么帮助。当来访者不再表达自己的观点，而治疗师试图拖延谈话时间，这是在告诉他们，你没有很好地察言观色，也没有尊重他们的体验。还有一些孩子，在知道治疗师不会勉强地把对话继续下去后会感到释然。这样的话，他们就不用总是担心如何找到离开对话的“退出策略”。因此，他们就能更加轻松地倾听你的想法。

但对于有些孩子来说，情况会有所不同。他们总是在治疗师想要进行更有意义的对话时避开话题。在这种情况下，说点什么通常会更有成效。当然，你说的话不能让他们以为，你似乎在告诉他们不能再逃避了。如果治疗师制定规则，禁止他们自然产生的防御行为，那就过于控制了，会导致权力斗争和糟糕的互动。相反，你可以带着共情而不是挑战，指出自己观察到的现象，看看这样做会不会促进孩子的自我觉察，从而改变局面。下面是治疗师所做的比较恰当以及不推荐的回应：

不推荐的回应：“我觉得你是在尽量避免谈论对秋天离家求学的感受。每次谈到这个话题你就岔开。你不觉得自己应该谈谈吗？ 4 个月后你就要离开家了。”

比较恰当的回应：“嘿，每次提到大学，你就改变话题，这是怎么回事？我们应该谈谈吗？”

面对那些愿意和你促膝而谈的青少年，弄清楚应该在治疗中说些什么、在什么时候说已经够难的了，而面对那些不愿开口的孩子更是难上加难。接下来我们会聊聊这个话题。

第十四章

避免与青少年来访者进行权力斗争

一旦放弃控制，你就获得了影响力。

在青少年治疗中，经常可以看到治疗师和来访者之间的权力斗争，但我绝不相信这是因为孩子叛逆或控制。其中涉及许多因素，比如：孩子并不是自愿接受治疗，所以认为“你不能改变我”；治疗本身具有敏感性，来访者和治疗师都感受到了一系列强烈的情绪；存在移情和反移情，或者有一方感到脆弱、不安或被操纵。许多青少年会认为，治疗师是权威人物的替身、父母的使者，代表着控制，这在所难免。即使是治疗意愿强烈、心理状况良好的青少年来访者，也会和治疗师发生权力斗争，想要控制治疗的方向及其他维度。他们想要影响对方，所以总是小心翼翼地互相试探。

当治疗师为来访者制订好目标和治疗计划，却觉得来访者对自己的建议并不重视时，就会发生一些糟糕的权力斗争。有时候，治疗师是因为自己焦虑才制订这些目标，来访者本人并没有想要改变的愿望。比如说，一位治疗师对来访者的高危行为感到不安，并屈服于自己感受的需要，想让来访者停止这些行为。这种焦虑可能会妨碍治疗师，让她无法摆脱沮丧和产生好奇。她可以问来访者：“你知道，我说得越多，越觉得没什么效果。我怎么就抓不住要点呢？”而这样的转变可以扭转乾坤，因为它并不是在表达老生常谈的意思：*我比你更加了解你自己。*而是在说，*告诉我，我需要了解什么，才能让你觉得我对你有帮助。*

幸运的是，随着人们对青少年心理健康的日益关注，以及与儿童青少年之间对话的增多，孩子们比以往任何时候都更加积极地寻求心理治疗。那些并不打算踏入治疗师办公室的孩子，现在也愿意前来解决抑郁、焦虑、与朋友之间的困扰或不安全感等问题，并且现在也没有那么多孩子会直接向治疗师挑衅了。尽管如此，治疗师仍然面临着棘手的临床现状，总感觉自己在冲锋陷阵、如履薄冰。这里有几个回避临床陷阱的例子。

与众不同的青少年

莉娜：把“保密”变成武器的女孩

我和14岁的莉娜以及她的两位母亲坐在一起。莉娜是专提反对意见的女王，给她的母亲出了很多难题。我和她的家庭进行工作，而另一位治疗师给莉娜做个体治疗——这不是我喜欢的方式，但这个个案的现状就是如此。在整个治疗过程中，莉娜都在努力贬低我，阻止我对她的父母产生任何影响。

我问莉娜，她和治疗师在个体治疗中做了些什么。

“咨访信息保密。”她扬扬自得又胸有成竹地回答。

“你在说什么？”我问。听起来我好像在装傻，但我其实是在反驳她的想法——她认为保密原则是一个充分的理由，可以让她把我蒙在鼓里。

“无论我和治疗师谈了什么，都会保密。”莉娜回答道，她抬起头，俨然像个胜利者。

无效回应1:“嗯，严格来说，你的确拥有这个特权，所以你可以告诉我任何你愿意透露的部分。”

这有点过于官方和正式，会迫使莉娜想出另一个“正当”的理由，毫无疑问会惹恼她。她还没打算直接说：“我不想告诉你，因为我很难缠，在逗你玩。”所以你这是在逼迫她——这绝不是一个好办法。她很可能只会反驳说："如果我什么都不想告诉你呢？"

无效回应 2："嗯，的确如此。好吧。"

你似乎已经接受了莉娜的说法，无法再对莉娜的不配合发起挑战。

我的回应是：

> "我宁愿你直接说不想告诉我，而不是谈论保密性什么的。"
>
> "我不想告诉你。"莉娜回答。
>
> 我笑着说："我更喜欢这样。"
>
> "我也是。"她微笑着说。我只是报以一个小小的微笑，然后把目光移开。

不要在这段话的最后加上"很好"、"好吧，现在我们达成了共识"或者"你们做了什么 / 谈了什么"，所有这些都会逼迫莉娜退回原地。

另外，你已经表达了自己的观点，这才是最重要的。莉娜和她的治疗师谈了什么并不重要。重要的是，在这样的简短交流中，你要努力保证某种真实性，这样治疗关系才能产生吸引力。

在接下来的治疗中，莉娜的生母说女儿在前一天晚上咬了她，还把她打得鼻青脸肿。此时，莉娜正在玩她的手机。

> 我转向莉娜。"真不敢相信你还能玩手机。"
>
> "你为什么这么说？"她问。
>
> "因为我无法想象，你这样痛打你妈妈，依然有使用手机的特权。我甚至不知道，该跟你还是你妈妈谈话。"
>
> "你应该支持我。"莉娜反驳道。

“在这里，我站在每个人的一边。”我回应道。

“你不应该有偏见。”莉娜又想把我赶下台。

“是的，我没有偏见，只是认为你咬妈妈是不对的。”

我转向房间里的两位妈妈说：“天哪！女儿真的让你们很辛苦。”我用这种方式提到莉娜总是无情地拒绝她们，还给她们带来了其他挑战。这时莉娜打了个嗝。

佩顿：拒绝说话的女孩

佩顿的妈妈告诉我，女儿不太接受心理治疗，我告诉她不用担心，只要把女儿带过来，我就会接手。如果佩顿发誓说自己不会开口，我鼓励妈妈告诉她：“没关系，去找珍妮特吧。”

佩顿和父母、妹妹以及祖母一起，参加了预约好的治疗。她用胳膊搂住祖母的脖子，就好像她刚刚被人从狂风暴雨肆虐的海滩上救回来。她的父母说：“好了，佩顿，我们得开始了。放开祖母，她会在外面等着。”佩顿却不同意。她什么也没说，只是闭上眼睛，把祖母搂得更紧了。她今年 14 岁。

“没关系，”我最后说，“我们都坐下吧。”我觉得这样做，比让佩顿和她祖母分开要容易得多。再说了，如果佩顿那么需要她的祖母，为什么不能让祖母一起加入呢？但还没等大家坐下，佩顿的祖母就挣脱了她的搂抱，用比她父母更严厉的口吻说：“佩顿，够了。你又不是 8 岁小孩。我和海蒂——佩顿的妹妹，要走了，待会儿见。”

佩顿假装无聊地旁观了治疗的开始部分。很明显，她没有说话，所以我也没有试图吸引她。我甚至没有直接向她提问。不过，在和她父母谈话的时候，我偶尔也会问她一个只需回答“是”或“否”的问题，比如：“你妈妈的话有没有说到点子上？”我会等三四秒钟，如果佩顿没有回应，我就直接回到她父母那里。这没什么大不了的。

有时佩顿会回答只言片语或者点点头，但大多数时候她不会回应，而是茫然地盯着我。我把这看作佩顿想要在我这里实践她的最小兴趣原则：在我们两个人中，谁希望对方说得更多？

在青少年不愿意开口的情况下，我们总是会有这样的疑问：这是因为他们缺乏沟通技巧，还是因为严重的家庭冲突让他们害怕说出自己的想法，或者是因为长期的抑郁症让他们变得冷漠和绝望，抑或是别的什么原因？玛莎·施特劳斯指出，在治疗中不说话的孩子，通常在发展过程中受到了严重干扰，有无力感，与他人没有情感联结。但对佩顿来说则别有隐情：从她淘气的微笑、顽皮的眼神和专横的举止中可以看出，这个女孩在耍弄我们。

当然，我从佩顿的父母那里听到的关于她拒绝参加家庭活动、与妹妹发生肢体冲突以及对所有成人都不屑一顾的事情越多，佩顿发表意见的愿望就越强烈。为了让她这么做，我在谈话中加入了几个简单的“入口匝道”。比如，我把注意力转向佩顿，让她解释一下她妈妈说过的一些简单的话（例如，“这是你之前提到的那个朋友吗？”），或者回答一个简单的问题（“等等，佩顿，你妈妈说的是去年吗？”）。这样，佩顿就可以慢慢地把自己的简短意见融入谈话中，而不会让人觉得她突然“改变了主意”。而且，因为她的开场白是渐进式的、不易察觉的，这也减少了她父母对此发表评论的机会（例如，“所以你终于决定加入我们了！”或者：“你能参加真好！”）——这些评论会导致她退缩。

第一次会谈结束的时候，我们已经讨论了很多问题，我可以看到在家里佩顿是如何利用沉默来控制父母和妹妹的。她把参与任何事情都当作一种货币，并且吝于给予。她性格的这一部分与非常退行的、孩子气的部分交替出现——她会转移话题、固执己见、动不动就否认和指责。

佩顿现在每隔一周接受一次治疗，她的祖母会陪着她前来。这是她和父母达成的协议。“我没意见，”我告诉他们，“埃丝特可能会很好地帮助我们。我很高兴她能过来。”

我很高兴埃丝特和佩顿一起参与了治疗。正是通过她，我才了解到两个女儿的叛逆和倔强让佩顿的父母备受打击，甚至不想再管束她们了，除非到了忍无可忍的地步。

“两个女儿互相拳打脚踢算不算他们忍无可忍的情况？”我问埃丝特。佩顿听了大笑起来。

埃丝特告诉我，佩顿在告诉母亲学校游泳队的选拔日期时撒了谎。“你为什么告诉你妈妈错误的日期？”埃丝特问。

佩顿默默地盯着她，没有回答。

“我敢打赌，”我插嘴说，看了看佩顿，接着说，“那些不想参加选拔的孩子就是这么做的。你担心自己无法入选吗？”

“是的。”佩顿说，她迅速且诚实的回答让祖母大吃一惊。

“我猜你不想告诉妈妈这件事……”我对佩顿说，就好像我们一直是这样对话的。

“我不知道，”佩顿说，“她从来不听我说什么。”

“是啊，好吧，这样就很难推心置腹了，”我说，“希望你们的关系有所改善。”

佩顿点了点头。

“我也希望你能够尝试一下，即使你不确定自己能不能加入游泳队。”

佩顿看着我，又点了点头。

大约两周后，我见到了佩顿的父母。在这次治疗中，佩顿的母亲提到，在上一次治疗之后的那天晚上，佩顿去找她，说她对游泳选拔赛非常焦虑，所以才告诉了她错误的日期。

她还问："我今年可以不参加游泳选拔赛吗？"她妈妈说当然可以，没问题。非常好。这正是佩顿需要听到的，这样她才能获得一些信心，了解到沉默并不是实现自己想要的改变的唯一方法。

温妮：把别人拒之门外的女孩

15 岁的温妮最近因为严重的抑郁症和自杀意念而住院。她性格冷漠、孤僻。这种孤僻不是"*谢谢，但我喜欢保留一点隐私，而是从我面前滚开*"。温妮的父母参加了初次会谈，他们想要讨好她，让她说些什么，而她直愣愣地坐在那里，拒人于千里之外。这让人很尴尬。温妮已经习惯了利用自己的个人力量恐吓别人，而她采取的方式就是不理不睬。

在第二次治疗中，我和温妮单独见面。她冷冰冰地坐在那里，并不看我。

我一开始就说："你的父母想让你跟他们说话的时候会很紧张，对吧？"

温妮转过身来看着我。"你是什么意思？"她不情愿地问。

"在你感到不耐烦、拒绝他们之前，他们好像希望你说些什么。"

"你为什么这么想？"

"因为我看到你不让他们知道你没事，所以他们会试探着再问一次，然后你就因为他们多管闲事而对他们大发雷霆。"

"嗯，我觉得心理治疗没什么用，反正我也没什么好说的。"（这是一个不争的事实，但我想多聊几句。）

"是什么让你认为治疗不起作用？"我问温妮。

"因为我是个悲观主义者。"

“哦，”我淡淡地回答，“嗯，我不认为你一定要成为乐观主义者才能快乐起来。”我的策略是让温妮把悲观与抑郁分开。我知道自己不可能把她从悲观情绪中拉出来。温妮很喜欢自己悲观主义者的身份，所以在那一刻，治疗就变成了找到一种方式，让她不再躲在悲观主义背后，否认自己以后可能会感觉更好。

“你不这么想？”温妮问道。

“不这么想。我认为，一个人可以成为情绪不那么低落的悲观主义者。他们只需要确保，如果事情有所好转，会让自己看到这一点。”

温妮转过身去，盯着墙壁。

我继续往下说。“温妮，对我来说很明显，你明白让别人比自己更在意某些事情背后的力量。你也知道，这让你在人际关系中有了很大的控制权。问题是，没有人看到这一点，因为你实际上没有‘做’任何事情。我想这就是为什么成人不明白，在你身边为什么会感到这么紧张。”

“你现在在想什么？”沉默了一段时间后，我问温妮。

“我在想你说的是不是真的。”

我发现自己正把温妮拉进一场谈话中，而她却坐在那里拒绝我的所有努力。很明显，她不想要这样的谈话。这个信息响亮而清晰。当温妮不得不与自己不愿意接受的人打交道时，她就是这样处理的。她不给予他们任何回应，看着他们局促不安。你可能会讨厌像温妮这样的人，因为她让你觉得很不舒服，认为自己很无能。她的态度是默默忍受，让人无法捉摸——谈到这个，她让我想起了《飞越疯人院》（*One Flew Over the Cuckoo's Nest*）里的布罗姆登酋长（Chief Bromden）。这种态度会让你认为温妮可怕而冷漠，并不是一个悲伤、孤独、绝望的女孩。

我和温妮一起工作的时间不长——我不记得原因了。但我确实记得我们在第二次治疗刚开始时进行的那次交流，当她说自己在想我说的是不是真的，压抑着我们俩的沉重感突然消失了。对她来说，这是一种很大的认可，我明白像她这样的女孩说出这句话并不容易。我很想知道，当治疗师不带评判地呈现出温妮与他人关系的机制时，她还会说些什么。

行为不当的青少年

我们的许多青少年来访者，尤其是那些刚开始接受治疗的孩子，对治疗的设置、关系或对话都不太适应，这是很正常的。一段时间之后，那些渴望摆脱困境或容易与支持他的成人建立情感联结的来访者，就能够克服这种不适应，投入治疗之中。

但另一些孩子的情况并非如此，他们会把自己想要回避的焦虑、脆弱或无能的感觉强加给治疗。在住院治疗中心、破败的城市地区或少年司法系统服务的治疗师会发现，在治疗过程中，他们的很多来访者都试图表现得蛮横无理，回避与治疗师建立关系，拒绝谈论自己。在这些地方，你会发现大量行为不良的孩子。我也在郊区的一家私人诊所发现了同样的情况（这一方面是因为青少年的行为问题相当普遍，另一方面是因为我喜欢接待在其他地方治疗效果不佳的孩子）。

这里我想讨论两个男孩，他们都是 16 岁，在治疗开始的时候都试图让我感到极为不适，并对关系和谈话施加某种控制。

利昂：挑衅者

“我甚至不知道该说什么。”在利昂问我对孩子们做了“什么样的狗屁治疗”后，我对他说。在父母吵架离婚之后，他的行为越来越出格，因此法院要求他接受治疗。

“你是说你甚至都不知道？”利昂说，“你难道不应该知道，该怎么对待你的来访者吗？你难道不会因此遭到投诉吗？”

我过了一会儿才开口。“这么说吧，我管它叫‘珍妮特’疗法。”利昂笑了，我补充说，“现在我们可以不互相较劲，而是开始一次真正的对话吗？”

利昂的表情缓和下来，他盯着我。我扬起眉毛，张开双手，微微点了点头，好像在说，那么，可以吗？利昂的下巴不再紧绷，也微微地点了点头。他放松地靠在椅子上。

我想现在我们可以继续了，我对自己说。

我尝试用一种不会让我们陷入防御的方式吸引利昂参与谈话。我用一种我认为他会认可的方式回应了他，就是坦率地说出自己的见解，暗示他如果他可以真实地跟我接触而不是逃避的话，他可以收获更多。如果我直接挑战他，或者以某种方式效仿他咄咄逼人的风格，那就相当于在说：“游戏开始了，兄弟。”

卡尔：一个需要刺激的男孩

卡尔是一个 16 岁的男孩，他对那些试图教导和劝告他的成人不屑一顾。他并不安分守己，而是脾气暴躁、非常叛逆。

卡尔就读的私立学校把他开除了，因此父母让他接受心理治疗。显然，他受到了各种各样的指控，包括私闯民宅、入室盗窃、破坏财产等，学校早就对他忍无可忍了。

在他父母在场的情况下，我和卡尔谈了一会儿，然后问他对这些指控有什么看法。他跳过了这个问题，直接谈到了他被学校开除的事。“没关系，反正我已经厌倦那个地方了。我所有的朋友去年都毕业了。”卡尔对这些指控以及父母的担忧只字不提，而是伸开四肢躺在我办公室的沙发上。在第一次治疗后，卡尔告诉他的父母，我让他感到“厌烦”。

卡尔独自来参加第二次治疗。我问他，自从我们上次谈话以来，他都在忙些什么。

卡尔："和朋友出去玩，不过这也开始变得无聊了。"

"是啊，在事情变得一团糟之前，你似乎就已经厌倦了。"我说。

卡尔看着我，露出一丝微笑。我想他赞成我这句话。

"你打算怎么办？"我问。

"什么意思？"

"如果你觉得越来越无聊？"

他说："我想还是多嗑药吧。"

"多么糟糕的解决方案。"

他抬头看着我，笑了。

"几个星期前我嗑药嗑猛了，从那以后我就觉得很古怪。我觉得自己搞砸了。"

"有多猛？"我问。

"很猛。我不知道，我只是感觉不太舒服。"

"我相信你在网上查过了。你查到了什么？"

"没查到太多——只是说确实会有这种情况。我的意思是，其他人也会有同样的感觉。"

"这让你感觉好些吗？"

"好一点。"

在下一次会谈中，我们正在谈论暑期工作，卡尔突然说他想要偿还父母的律师费。"还有罚款。"他补充道。

"多少钱。"我问。

"一万美元。"他回答。

"那么告诉我，价值一万美元的狂欢是什么样的。"能够与来访者就有问题的行为进行没有防御的对话，是避免对话陷入死胡同的一种方法。

卡尔告诉了我他的狂欢是什么样的。他和几个朋友一起，在一些通勤列车上涂鸦。然后，他们砸碎了一所废弃房屋的门，并朝窗户扔石头。他们喝得酩酊大醉。很快，他们就被逮捕了。

我不知道，卡尔是想引诱我就他肆意破坏公共和私人财产这件事和他争吵，还是想让我觉得他是个坏蛋。他可能只是在回答我的问题，和我分享一次他认为（现在仍然觉得）令人兴奋的冒险经历。然而，我明白自己想让谈话继续下去，但又不能问那些会让卡尔觉得像心理治疗的问题。比如，一开始是什么让你决定做这些疯狂的事？你当时感到愤怒吗？结束的时候你有什么感觉？这是因为，我不想让自己的担心或无端的好奇改变我们对话的“热度”——这些话可能会让他误认为我在试图“分析”他。

“好吧，”我说，“我从不喜欢破坏东西，所以我不觉得这有什么吸引力。但我想要理解这件事。所以告诉我吧。”【在这里，我开门见山地承认，我对想要破坏东西的感觉一无所知，而不是试着让卡尔相信，我明白他为什么想要这样做。与此同时，我也表达了好奇心，但不是从建立融洽关系的角度出发（我之前提到的无端的好奇）——这对我来说似乎是一种纵容。我问他是因为自己想要了解。我的提问围绕着我自己，而不是卡尔，这让我感觉很真实。我想这就是为什么卡尔会那么轻松地回答我。】

“这是禁忌，”卡尔回答，“这就是你不能做的事情。你不能砸门，你不能朝窗户扔石头……没有什么好探究的……”

“不能，我知道，我明白了。”我说。（我用这种说话方式告诉卡尔，自己不会给他的行为赋予某种“心理意义”。）

“我又不是在‘发泄怒火’或者做其他什么蠢事……”

“我明白了，”我向他保证，“这更像是有人拿起一台笔记本电脑摔在地上。”（我补充这一点是为了让卡尔知道，我明白因为无聊而搞破坏与因为狂怒而搞破坏是完全不同的。）

“是啊，那样就像是被激怒了。”

“我不知道这是不是更像男生会做的事，因为我们很少听到女孩子出去砸东西、搞破坏。她们可能会做其他越轨的行为，但不是这样——”[①]（这里我只是想让对话变得更加丰富，同时寻找我们可能会探讨的其他话题。）

“对，没有一个女孩会砸门窗。”卡尔打断了我。

“嗯，我现在在想，如果这就是你真正喜欢的刺激，那么难怪其他一切对你来说都那么无聊，尤其是学校。”

“是啊。”卡尔说，声音有些兴奋。“而且合法的方式太贵了！”他补充道，这种合法的方式指的是玩沙滩车，但他很少有机会开它。

这种低调的交流很容易被认为只是治疗师和来访者之间的闲聊——在某种程度上确实如此。这种交流非常轻松自然，很容易往下聊。它没有计划表，也不会招致来访者的防御。但就我而言，这是刻意为之的。也就是说，我说的每句话都是经过深思熟虑且有目的的，即使我在开口前的几微秒还在思考。

回想起来，我觉得自己是努力想让卡尔逐渐对自己的行为和情感需求产生兴趣。在那个时间点上，做一些实际的心理工作，让他理解自己的行为和情感需求很有挑战性，结果也并不乐观——不过，也并非完全不可能，前提是卡尔愿意用

① 在《青春期：告别童年》（*Adolescence: The Farewell to Childhood*）中，作者路易丝·卡普兰（Louise Kaplan）谈到了男孩和女孩在出格行为方面存在的差异。她指出，男孩会选择冒险，在更大的社会环境中表达自己的个人困境。他们喜欢群体行动，这使得他们获得了同伴的认可，增强了他们的自恋。他们的典型行为包括破坏公物、兜风、偷窃、进行人身侵犯等。而女孩则会在人际关系中表达自己的个人困境，她们的出格行为更加“隐秘”，包括八卦、编造恋情、撒谎、暴饮暴食等。

智慧和远见克制自己的冲动。即使在情感的自我觉察方面取得一点小小的进步，也可以让一个人改变。对卡尔来说，这可能会让他变得更加自我克制、懂得换位思考或坦诚相待。如果愿意的话，他可以在今后的人生中继续改善这些方面。

容易冲动的青少年

阿玛拉：用发脾气让所有人退让的女孩

17 岁的阿玛拉走进我的办公室，对自己的姨妈和监护人多莉怒不可遏，并宣布要从高中退学，坐车去佛罗里达找另一个姨妈（她并不是阿玛拉的监护人）。“她说只要我找到工作，就可以过来和她一起住。她还说我的男朋友也可以过来。”阿玛拉坚定而愤怒地补充道，“多莉讨厌我的男朋友，甚至不让他这个周末开车送我去海滩。我不在乎，反正我要去！”

毫不奇怪，阿玛拉一直都很冲动，没什么判断力，尤其是在谈到追求她的男孩时。阿玛拉和我关系很好，我们断断续续地一起工作了大约 2 年，她在这段时间有一些高危行为。她的绩点保持在 3.9 分（对应的分数在八九十分）。

假设她的治疗师有一种紧迫感，不想让阿玛拉按照她的计划离开这个州，她可能会在表面上回应阿玛拉要去佛罗里达这件事。

> “好吧，和你姨妈住在一起？她在佛罗里达？”
>
> “你真的觉得不读完高中是个好主意吗？”
>
> “你打算高中肄业？然后呢？而且你的绩点是 3.9 分！”
>
> “你在佛罗里达的姨妈真的和多莉谈过这个计划吗？”

但我只是冷静地思考应该如何引导这次谈话。我不想对阿玛拉的计划做出表面的回应，比如询问她有关计划的问题，因为这样会让计划变得“鲜活”可信，就好像它值得被认真对待。我也不想对这个计划视而不见，让阿玛拉认为我不把她当回事，或者怀疑她是否会坚持执行自己的计划。因为对像她这样的孩子来说，这正是她需要的怂恿，*你认为我不会这么做吗？等着瞧！*

相反，我决定让阿玛拉跟我聊聊她的新男友，这样可以让她知道我对这个故事、她的愤怒和她想离开的愿望很感兴趣，但又不会扩大这件事造成的影响。我可以跟来访者聊一个与焦点话题平行、不那么激烈的相关话题。

然而，在我提及新男友这个话题之前，阿玛拉提到了当天早些时候在学校发生的一件事。

“我很生姨妈的气，所以今天提前离开了学校。我简直不敢相信学校里的那个女孩——我们是朋友——我们今天本来要完成一直准备的演讲。但是我告诉她不行，因为我要离开了，而她居然对我很生气！她根本不在乎我高不高兴，只担心自己的成绩！”

“等等，什么？”我说，对阿玛拉的自我中心和缺乏判断力感到惊讶。

“她只关心自己！”

“等等，她应该怎么做？”我问。

“她应该更关心我会怎么样，而不是那个愚蠢的演讲。”

“这是一个相当高的要求，”我说，“这甚至是对一个非常要好的朋友的要求。”

阿玛拉安静下来。

“我不知道，阿玛拉……我知道你很生气，觉得自己无法上学，但我也在思考另一个孩子的想法（向来访者示范如何共情与自己意见相左的人）。也许她需要完成这个演讲，也许她指望它能提高她的成绩。也许对她来说，今天完成这个演讲也很重要，就像你觉得自己的感受非常重要一样。”我说。

“嗯，她当时应该直接告诉我。”阿玛拉回答。

“就好像你可以把事情告诉……”

“是啊，我明白……”阿玛拉说，意识到自己会吓坏别人。“如果她是你的朋友，我肯定她也知道。”阿玛拉笑了。她喜欢让别人觉得自己不好惹，这样跟她说话时就会小心。

“她应该说些什么？”我问阿玛拉，“她可能觉得自己完全受你摆布，好像无法控制局面。她可能对这件事寄予了很大的期望。”

“嗯，我就是不能站在全班同学面前谈论气候变化。”

“我理解。她或许也能理解。但是，她觉得自己在这件事上没有发言权，这可能导致她无法理解你的感受有多糟糕。”

“嗯，她应该做我的朋友。”阿玛拉辩解道。

“嗯，这是另一回事，阿玛拉。你可能觉得自己在考验她，就好像，如果你真的是我的朋友，你会理解我的。如果你不理解，那就见鬼去吧。你跟多莉总是这样。”

“我想是吧。”阿玛拉环顾我的办公室说。

“我真的很想帮你解决这件事。你会失去真正关心你的人——只要他们不能或不愿满足你的要求。”

“我知道。你有什么好吃的吗？”

“我的天啊，当你想明白一件事的时候，总是干脆利落。是的，我有。”我微笑着回答。我拿出一些苏打水和一桶零食。一分钟后，阿玛拉坐在沙发上，交叉着双腿，心情开朗。她现在变得健谈起来，说：“我喜欢你做我的治疗师，因为在这里总是有东西吃！”

整个交流原本可能会以僵局告终，但实际上并没有。对阿玛拉这样的孩子，最好直来直去（她有点像第十二章的丹妮尔）。再加上熟悉、温暖和理性的观点，这就是阿玛拉愿意接受的方式。她留给治疗师的空间并不多，但我们成功地找到了合适的切入点，并因此顺利地走了下去。

我把动物饼干塞进嘴里，对阿玛拉说："你知道吗，我也离家出走过。"

"不可能！"

"是啊，不过不是你说的那种。那是我很小的时候，但也算是离家出走。那时我七八岁，我至今还记得。我当时很生气，于是走出家门，躲在邻居家的门廊上。在这之后我不知道该怎么办，所以当我妈妈在前门喊我的时候，我就回家了。我甚至不知道她是否意识到我会'跑掉'。"

我把这件事告诉阿玛拉，是因为它说明了一个普遍的人类经验：在真正做好准备之前，你就相信自己已经可以采取行动了。这强调了一个事实，就是想要独立自主的愿望会让我们逞强，但其实我们还没有准备好。我想让阿玛拉关注做出重大决定时通常会有的矛盾心理，并邀请她和我一起探索这个问题。

我没有告诉阿玛拉，她不应该去佛罗里达——我没必要这么做。我只是把她的注意力引到决策过程的另一部分，即付诸行动之后的感受。你可能会因为自己做出了正确的决定而欢欣鼓舞，也可能会因为发现自己犯了错误而陷入绝望。通过这种方式，我鼓励她更加全面地进行思考，而不是只想着收拾东西离开——这是一个冲动、大胆的举动，想象自己做了这件事能带来满足感，但放在现实生活中情况未必如此。治疗师通常认为干预是重大而清晰的举措，但许多好的治疗都是由小小的推动和有吸引力的邀请组成的，通过这些推动和邀请，治疗师希望让来访者从另外的角度审视问题。

"我不知道要不要去佛罗里达，"阿玛拉过了一会儿说，"那里太热了，虫子也太多了。"

"虫子太多了。"我评论道。

如果结束这个谈话或话题呢？这没有必要，甚至可能是有害的。有时候，过于刻意反而会适得其反。阿玛拉明白我想表达的意思。我认为，让她对此发表评论或进一步反思会显得过于强硬，可能会使得她无法在治疗中产生某些体验，而正是这些体验让她改变了搬到佛罗里达的想法。相反，我想在治疗结束时让阿玛拉看到，我相信她有能力从中吸收自己需要的东西，建设性地消化它，并用它寻找自己的幸福。

在下一章，我们将继续讨论这个主题，即避免与有意或无意想要挑战治疗师的青少年来访者进行权力斗争。这是关于三个不同女孩的比较案例研究，其中两个女孩的情况看起来像同一个孩子，但这三个女孩都需要截然不同的治疗方法。这一章强调了来访者的个性，以及他们的人际关系和防御风格会如何影响治疗师的谈话倾向和治疗决策，包括在必要时如何恰当地进行面质。

第十五章

三位叛逆女孩与三种不同的治疗方法

这是我在若干年治疗中看到的三位各有千秋的女孩。从资料上看，有两个女孩几乎像同一个孩子。她们有着相同的诊断结果，也都喜欢冲突，非常善于让父母、老师和学校咨询师卷入权力斗争。

但这就是她们全部的相似之处。和丹妮尔在一起时，你可以通过坚持自己的信仰、想法和言论来避免权力斗争。一不留神，你就会被这个孩子带偏。而和伊莉斯在一起时，你可以通过不挑战或反击她来避免权力斗争。只要治疗师发表任何威胁到其受害者的自我概念，或者对整个世界悲观看法的言论，就会引发她强烈的敌意和反对。和第三个女孩蕾切尔在一起时，你可以通过等待来避免权力斗争——要非常有耐心，同时不直接针对她吸引治疗师做出回应的言论。关键在于不要惊慌失措。

丹妮尔和伊莉斯都是情绪不够稳定、不太成熟、高度需要关注的孩子。她们的母女关系都存在着严重的冲突。两个女孩的父亲都不跟她们住在一起，而且会虐待她们。记住，对伊莉斯来说，对现状进行面质或挑战会引起麻烦。然而对于丹妮尔，面质或挑战却是绝对必要的，否则治疗将无法产生效果。

丹妮尔

13 岁的丹妮尔喜欢用咄咄逼人的态度和出格的言论把人吓跑。她来到我的办公室——看在妈妈的面子上——并且对此非常生气。她妈妈说，丹妮尔在过去的几个月里变得越来越暴躁，她似乎不再关心学校的事情，在家里粗鲁无礼，喜欢骂人。对于这些说法，丹妮尔并不赞成。在丹妮尔看来，自己的世界里只存在一个问题，就是母亲不让她和父亲住在一起。

很明显，丹妮尔是一位具有挑战性的来访者。她狡猾（完全无视治疗师的问题或评论）、大胆、喜欢挑衅。在治疗刚刚开始的时候，她说："有一天在学校，我和朋友在走廊里大喊：'宝宝在搅拌机里！宝宝在搅拌机里！'这太有趣了！"她戴着父亲送给她的圣诞节礼物——电锯耳环，脸上总是带着一种傲慢的表情。她会把一个新手治疗师活活吞掉。

这个孩子态度粗暴，缺乏自我反思或同理心。面对丹妮尔这样反复无常的孩子，我觉得每次治疗都可能是最后一次。我没有考虑逐步推进治疗，而是寻找机会来展示一些陌生而有趣的观点——不要求她谈论或考虑，甚至不要求她关注这些观点，只是让它们呈现在她面前。

我的治疗计划是减少她的叛逆，让她把精力放在学校，削弱她对父亲的理想化。但在治疗室里，我想让她不要再打太极拳，能够听到需要了解的观点，包括：恐吓周围的每个人最终只会带来一种空洞的胜利；把乐趣建立在别人的痛苦之上从来都不是一种优良的品质；在女汉子的外表下，她值得别人去了解。

记住，她对所有人都咄咄逼人，而且非常容易冲动——正是那种会让治疗师担心自己有没有说错话的孩子。她会因为我问这个问题而嘲笑我吗？如果我善意地回应，她会翻白眼吗？你会觉得，只要说错一个字，就会失去她。

但是，如果我对丹妮尔太过小心翼翼、犹豫不决，我想她会把这当成一种信号，认为我就像她身边的其他成人一样，希望通过避免冲突与她建立情感联结。这样我就犯了错误，因为*丹妮尔是通过冲突与人建立情感联结的*——这是她了解的唯一方式。

过于谨慎的另一个问题在于，丹妮尔会轻易地看出，我愿意牺牲治疗以及我们之间关系的真实性，以保持一种虚假的和平。这是丹妮尔玩得极为娴熟的把戏：当妈妈、老师或者之前的治疗师试图设法忽略她的出格行为，或假装不被吓到的时候，她就会不断地变本加厉。

下面是我们在一次治疗中的对话：

“我真受不了妈妈的男朋友，”丹妮尔吐槽道，“他太窝囊了。在想和我说话的时候，他真的很紧张。而且，他大概有50岁了吧？他总是给我和哥哥买东西，就是为了让我们喜欢他，但这简直是扯淡。”她无情地笑了一声，希望我也笑着安慰她。

但我并没有这样做，而是说：“我为这个家伙感到难过。”丹妮尔抬起头狠狠地看着我。

怎么啦？我用表情问她。

“你会为他感到难过，”她厌恶地说，“算了吧。”她把手伸进背包，拿出一些作业，大概是打算在接下来的治疗时间里写作业。

“为什么我总是得说出你想让我说的答案，我们才能继续聊下去？”我问丹妮尔。

丹妮尔抬头看着我，她质疑的冷笑和微微的摇头成功地传达了这样的信息：你真是个失败者。

我继续说下去。“你说得对，我为这个家伙感到难过。我为那些想了解你的人感到遗憾，因为你让他们觉得自己像个白痴。我也为你妈妈感到难过，因为她似乎真的很喜欢这个男人，但也需要你的认可，这样她才会觉得自己没有做错。但你看到他们因此而痛苦，却不去帮助他们，反而嘲笑他们。”

“我为什么要帮助他们？”丹妮尔看上去真的很困惑。

“哇。”我只勉强说了一个字，就不再说话了。丹妮尔抬起头，不再剑拔弩张，而是对我的回答感到不安。她盯着我看了一会儿，然后转过身去。

治疗就在此处——在我们这两个不同的现象学世界的短暂碰撞中。在丹妮尔的世界里，傲慢和刻薄是可以接受的，甚至很酷，但在我的世界里却不是这样。有那么一会儿，丹妮尔感受到了如果来到我这个遵循不同规则的世界会是什么样子，这让她感到不舒服。我想她从来都没有意识到，自己是多么依赖身边的人——他们会迁就她（通过避免冲突和假装赞同），让她随心所欲。

如果我试着仅仅通过理解或“中立”来和丹妮尔沟通，那么谈话可能会是这样的：

丹妮尔说：“我真受不了妈妈的男朋友。他总是给我和哥哥买东西，就是为了让我们喜欢他，但这简直是扯淡。”

我会回答：“你希望他做什么？”

但是，如果用这种方式附和丹妮尔，我只是在宽恕她的轻蔑态度。而我说了“我为这个家伙感到难过”这句话，让她明白自己的陈述并不像她认为的那样无可争议，但又没有直接挑战她。如果我建议她“放他一马”，我基本上就是在告诉她要“做出改变”，而她身边的其他成人也都这样做过，但并没有成功。但我说为她妈妈的男朋友感到难过，其实是在传递与“放他一马”类似的信息。但这样说，*她其实找不到理由跟我争吵*，因为我是在陈述自己的立场。

在处理这个案例时，我永远不会告诉丹妮尔要对妈妈的男友宽容一些，或者考虑一下妈妈的感受。这只会给她和我争吵的理由。我只是描述自己对她言论的看法，以及对她缺乏责任感的行为的反应。

那么，在我们这两个不同的现象学世界的短暂碰撞中，治疗到底是什么呢？丹妮尔就像没有穿衣服，但却没人敢向他指出真相的皇帝。在这种交流中，我可以用一种她无法抗拒的方式，说出我认为她需要听到的关于自己的评价。

· 我不同意你的观点，即使这会让你感到不舒服。

· 我为你妈妈的男朋友感到难过，即使你不这么认为。

· 并不是每个人都会把同情和失败者联系在一起。

· 你试图通过惩罚那些不按你的期望做出回应的人来控制谈话。

· 你也试图控制人际关系，而你的妈妈容忍了这一点，因为你对她来说太重要了，她害怕失去你。

· 这些都不太好。

丹妮尔一周又一周地坚持治疗。她从未缺席过任何一次预约。在会谈中，我们会讲故事、进行辩论、开玩笑和面质，她也会发泄愤怒。有时我会与丹妮尔的妈妈见面，试着让她少讨好女儿，多坚持自己的立场，即使这意味着在接下来的几天里，丹妮尔会用尖刻的评论和蔑视来“惩罚”我。

在治疗开始的两个月后，我们遇到了一个无法克服的情况。丹妮尔的爸爸因为拖欠房租被房东赶出了公寓。这已经不是第一次了。丹妮尔想让妈妈为爸爸支付购买新公寓的定金，并且希望我和她一起向妈妈施压。我说：

“丹妮尔，我不能这样做。你妈妈如果这么做会发疯的……”看到她脸上的表情，我知道我们之间结束了。“我不会再回来了。”她说。

“嘿，”我轻轻说，“我不支持你的想法，怎么就代表我们不再见面了？”丹妮尔看着我，什么也没说。因为我知道她不想再跟我沟通，所以我很快改变了策略，不再*试图和她一起对治疗的结束进行处理*，而是开始思考，*我希望她能从治疗中得到什么*。无论如何，我希望她能从治疗中获得一种参考性的体验，即与一个价值观和自己截然相反的人建立虽短暂却真诚的联结。

“没关系，丹妮尔，”我说，“我明白。我希望有一天，你的内心能为那些无法总是附和你的人腾出更多的空间。那会很酷。”丹妮尔转过脸，哭了起来。我再也没见过她。

这并不是治疗的理想结局。丹妮尔本来可以悔过自新，变得更有智慧。她会看到自己的错误，成为一个更加善良、温柔和富有同情心的人。也许，她会在学校取得更好的成绩，和一些好孩子交朋友。但是，对于大多数治疗案例来说，结束并不意味着问题已经完全解决，而且这也不是必需的。我不认为我们一定要带着来访者跨过终点线，才能让我们的工作对他们产生影响。这就是治疗真正要做的事情——*产生影响*——而我们的来访者会对此做出评判。

伊莉斯

16 岁的伊莉斯在学校的日子非常艰难。她情绪低落，被同学欺凌，得不到自己想要的关注和同情，于是决定勉为其难地和学校咨询师聊聊。在谈话刚开始的时候，伊莉斯强调说：“我讨厌所有人。”

伊莉斯的学校咨询师回答说：“不，你并不讨厌所有人。你不讨厌我，你不讨厌你妈妈。”事情就这样到此为止。伊莉斯起身走回教室。毕竟，如果有人要告诉你一切都是错的，你表达自己的感受又有什么意义呢？

我问这位咨询师，她为什么不喜欢伊莉斯说她讨厌所有人。“这太消极了，”她回答说，“我想让她意识到，所有这些人都在努力帮助她，她并不是真的讨厌他们。”

但也许伊莉斯确实讨厌他们，或者她在那一天或那一刻讨厌他们。也许她需要让所有人都相信她讨厌所有人。没关系。伊莉斯“可以”讨厌他们。

挑战这个女孩的消极心态不会有任何结果。你要怎么说服一个烦躁不安、喜欢叛逆的孩子，让她相信自己说的话是言不由衷的？这样的尝试有什么必要呢？这只会引发一场有关谁的看法才正确的权力斗争。此外，这种模式是有局限性的：

为了让自己好起来，伊莉斯必须不再这么消极。祝你好运吧！

在我看来，伊莉斯不需要放下消极的心态。她可以讨厌所有人，但仍然会好转。这里的策略是把两件被错误地认为不可分割的事情区分开。当孩子想放手的时候，他们就会放手。我相信，心理治疗不是让他们去放下，而是帮助他们想要去放下。然而，更重要的是，来访者不必放弃他们做事的方式或症状，才能继续接受治疗。*伊莉斯可能会讨厌所有人，喜欢独来独往，但她仍然会被这样的想法所吸引：接受他人的友好，实际上可以帮助自己感觉更好。*这是一种进步。

我建议伊莉斯的咨询师不要一开始就进行心理治疗，她应该给学生更多的空间发表自己的意见。在伊莉斯的案例中，我建议她可以这样回答："是的，我想我也有讨厌所有人的时候。""你上一次讨厌所有人是在什么情况下？"或者："你觉得你这样的感觉会持续多久？"要用真诚的语气说出这些话，否则就像是试图找出背后的病态心理。这些问题可以帮助咨询师和伊莉斯结盟，因为它们让伊莉斯觉得自己的感受是正常的，并不是"糟糕的"或"异常的"。此外，咨询师可以这样回应以防止来访者结束对话："是的，我理解你觉得自己讨厌世界上的每个人，今天似乎也是这样。但是，这些都不能阻止我们想办法帮助你面对上学的日子。"

伊莉斯的咨询师操之过急了。总的来说，我也不认为这适合伊莉斯，因为她冷漠而又挑剔，她的治疗方式很难打动别人。如果没有良好的咨访关系的牵引，伊莉斯就不会听进去任何一句与自己的想法相左的话。

伊莉斯的咨询师在努力宣扬另一种观点，而我也对丹妮尔做了类似的工作，这两者有什么差异呢？两个女孩的个性和人际关系风格是不同的。伊莉斯高深莫测、遥不可及，她很少考虑别人的言行。相比之下，丹妮尔会留意自己周围的一切，然后在治疗师面前倾诉。尽管丹妮尔很好斗，但她仍然和周围的人交往，而每一次交往都为治疗师、老师、父母和教练敞开了大门，让他们在她的世界里留下了自己的某些印记。

蕾切尔

蕾切尔 15 岁，当母亲发现女儿一直在自残后，家庭医生把我介绍给了她。她对治疗没有任何抗拒，很乐意参加。蕾切尔喜欢灰色和黑色的衣服，经常穿着一件遮住大半张脸的连帽衫。她风趣、热情、善良、讨人喜欢，但比较自卑。在我的办公室里，她表现得世故而谨慎，而我了解到，和朋友们在一起时，她却是另外的样子。和男孩们在一起时，蕾切尔喜欢炫耀自己多么性感——她穿着紧身衣，化着浓妆，拼命调情，希望以此弥补自己相貌和性格方面的不足。因为她天生对别人的痛苦有很强的共情能力，所以当朋友们想要谈心时，都会把蕾切尔作为倾诉对象。她很乐意接纳他们的痛苦，以此来换取被重视的感觉，而且即使在很不情愿的时候，她也会说“好的”。与此同时，大家又说她不太好惹，有时会在感到沮丧或发现其他人遭受不公平待遇时大发雷霆。多年以来，沉重的抑郁和焦虑一直像乌云一样笼罩着她。

蕾切尔也非常鲁莽，会故意伤害自己。一开始，她告诉我自己做过哪些事情——这无疑会让任何一位治疗师感到非常焦虑。她在晚上用加热的安全别针烧伤自己的手臂，或者用刀割伤自己，好让自己不再纠结于各种问题，可以安然入睡。虽然她从来没有发生过性关系，但她会思考自己应该在什么时候、和谁以及和多少个男孩做爱。她经常酗酒，还吸过毒。

在过去，蕾切尔身边的许多成人都对她的自残和高风险行为做出了急切的反应，所以蕾切尔从来没有机会停下来思考自己是否真的想继续这样做。当她在治疗期间向我报告自己不断升级的冒险行为时，我经常觉得自己受到了考验：*我应该做出和她身边那些成人一样的回应吗，还是我应该提供一个可以保护她隐私的抱持性环境？* 我开始明白，有效地与蕾切尔一起工作的一个关键是，不要做出明显的惊慌反应，即使当时的情况和她明显的痛苦似乎都在逼迫我做出这样的反应。虽然违反直觉，但我觉得自己应该等一等，不要显得大惊小怪。

以下是我仔细考虑过的其他干预措施，我想在恰当的地方进行介绍。例如，我想肯定蕾切尔在本质上是善良且慷慨的，但我必须以一种不让她觉得傲慢或毫无缘由的方式来表达。她总是很难接受别人的称赞，因为她坚持认为自己是个毫无魅力的失败者。听到别人对自己做出正面的评价时，她会觉得不舒服。赞扬使蕾切尔感到不安。我想，这让她觉得自己还没有达到某个标准，需要继续努力，因此承受着压力。换句话说，虽然她因为低自尊而保持着抑郁的状态，但比起承担失败和失望的风险，她宁愿拒绝别人的好评和高期望，这让她觉得更加安全。有一次她告诉我，她可以接受自己处于抑郁周期的低谷，因为她知道从那时起，一切都会好转。

所以，我并没有坦率地向蕾切尔指出她本性善良，而是在一次治疗中说，我被她谈到的这件事感动了：当她母亲不在时，她会温柔地照顾两个弟弟。她还勇敢地努力让两个女孩不再在网上戏弄另一个女孩，并且获得了成功，对此我非常赞赏。“你把自己个性的这两个方面——爱心和正义感隐藏了起来，没有人能看到你的这两个方面。”我只是说出了自己的观察和想法——没有给她建议，也没有说这一定正确。我并没有暗示她需要做出回应。但她还是回应了——她耸了耸肩说：“没什么大不了的。”

有一天，蕾切尔告诉我，她的男朋友因为同年级的另一个女孩跟她分手了。“反正她比我漂亮多了，”蕾切尔解释道，“所以我真的不能怪他。”在这里，很多治疗师可能都想对蕾切尔发表一番长篇大论：漂亮并不是一切；如果你的前男友是按照这个标准来选择女朋友的，那么也许他根本就不适合当你的男朋友；你也很漂亮。如果我这样做了，我就会让她觉得，我想要让她相信什么。相反，我想为蕾切尔提供一个空间，在这里她的想法不会受到质疑。这并不是因为这些想法理应受到支持，而是因为她需要这样一个空间——在这里，我们可以顺着她的想法继续深入讨论，而不是直接否决这些想法。

在她评论完前男友之后，我问蕾切尔：“有些男生在选择女朋友时以貌取人，但有些男生会考虑其他方面，这两类男生有什么不同吗？”我们一起讨论了这个问题，说出了自己的想法。过了一会儿，我直视着她问道：“嘿，为什么你跟我聊起学校里的男生的时候，听起来总是好像他们可以支配一切？”我们围绕这个问题聊了一会儿。在这里，我想通过提问的形式表达自己的想法，她可能会回答，也可能不会回答——答案并不重要，重要的是问题本身。因为这些问题与蕾切尔对男孩的顺从态度形成了对比，可以慢慢地改变她看待这件事的方式。这些问题有助于保持对话的开放性，并逐步地向前推进对话。在这个特殊时刻的治疗是与这次谈话紧密地结合在一起的，我在蕾切尔心中播下了这样的想法：她可以得到更多，并且也值得被这样对待。

我对蕾切尔的挑战显然是非常低调的。这里我们不能大张旗鼓，因为我们挑战的是来访者的感受，而不是治疗师的。对于无法掌控的事情，我们在表达观点的时候应该点到为止。

我认为只有在一种情况下，并且只有在必要的时候，治疗师才可以对青少年表现出鲜明的态度，那就是治疗师对某些事产生了强烈的感受。但是，要注意的是，治疗师在表达自己的感受时不能暗示来访者，因为这些感受，你期望来访者做出改变。比如说，*我不会假装认为你做的事是正确的*，但切勿加上“所以我认为你应该……”之类的话。从治疗中心的那些孩子身上，我了解到，如果我施加给他们的要求他们改变的压力越小，越是坦率地说出自己对其行为或想法的见解，他们就越不会对我进行防御。

对于我提出的男孩总是支配一切的问题，蕾切尔回答说“我不知道”。然后，她告诉我和她一起吃午餐的都是男孩。他们都嗑药，而且考试都不及格。

我漫不经心地问：“为什么没有其他人？”

“因为我不在乎。”她回答道，然后接着说，“实际上，我想我只是真的很讨厌自己。”

治疗师很可能会用关切的语气问：“为什么？你没有理由讨厌自己。你是一个可爱、善良的孩子。”但这样的回应实质上是无视蕾切尔的感受，只会让她保持沉默。我选择什么也不说，只是微微地点了点头。我用这种方式让蕾切尔明白，我听到了她的心声，尊重她的感受，所以她无须掩饰自己。在接下来的几分钟里，我们只是安静而轻松地坐在一起。

在这次治疗结束后不久，我开始注意到，她的行为举止发生了变化，治疗时她给我讲的故事也不一样了。她看起来更加无忧无虑了，有一天她说她发现自己“经常微笑”。她告诉我她正在写关于“愧疚”和“放下刀”的诗。蕾切尔分享了一件事，母亲说她因为一个男孩伤害自己，她对此非常生气。“这些伤疤都是属于我自己的！”蕾切尔对我大喊，“我不会因为男孩去伤害自己。那太可悲了，你不觉得吗？”在谈话的某个时刻，我找到了一个合适的机会对蕾切尔说：“你现在可以说‘不’了，我喜欢这一点。”她点了点头。

此后不久，蕾切尔的母亲打电话给我说，蕾切尔想减少治疗的频率，因为她已经没有太多可聊的了。“完全没问题，”我说，“很高兴听到她觉得自己好多了。我也这么认为。”

有趣的是，蕾切尔并没有直接跟我提这件事。我猜测她是担心伤害我的感情，或者她只是不能当着我的面说，自己已经准备开始新的生活了。无论如何，我选择了不去强求。

如果是现在，我的处理方式可能会有所不同。我和蕾切尔工作是在写这本书的近 20 年前，我想当时我还没有足够的信心，害怕自己会非常尴尬或笨拙地与这位特殊的来访者一起解决结束治疗的问题。这是一种反移情。现在看来，我不想在最后把治疗“搞砸”，也许是担心蕾切尔会在最后一刻对我失望。讽刺的是，在治疗开始时我避开了过于小心谨慎这个陷阱，却在治疗结束时屈服于这个诱惑。

在最后几周的治疗中，蕾切尔告诉我她开始对连环杀手感兴趣。她带着洞察力和同情心跟我聊起，媒体甚至研究者经常认为他们是没有人性的。有趣的是，她补充说："如果你认为他们没有人性，那么你就无法理解他们，也不能阻止他们。所以他们就变成了怪物，但他们其实也是人。"我知道有些人可能会被蕾切尔的想法吓到，但我认为，这反映了她重新从人性的角度来看待自己。

我觉得蕾切尔需要知道，在黑暗的深渊，我可以陪在她身边，不会被她吓跑，会一直保护她。多年以后，我和两个儿子去镇上的电影院看电影，蕾切尔在那里卖票。她从售票亭后面跑出来，给了我一个大大的拥抱。在回到卡座之前，蕾切尔转向我的儿子们说："你们的妈妈拯救了我的人生。"对这句话我一直记忆犹新。

第十六章

站在每个人一边：与青少年及其父母工作

“嗯，她从来不做家务，除非我父母唠叨她无数遍，而且她总是心情不好。”佩吉13岁的弟弟说。

“佩吉是个好女孩，”她父亲辩解道，“她很有天赋。她只是做出了错误的选择。”

“发生了什么事，让你和她妈妈现在不再对她有太多要求？”我问。

“我们为佩吉感到难过，因为她看起来很不开心。我们不想增加她的压力。”

我告诉佩吉的父母，我理解他们所说的理由，这样做好像是对的。“但实际上我认为，你们应该对佩吉提出更多要求。”

突然，佩吉抬起头来看着我。也许是对这次谈话的走向感到不安，她决定加入进来。我转过身直接跟她说话，以此认可了她的加入。“你让你爸爸非常辛苦。”我说，因为到目前为止，每当他向她提问，想要更好地理解女儿时，她总是非常敷衍。

“你确定要和佩吉在治疗室里谈这个吗？”佩吉的妈妈赶紧问道。

“如果她不在这里，我是不会这么说的。”我望着佩吉回答。

佩吉在第九章出现过，她问我为什么自己需要担心家人，她才是那个饱受困扰的人……在这一章，我想举例说明，如何保证家庭谈话不会分崩离析，最后让治疗师一无所获。

与治疗室里的每个人建立同步、弹性、开放的联盟

我们与青少年来访者单独会面时无法解决的许多问题，都可以在他们的家人（或父母 / 照料者）在场时变得豁然开朗。治疗的视野因此变得开阔，还可以找到更多能够促成改变的潜在因素。此外，让家庭成员或其他照料者在场，也可以避免治疗因为青少年不愿意参与而中断。孩子也因此有机会对治疗师的工作进行观察，并且不用预先做出任何承诺。

当然，并不是所有的孩子都有家人参与治疗，有些孩子的家人会因为自己的困扰或偏见无法为治疗提供帮助。虽然在前面的章节中，我们已经讨论了在个人和家庭治疗中发生的临床情况，但本章的重点在于后者，以及治疗师如何与各位家庭成员建立关系，如何朝着共同的目标努力。在一个硝烟四起的家庭中，没有人能真正过得舒心。每个人都想改变现状，哪怕对于这种改变应该是什么他们持有不同的意见。

即便如此，许多培训课程都不鼓励治疗师在与青少年来访者见面的同时，跟他们的父母会谈——偶尔举行的联合家庭会议除外。这些课程的观点是，在青少年不在场的情况下与父母见面，会损害治疗师与青少年来访者之间的治疗关系，因为孩子会对治疗师是否真正与自己结盟产生某种程度的怀疑，或者存在破坏保密性的风险。

但在我多年的治疗实践中，我个人并没有发现这种情况。在与家庭工作时，我的目标是同时与所有成员建立开放的联盟，尽管大家都明白，我今后将会主要与青少年单独工作。这就是我说的同时站在每个人一边——与每个人建立灵活的伙伴关系，这样我才能在支持一方的同时不抛弃另一方，提出挑战的同时不让他们觉得我是敌对的。

这个立场让我可以在家庭会谈的所有在场者之间，在个体治疗与家庭治疗之间自如地切换，进行挑战、支持、澄清和调解。我把不同的治疗设置融合在一起，

因此可以在完整地保持与青少年来访者的联盟关系的同时，最大限度地让持续改变成为可能。这也让我有机会发现和解决一些问题，否则当治疗室里只有一种观点时，这些问题永远不会现身。我一直努力让自己成为整个家庭的潜在资源。

对今天的青少年及其家庭来说，一味坚持保密原则有多大意义

长久以来，青少年心理治疗行业一直用安全之所和保密承诺来吸引来访者。家长们一直以此为手段，哄骗自己的孩子同意去见治疗师。“要记住，”我听到父母告诉他们的孩子，“你跟珍妮特说的任何事情，她都不会告诉我！”

但是，如果治疗师围绕保密原则进行治疗，结果会让我们失望。最终，治疗师看到了家庭的分歧和秘密，却因为保密原则而保持沉默，因此父母对这些一无所知。在一些极端的情况下，顽固地坚持保密原则，会让治疗师与青少年来访者结成激进的联盟，这种联盟只会助长青少年对父母的愤怒和批判。一旦这些力量被释放出来，治疗师就无法让青少年学会承担个人责任。

此外，现在让青少年纠结和烦恼的很多事情并不太需要我们加以保密，他们更需要治疗师在合适的时候和自己的父母分享。比如，孩子感到自己被父母忽视或严重误解，父母没有意识到自己的争论、批评或轻蔑的态度伤害和拒绝了孩子，孩子在一群感情淡漠的家人身边感到孤独，或者因为被期待在学业、体育和课外活动中表现出色而感到不堪重负。

当父母因为你的年龄或资历而质疑你能否帮助他们或孩子时，你会怎么说

“我比一些来访者的父母年轻得多，当他们认为我太年轻或经验

不足，无法帮助他们或提供好的建议时，我就会变得防御。怎样才能向他们证明，我有能力帮助他们的孩子呢？”

这是许多刚毕业的学生在刚刚开始与来访者打交道时会经历的事情。即使是面对经验更丰富的治疗师，父母也会心存怀疑，他们把谨慎、犹豫不决或年轻的外表解读为缺乏经验或权威性。无论是哪种情况，都让治疗师觉得有必要证明自己的胜任力。

面对这种压力，治疗师通常会介绍自己获得的证书、学位和临床实习经验，想要努力证明自己是胜任的。不过，这可能并非明智之举，因为这会让治疗师处于防御状态，并让父母更有理由去质疑。

也许你是这个领域的新手，也许你对这个家庭出现的问题没有太多经验。没关系，你的督导、同事和咨询师都会帮助你。你需要让这些父母明白，在对问题进行思考的时候，你会得到必要的指导。你也要让父母明白，在这个领域资历尚浅并不代表不能独当一面。天赋、情商和良好的训练会超越传统意义上的胜任力标志，这一点在心理治疗实践中体现得最为明显。

我们要允许来访者的家人或父母保留疑虑，并给他们一点时间改变想法。在这种情况下，我会说：

“我不知道怎样才能让你更加信任我的工作。我只能说，关于如何帮助你的孩子，我已经分享了自己的一些想法。如果你能接受这些想法，我们可以继续下去；如果你觉得我并不合适，可以找其他治疗师，没有关系。”

如果你为自己的能力辩护，反而会让人觉得你资历不够或者想要自我保护。我们只需承认自己经验不足，让他们来决定。

如果有人问你是否有自己的孩子，我建议你诚实地回答。*是的，他们分别是8岁、11岁和13岁。*或者：*不，我没有。*然后接着说，*这会让你怀疑我是否能帮助你们吗？*我会主动地把这个问题提出来，摆在台面上，这样家长就不会遮遮掩掩，双方可以了解彼此的想法。如果有家长说，哦，不，其实我只是好奇。我一点也不担心。我会说，*太棒了，那我们开始吧。*

管理与家庭的初次会谈

我从不喜欢在初次会谈时单独见青少年来访者①。这样我只会了解到故事的一部分，并且缺乏依据，无法对他们的叙述做出评价。首先与父母见面就更糟糕了——我从父母那里了解孩子的故事，而这个孩子在第一次与我会面时不得不猜测，什么是我知道的，什么是我不知道的。因此，我总会要求至少有一位（最好是两位）父母或照料者参加初次会谈。

所以，你面前坐着一家人，他们对彼此心存不满，或者无法好好相处。父母会看着你，而孩子可能不会。他们都在等着你开口。我喜欢先问这些父母，关于我们的初次通话，他们都和孩子分享了什么信息，或者他们是如何跟孩子沟通我们为什么要见面的。这样，我就能了解父母对孩子是否开放和坦诚，以及孩子知道些什么。我也会问孩子是否愿意来。这些都是在非正式的氛围下进行的②，如果愿意，每个人都可以享用饮料或零食。我的办公室很大，有几张沙发、几扇大窗户和很多装饰品，地上铺了红色的地毯。我会在开始的谈话中穿插一些随意的评论，让每个人都放松下来。我的狗（一只可爱的比特犬）也让气氛变得轻松。

---

① 但是，对于年龄较大的青少年，比如高中二、三年级的学生，我会例外对待，特别是如果孩子自己来寻求治疗，或者他们的问题只是与他们个人有关，而不涉及家庭的话。在这种情况下，我会先单独与孩子见面，也许我根本不需要见父母或监护人，而是只和孩子工作。

② 不要记笔记。如果你记笔记，就不能做到“在场”（be present），来访者也不喜欢这样。不过，每次治疗结束后，我都会写下我想要记住的东西，包括我认为对以后的教学有示范作用的对话。

父母通常会在一开始表达他们对自己孩子的担忧。不过几分钟后，我告诉他们，我们待会儿再来聊这些，请他们先介绍一下自己和家庭的大致情况——他们是什么样的性格、谁喜欢和谁在一起做什么、他们喜欢在哪里度过周末和假期？我会观察谁会发言，还有谁不让别人说话。我会看治疗室里是否有理性的发言，以及家庭成员是不是只想给人留下好印象。我会评估他们是否缺少了什么：界限、尊重、同情心、自信、自尊、幽默、感情、真诚、直接的沟通？如果我看到父母缺乏同情心、幽默或宽容，我能否让他们做出改进？如果他们需要坚守自己的立场，我能否帮助他们？他们是否知道该如何表达自己的担忧，同时不会显得傲慢、居高临下或反应过度？

那青少年呢？我会尝试去了解，在会谈时他是否需要有人支持自己才能说出自己的观点，或者他是否足够自信。我会问他，他担心的问题是否跟他父母一样。他有自己担心的问题吗？父母能否容忍孩子否定他们在治疗中表达的想法？这个孩子希望从治疗中获得什么？他愿意和我单独见面吗？我在这里列出了很多问题，但大多数都是供我自己思考的。有些问题我可能会问，但不会问太多。毕竟，我想要的是一次谈话，而不是一次采访。

如果青少年不说话怎么办

当孩子在家庭会谈中闭口不言，父母（有时还有治疗师）就会忧心忡忡，认为孩子的参与是治疗的必要组成部分。其实，这并不绝对。有时，孩子的参与并不多，但治疗仍在继续；有时，只和父母一起工作也是有意义的。我从来不会不遗余力地“要求”孩子参与进来；相反，我会思考如何让谈话变得有趣，吸引孩子加入进来。如果他不愿意，我也不会强求，我会和父母继续谈下去。

在家庭会谈开始时，有些孩子可能会心存顾虑或沉默寡言。如果是这种情况，我会给他们时间适应，先不过多地要求他们。给孩子一些时间的好处包括：

· 减轻了孩子的压力，使他们不觉得自己必须要说些什么，因此，如果他们愿意，就会更容易开口。

· 让孩子感到惊讶，因为他原本以为治疗师会提出一连串的问题。治疗师可以借此传达这样的信息：这次治疗会有所不同。

· 治疗师可以借此评估父母的灵活性和配合度。他们是否能够听从你的指导，而不是觉得孩子必须参与，还是他们会继续向孩子提问，试图让她开口？

· 让叛逆的孩子觉得气馁——他原本希望利用自己的沉默阻挠治疗进程。

· 这也为孩子提供了一个机会，让他们了解父母的担忧是什么，并在父母提出要求或下达禁令之前做出改变（迅速好转[①]）。

通常情况下，在与青少年及其父母进行初次会谈之后，我会邀请青少年回来和我单独会谈几次，并在这之后再与父母见面。我会让每个人都知道，在我和青少年的谈话中，有些部分需要保密，但可能还有一部分不涉及孩子的隐私，了解这些信息会对父母有所帮助。我认为，我们不应该把别人的孩子接到自己手里，然后说，*对不起，我们不能告诉你我们在做什么，也不能告诉你她现在怎么样。要知道，我们有保密原则……*

每当与我的来访者确定保密的规则时，我喜欢采用青少年和家庭治疗师罗恩·塔菲尔（Ron Taffel）的建议："如果有什么事是你不想让我告诉你父母的，请告诉我。"塔菲尔的建议与更为常见和老套的说辞不同，即接受治疗的孩子们被千篇一律地告知："*你告诉我的一切我都会保密。但如果我觉得它们对你自身或*

① 指的是来访者在初始访谈之后或正式进入治疗之前突然"好转"，或者更常见的是，在治疗过程中，来访者为了避免进一步面对认知、情绪或行为问题而突然"好转"。

他人构成了直接的危险，我就必须透露这些信息……”塔菲尔并没有简单地承诺，除了极端情况外，治疗师会绝对保密。因此，治疗师可以从保密的约束中解放出来，让父母及时了解必要的信息，带给他们启发，从而让家庭产生变化。

我直接问青少年来访者，是否希望父母更多地了解自己在家庭之外的生活。我问他们，是否可以与父母讨论更加棘手的话题，而不把这种对话变成争论。我问他们，是否希望我试着消除一些误解，或者推动一些反复出现的议题。大多数孩子都会说“是的”，但他们并不愿意参与进来。他们告诉我，*试一试吧，祝你好运！*

大多数时候，我可以接受与父母单独见面，而且一般会更喜欢这种方式，尤其是当我需要和他们讨论养育方式，或者他们不愿意在孩子面前提及的敏感问题时（例如，婚姻矛盾或个人的心理问题）。但有时候，当我和父母见面时，我希望青少年和我在一起。这是因为，我希望他们回家之后能够重新审视这次谈话，或者我想让这个家庭给孩子的声音留下一席之地，并向孩子示范如何有效地为自己发声。许多青少年害怕向父母说出自己的顾虑，担心会受到惩罚或引发更多的争吵。另一些青少年则缺少沟通技巧，无法以父母愿意接受的方式讨论棘手的话题，于是干脆采取防御性的态度，对整个事情闭口不谈。还有一些青少年直接放弃了。

初次会谈中的面质

有时，在初次家庭会谈中，待解决的问题会很快出现。这种情况下，治疗师需要做出决定——是照原计划进行，还是转向新的问题。

在这里，我试图让一位愤怒、暴躁的父亲意识到，在与女儿的关系中，他的控制会产生问题，并且如果他变本加厉的话，将会得不偿失。有些治疗师可能会认为，在治疗关系还没有建立的时候就挑战这位父亲过于冒险。但我相信我们之间的对话会吸引这位父亲，因为它直截了当、不拖泥带水、大胆且直击要害。这位父亲特别欣赏这样的交流方式，而不是那种小心翼翼、闪烁其词的交流。

17岁的瓦妮萨僵硬地坐在我办公室的咖啡桌前，对面是她的父亲和继母。在这次会谈中，她几乎没有说话，因为她不想和父亲说话，而且父亲也几乎没有给她留下说话的余地。

20分钟后，我发现了在这种紧张的气氛下涌动的真正暗流。瓦妮萨拒绝告诉父亲，她是否在和之前的男朋友约会。父亲当时不喜欢他，现在也不喜欢，但从来没有解释过为什么。

“听着，我就是不喜欢那个家伙，好吗？”当我问他为什么不喜欢那个男孩时，父亲生气地回答。

“好吧，但是让所有人都蒙在鼓里对你们没有帮助，你们会继续对峙下去。”我告诉他。

“什么？我得说自己喜欢他，才能让女儿跟我说话？”（在我看来，这位父亲想把大家的注意力从他的无可奉告上引开，让人以为我刚刚告诉他，女儿是否合作取决于他是否喜欢这个男孩。如果我上当了，我想我们的对话会是这样的：我回答说：“*不，不是这样！你不需要喜欢他——*”然后，父亲会在我暗示他故意回避之前打断我说：“好吧，听起来就是这样！”以此强调自己听到我说，要让女儿跟他说话，他就必须喜欢那个男孩。但其实我说的是，对于自己强烈反对的事情，应该保持更加开放的态度。）

“这跟你喜不喜欢这个孩子没有关系，拜伦。”我回答。然后，我重申了最初的观点：“我说的是你的想法，你认为只要说自己不喜欢他，就可以让一切到此为止。这就像是在对一个孩子说，因为我说了算。”

“他总是这么说。”瓦妮萨附和道。我冲她笑了笑，好像在说，我明白了。

拜伦仍然没有领会我的意思，他问道：“她是我女儿。难道我不能问她，是不是在和这个家伙来往吗？”

“你当然可以问她，拜伦，这个问题是合理的。但你和瓦妮萨说话的方式，还有询问的方式……并不是特别可取——”

拜伦打断了我。“什么，瓦妮萨？我得给你发正式的邀请函，才能让你跟我说话吗？”

“拜伦，停一停。”我低声说。拜伦不说话了，靠在沙发上，看起来很沮丧。“别这样，”我说，“我能帮你们重新开始吗？”

“好吧。”

拜伦终于意识到，他的滔滔不绝只是在给自己挖一个更深的坑，如果想要改变他和女儿的关系，机会就在眼前。之后，我会先单独见他一次，然后单独见瓦妮萨一次，然后再跟他们一起会面。我注意到，尽管父亲以各种方式表达了想和女儿沟通的愿望，瓦妮萨仍然对他有所保留。

“怎么了，瓦妮萨？”我问，“你爸爸诚心诚意，但你还是不依不饶。”

她回答说：“就因为他现在愿意来这里，假装自己是一个伟大的父亲，我就不应该生他的气吗？”

“是的，你可以继续生气。你可以一边生气，一边迎接积极的改变。”

“我看不出有这种可能。”

“好吧，我有个办法。你生气是因为你爸爸的教育方式经常让你感到被轻视。在我们进行第一次家庭会谈时，他知道如果继续这样做就会失去你，这让他很害怕。这就是他来这里的原因。没人指望你把多年的怨恨抛到窗外，突然觉得一切都很美好。你只需要甩掉过去的想法，看到他想改过自新，给他一个改变的机会。”

过了一会儿，瓦妮萨回答说："好吧。"

"酷！"拜伦喊道，"那么，也就是说，你会告诉我是否在和那个男孩约会？"我转头瞪了拜伦一眼。"开个玩笑，伙计们！"他说，"瓦妮萨，我现在根本不在乎这个。"他温柔地笑了笑，瓦妮萨也报以微笑。

这就是怎样站在每个人一边。治疗师要密切关注会谈的进展，确定谁需要自己的支持，谁需要挑战，还有谁既需要支持又需要挑战。

下面是另一个案例。对于这个案例，我觉得有必要在前两次会谈时就向来访者的父母提出挑战。格雷森17岁，他的父母喜欢羞辱他，这导致他的情绪很容易崩溃。

格雷森是一个安静、内向的男孩，他面临两项法律指控：一项是酒后驾车，另一项是妨碍治安。他绝对不是一个坏孩子，也从未触犯过法律，这是他第一次惹上麻烦。他对自己和父母所处的境地感到非常沮丧。问题是，父母觉得他"还不够"懊悔。格雷森低调的情感表达方式在这里对他没有任何帮助，反而让他显得在这场磨难中漫不经心。事实上，他绝对不是这么想的。

在第一次家庭会谈中，格雷森的父亲宣布要给他看金额为2400美元的律师费账单。"这可能会让他更认真地对待这件事。"

"是什么让你认为，他没有认真地对待这件事？"我问。

"父母的本能，我不知道。我只是对他失去了信心。我再也不相信他了。"

"发生了什么事，让你觉得不再相信儿子了？"

"2月6日和6月6日。"父亲回答，说出了格雷森被指控的那两天。

"这两件事绝对不能代表你儿子的全部。"我回答，"人们表达悔恨的方式有很多种，有些并不那么明显。布鲁斯，虽然我还不太了解你的儿子，但我想，不应该让他觉得自己必须卑躬屈膝地乞求你的原谅。”

“好吧，也许他确实必须……”

我抬头看着布鲁斯，轻声说：“你觉得你儿子会怎么看待这句话……”

格雷森与母亲参加了下一次治疗。这次格雷森不必承受父亲严厉的目光，他开始谈论自己受到的指控。这是他第一次谈这件事。

“这是我第一次可以谈论这件事，”格雷森说，“我终于可以说出，自己感觉多么糟糕。我知道这很蠢。”

而他的母亲既没有听到儿子话语中的坦诚并给予认可，也没有看到其中蕴含着疗愈的机会。她说：“这就是我不明白的地方。如果你早知道这是个坏主意，为什么还要这么做呢？”

“芭布，”我插了进来，“你已经等了好几个月了，儿子刚刚愿意重新跟你交谈。他正在努力，别让他后悔自己对你敞开心扉，否则回家后他就会直接回到自己的房间，重新陷入沮丧和沉默。”

“那我该说什么呢？”

“我不知道，也许你可以什么也不说，只是拍拍他的肩膀，让他知道你欣赏他的坦诚。也许你可以说，‘谢谢你这么说，我以为你并不在乎……’或者你可以问他，是什么让他今天更加愿意谈论这件事。”

“我知道是什么让他今天更加愿意开口，”芭布说，“他父亲不在这儿。”

“我也想知道。格雷森，是真的吗？父亲不在这儿的时候，你会更加愿意开口说话？”

“爸爸不在身边的时候，谈论任何事情都会变得更加容易。”他说。

就这样，我们开始了一场谈话，不再提格雷森对遭受法律指控是否感到懊悔。

这是另一个在治疗早期挑战来访者的例子。我之所以这样做，是因为当时发生的事情相当过分，无法让我视而不见。而且，这件事就发生在我面前。这也是我与一个新家庭进行的首次会谈。在这个家庭里，母亲和她 17 岁的儿子凯尔相处得不太愉快。凯尔要求接受心理治疗，父母陪他进行了谈话。

没过多久，我就发现凯尔的性格比较叛逆，我也做出了这样的评价。

“叛逆？我的确是这样！”凯尔说，“我也会用这个词形容自己。”

我问他，和妈妈是否有过相处融洽的时刻。

凯尔的母亲告诉我，他们最近去纽约参观大学。“那是一个非常棒的周末，”她说，“我们参观了两所学校，游览了这个城市。我很喜欢那里。我想凯尔也喜欢……”

“不，我不喜欢，”凯尔反驳道，“我几乎一直都觉得很糟糕。”天哪。

“嗯，我以为我们玩得很开心……很抱歉你没有。”凯尔的母亲泄气地说。

看着凯尔和他母亲，我说：“要么这是一个误会，要么就是有人矢口否认……”

凯尔不想浪费时间。“我告诉你，我不喜欢那次旅行。”他看着妈妈，重复道。

“哇，凯尔，”我说，“现在看来，你更像是在努力表明自己的观点，而不是想弄清楚你和妈妈之间到底发生了什么。这已经不能说是叛逆了，这是刻薄。”

凯尔低头看着自己的脚，支支吾吾地回答：“我只是在说……”

我转向凯尔的母亲，问道：“你是不是经常被凯尔对你说的一些话刺痛，就像刚才发生的那样？”

凯尔的母亲点了点头。我想如果她说些什么的话，一定会忍不住落泪。

“凯尔，”我缓和了一下语气说，并在他和母亲之间来回比画了一下，“这和你要求找治疗师聊聊的原因有关吗？”

凯尔只是耸耸肩，仍然低头看着自己的脚。

“伙计们，我们开始吧，”我说，“我想单独和凯尔聊聊。我觉得现在是换个玩法的好时机。凯尔，你同意吗？”

“好的。”他回答。

在那天和凯尔单独见面以及随后的治疗中，我了解到，他在第一次治疗中的表现与在生活中的表现一致。他的朋友不多，他会跟他们激烈地辩论，他与寄宿学校的室友发生过肢体冲突，也不喜欢网球场、剧院的工作人员或老师。他只想混进上层金融圈——这是他认为唯一值得追求的职业。这个孩子如此挑剔、易怒、喜欢评判，难怪他会感到沮丧、疲惫和孤独。我确实发现，在和他单独工作时，他会更加容易相处——不那么防御、更加开放，也能更好地处理与周围人之间的冲突。

在这里，我对家庭采取的治疗方法也是基于前面谈到的这些原则——诚信、尊重来访者的自主权、真诚地交流情感、让来访者对自己的选择负责。不过，我增加了让父母参与治疗来帮助孩子这个要素。有时候，只有父母才会充分投入、不懈努力，让家庭或亲子关系发生必要的改变。不过有时候，父母比自己的孩子更加需要接受治疗。

第十七章

为无法让孩子承担责任的父母提供支持

对许多父母来说，既要表达对孩子的同情和支持，又要让他们为自己的选择负责是一项艰难的任务。我们目前对青春期的描述，将孩子抚养成人的艰难，孩子在学业、社交和竞争方面面临的多重压力，以及青少年心理健康状况的恶化，所有这些因素都让父母对孩子无比同情。因此，当父母用正常的情感和社会能力的发展所必需的标准来要求孩子时，他们的内心经常感到矛盾和纠结。于是，他们降低了各方面的标准，包括社交礼仪、职业素养以及耐挫力，而这种做法并没有带来太好的结果。

让我们来看看孩子们为什么会得到父母的纵容。

为什么有些父母很难让孩子对自己的选择和行为负责

· 他们过去的决定（比如离婚、多次搬家）对孩子的心理健康造成了影响，或者因为无法陪伴孩子（例如单亲父母需要加班）感到内疚，所以不想惩罚孩子。

· 他们很容易被孩子的评论或反驳所操纵，或者因此变得防御，不再试图让青少年承担责任。

· 他们无法确立界限，对孩子进行重大的惩罚。

· 他们担心会让孩子感到负担过重或压力过大，以致最终拒绝接受新的挑战或任务。

· 他们为孩子的不良行为找借口，认为它们是青春期、荷尔蒙或青少年的大脑“不成熟”造成的。

· 他们认为孩子的喜怒无常是“典型的青少年焦虑”。

· 他们被孩子的反击弄得筋疲力尽，只希望家里能维持表面的风平浪静。

· 由于天生的性情或原生家庭的问题，或者因为最近家里发生过激烈的冲突，他们非常厌恶冲突，所以只是一味顺应孩子的行为或态度，避免招惹麻烦。

· 他们担心自己的言行会使冲突升级，或者“让事情变得更糟”。

· 他们担心自己会给人缺少同情心或脱离现实的印象，他们也可能担心自己会输给对孩子更加纵容的父母，尤其是如果父母分居的话。

· 他们试图保护其他家庭成员，不想让他们受到那些会毫不犹豫地在餐馆、节日晚餐和家庭聚会上大吵大闹的兄弟姐妹的影响。

人们会为心情不好的孩子感到难过，这让他们产生了盲点。因此，儿童和青少年会表现得比自己的真实能力更差，然后大家都对此习以为常。“嗯，你还能期待什么呢，”16 岁的娜奥米说，她指的是自己学校里的一位好朋友，“他是一个 15 岁的男孩，这个夏天他的日子很不好过，因为他的父母分居了……”她认为这些可以成为原谅他的粗鲁、麻木、不成熟和厌恶女性的理由。同样，我也经常看到有些父母居然能够接受孩子对自己极其不敬，甚至对非常年幼的孩子也是如此。这种行为似乎也被认为是正常的，人们把它塞进了“典型的青春期行为”的抽屉里。

让我们更加详细地探讨其中的一些原因，并寻找帮助父母克服内部或外部障碍的方法：

父母担心给孩子造成太大压力，因此允许孩子拒绝新的挑战或责任

有些父母很难在这两者之间保持平衡：保护孩子的天性，并且让孩子学习处理挫折、失败、批评、焦虑，认识到自己的局限。

这里我们要做的治疗工作是，让父母认识到帮助孩子和迁就孩子的区别——这两者本来就不容易区分，而当父母焦虑地想要协助陷入困境或存在缺陷的孩子时，就更加难以区分了。许多父母担心，如果在家里坚持一定的行为标准，会给已经疲惫不堪的孩子带来更多的压力。尽管如此，我们可以提醒父母，对孩子提出要求和对他们抱有期望是不同的。

并且，各种情况都可能发生，需要父母酌情进行处理，因而保持这种平衡变得更具挑战性。如果我的孩子正在与抑郁症作斗争，我能不能调整一下标准，让他轻松一些？如果他很自卑呢？如果他在学习上遇到困难呢？在这些情况下，怎样做算是帮助？怎样做算是迁就呢？看到孩子努力挣扎，父母很难袖手旁观。

当父母做以下这些事的时候，就是在帮助孩子：

· 为孩子提供完成适合他们年龄的任务所需的支持（包括提醒他们写作业、准备打印纸等）。

· 相信孩子能够克服任务所带来的焦虑或沮丧，同时为他们提供支持和建议。

· 保持温和亲切的态度，同时也让青少年对自己的选择负责（例如，不应该生闷气或者指责别人）。

当父母做以下这些事的时候，就是在迁就孩子：

· 为孩子做一些他们说自己无法完成，但需要开始学习的事情（例

如，我：你为什么要帮 19 岁的女儿打电话，为她安排预约？家长：因为如果我不这么做，她就不会打电话了。我：如果你不为对她来说更重要的那些事情做预约，比如她想要的工作，只做其他需要确认的预约，比如去牙科诊所，这个主意怎么样？）

· 为了让孩子“及格”而降低标准（乔的妈妈说，乔负责喂兔子和打扫笼子，但她总是敷衍了事。“你不会让她再做一遍吗？”我问。“呃，我们整天都在争论这件事，”她母亲回答说，“乔说没事，我说不行。所以我会重新清理笼子。至少她还做了点什么……”）

· 告诉孩子，因为残疾、抑郁或焦虑，他们不需要做某些事情（做家务、遵守预约、表现得彬彬有礼等）。这时治疗师可以说，让你女儿认为，遇到问题或感觉不好可以成为不承担责任的理由，这对她没有帮助。当然，在迫不得已或者她状态非常糟糕的时候，你可以试着帮助她。但是，等她上了高中、大学或开始工作，愿意为她收拾烂摊子的人会越来越少。她最好现在就去做一些自己不喜欢做的事情，至少周围的人还比较宽容。

· 不让孩子承担自己的选择带来的后果（玛雅每天早上都会发脾气，一旦她错过了公共汽车，就会要求父母开车送她去学校。这样一来，不管是哪个家长开车送她，上班都会迟到。治疗师与父母的对话可以是这样的……我们来谈谈这件事，因为这对你们双方来说都不是正常的状况。玛雅并没有试图调整自己的情绪和表达情绪的方式。因为大多数时候你都得开车送她去学校，你觉得自己受她摆布，你因此生她的气，甚至怨恨她。你冲她喊让她快点，她也很生气，所以又冲你大喊大叫，她的两个哥哥也因此感到很痛苦。让我们重新构建这个情境，这样玛雅在早上的选择，也就是说，她忽略时间的行为至少也会给自己造成影响。例如，如果她错过了公共汽车，你和她爸爸就拒绝开车送她——这种做法只适合非常希望上学的孩子。或者，玛雅必须在周末拿出一个小时，为你们支持的慈善机构服务，以此作为补偿。让我们讨论一下，为什么早上的安排对她来说如此困难——是习惯问题、缺乏相关的技巧，还是她本身的问题造成的？）

帮助希瓦尼的父母让她不再逃避焦虑

一位母亲带来了 13 岁的女儿希瓦尼，说自己越来越担心女儿的焦虑问题。希瓦尼非常努力，想以全 A 的成绩完成中学学业。她目前在上八年级，排名在年级前 30%。

希瓦尼的焦虑表现在以下几个方面：

· 希瓦尼觉得自己必须完成所有的作业，即使不会被打分。

· 每天晚上在完成作业之后，希瓦尼至少要检查十几次，并确保没有留下任何空白。

· 希瓦尼坚持让父母帮助她准备考试，用抽认卡（flashcards）等反复测试她，这远远超过了充分复习的程度。如果他们太忙、太累，或者告诉希瓦尼她已经准备得很充分了，希瓦尼的焦虑就会爆发。她会尖叫、哭泣，对父母大喊大叫，说他们会让自己考砸。

· 为了不让希瓦尼发脾气，也为了不让她过于焦虑，希瓦尼的父母答应了她的大部分要求，即使他们知道不应该这样做。即使她的父母已经上床睡觉了，希瓦尼也会敲他们的门，坚持让他们起床再次对她进行测试。

希瓦尼的父母并没有帮助她控制已经极为严重的焦虑，他们的做法只会让问题愈演愈烈。他们同意了帮助希瓦尼反复进行测试的要求，让她的焦虑主宰了每个人的生活。在这种情况下，我对希瓦尼的治疗包括帮助她妈妈对备考设定适当的限制。例如，母亲每天最多帮她一个小时，而且只有在遇到重大考试时才会帮她。一旦她的父母上床睡觉，或者如果他们说自己很忙或者累了，希瓦尼就得停下来。不过，因为她找父母的时间减少了，这意味着他们需要让女儿学会通过其他途径（比如教科书和网站）获得帮助。

如果希瓦尼不尊重这些新的规定，父母就会施加一些惩罚。例如，每次她不顾父母的规劝而固执己见，希瓦尼就会被禁止使用手机 15 分钟。多年来，父母一直试图通过说“不”来阻止她，但希瓦尼还是会继续哭喊几个小时，同时不停地敲他们卧室的门。当说“不”没有用的时候，父母就需要引进一些对青少年来说足够重要的东西（比如禁止使用手机），让他们考虑停止自己的不良行为。

上面所有的对话，都是在最初的几次治疗中与希瓦尼和她妈妈一起进行的。我不断地与希瓦尼确认，并让她参与到谈话中来。我想让她理解我对她妈妈说的话，以及为什么我认为这很重要。犹豫了一段时间后，希瓦尼开始接受事实：她目前处理焦虑的方式给她与父母的关系造成了很大压力，这让她更加焦虑。她也明白，她还缺少应付学校生活所需的技能。

治疗还有另一个重要的部分，那就是帮助希瓦尼认识到，她管理焦虑的方式会影响周围的人。这些谈话是我和希瓦尼单独进行的。她在其他场合都是一个非常体贴的女孩，我不希望她养成一种习惯，即在家里放纵自己的需求，牺牲父母和妹妹的利益，这并不是一件好事。最后，希瓦尼和我谈论了焦虑管理技巧、成绩，以及完美主义等所有那些看上去美好却让人陷入困惑的事物。

内疚让父母视而不见，在想说“不”的时候却回答“是”

有些父母的人生选择让孩子的生活更加艰难，所以他们觉得有必要弥补孩子。

也就是说，他们很可能会对孩子的问题行为视而不见，在孩子表现不好的时候为他们寻找借口，或者容忍孩子不尊重自己，这都是因为他们对自己在孩子不得不面对的一些挑战中所扮演的角色感到内疚。如果孩子经历过一些特别艰难的事（创伤、父母离婚、丧失等），父母通常更容易这样。这就是父母为什么最终会允许孩子和不太可靠的朋友一起开车去听音乐会（“他已经错过了很多东西……”），或者假装没有看到他从车库里拿出那6罐啤酒。

父母可能还会用其他理由为自己对孩子的宽容辩护：

· 我为儿子感到难过，因为他爸爸对他不好，所以当他和我在一起的时候，我会尽量让他过得轻松一些。

· 她经历了太多——父母离婚、搬家和所有的一切……

· 我不想成为她生活的另一个压力源。

· 工作日晚上我几乎不在家，因为现在我是家里唯一的经济来源，我不想把时间花在争吵上，所以我就让很多事情顺其自然……

帮助内疚的父母的一个方法是，让他们把经常被混淆的两件事——父母感到内疚与他们对孩子的期望——分开。在这种情况下，我会对父母说：

“如果你感到想要对孩子失去的时间或糟糕的经历进行弥补，那么解决办法就是把两件不应该捆绑在一起的事情分开——一是你对过去的悲伤（或内疚，如果你觉得自己有责任的话），二是你希望孩子过得更好、更轻松或更快乐。

“帮助你厘清这两个问题的方法是，你要非常直接地和孩子讨论它们——把它们当作两件独立的事情来看待和讨论。你可以说自己很难过，希望女儿现在过得更好，同时也告诉她，父母有时会掉进一个陷阱，试图对艰难的过去进行弥补，想让她开心起来，以致对她过于迁就和纵容。然后你告诉她，虽然你会留意自己的决定会给她造成什么影响，但你不会再以此为借口让她随心所欲。

“尽可能坦率、亲切地和女儿谈论这些事情。如果你还没有说过，你可以这样说：自己的酗酒、和前任之间的问题或者一心只想着维持家族企业的运转都影响到了她，对此你一直感到很难过。你不需要为已经发生的事情辩护或者找理由，所以不要说这样的话：

· 我已经尽力了！

· 嘿，很多孩子的境遇比你还糟糕，你知道的……

· 你应该有感恩之心，因为这就是我们能送你去私立学校的原因。”

这里有一些其他的例子，告诉你如何帮助父母向他们的孩子解释，为什么他们现在的做法看起来可能和过去不同：

“我们搬了很多次家，你也失去了很多朋友，对此我感到很难过，所以我任由你操纵我，让你随心所欲地跟人交往，但这样并不好，甚至会带来危险。我仍然对搬家感到内疚，而且可能会一直内疚下去，但我不会因为这个就给你一张免费通行证，允许你做任何事，去任何地方。”

“你知道，我非常爱你，愿意为你做任何事。我也知道你为我的决定付出了代价，这让我很难对你立规矩，但这对我们俩其实都是一种伤害。我会帮你解决问题，但你不能把怒气发泄在我身上，也不能把过去的事情作为逃避责任或表现粗鲁的借口。”

有许多青少年因为父母的宽容发现他们感到内疚，并且会利用他们的内疚。为了消除孩子对他们的利用，父母可能不得不在谈话中提到孩子在利用他们，比如："我不知道，你是把我们离婚作为自己表现不好的借口，还是你真的比我们了解得更加痛苦？我想帮助你，但也不想感觉自己被你利用了。"

或者，治疗师也可以教父母这样说："听着，我真的很抱歉我不能给你更好的，你可以在接下来的几年里继续指责我，也可以和我一起尝试做点什么。"和父母聊聊，看看能否帮他们找到其他方式表达自己的遗憾，这样他们才能在情感上获得解脱，在养育孩子时按照自己的意愿做出选择，而不是只想着让孩子"感觉"更好。

认为孩子"无法控制"自己行为的父母

一个男孩的多动症诊断可以掩盖许多不良行为。要想让男孩的行为得到控制，治疗师需要让他的父母看到，儿子的行为是他自己的选择，并不是无法控制的。这可能会改变这个家庭的游戏规则，因为一旦父母决定将行为定义为孩子做出的选择，很多事情都会发生变化。与前面提到的需要把自己的内疚和对孩子的期望分开的父母一样，如果可以把以下这两件事分开，这些父母会做得更好。

第一件事是他们对儿子的要求，就是尽管他患有多动症，但也可以控制自己的脾气。当看到父母回家时，他会收拾自己的东西，而不是骂人；他能够遵守时间，并记住自己的冰鞋放在哪里。第二件事是，对他们的儿子来说，要做到这些事情有多难。

对于患有多动症的孩子或青少年来说，做到安静地坐在课堂上、认真完成作业、记得遛狗这些事会比较困难。但这并不意味着，我们不应该要求他们去做这些事情。如果父母仅仅因为他们做这些事很困难或者比较麻烦，就允许孩子不做这些事，那么他们就无法告诉孩子，外面的世界会要求他们承担起与其年龄相称的任务和职责，而不会在意他们是否有注意力缺陷、强迫症或对立违抗性障碍。如果一个年轻人试图以诊断为借口逃避责任，那么他的朋友、伴侣、雇主、室友甚至家庭成员都会无法容忍。

布蕾琳

布蕾琳是一个14岁的女孩，就读于一所为有学习障碍的儿童开设的私立学校。虽然她可爱、善良，但就她的年龄而言还不够成熟。她缺乏安全感，并且极度寻求关注。所有这些都导致她和同学之间发生了很多戏剧性的事情，最后他们开始集体针对她，对她说："你应该去死。"

我一直跟布蕾琳单独会面，偶尔通过视频软件与她的母亲交谈或打个简短的电话。当布蕾琳无法得到自己想要的东西或者被同龄人拒绝时，就会彻底崩溃。"他们说我看起来像一只恶心的老鼠！"七年级的毕业舞会开始15分钟后，布蕾琳在学校的洗手间里对妈妈说，"你必须现在来接我！"她号啕大哭，威胁妈妈说要伤害自己，说自己不想活了。布蕾琳越是迫切地想要寻求他人的认可，她的行为就变得愈发歇斯底里和令人反感，以致形成了一个冲动行为与自我贬低不断交织的可怕循环。

布蕾琳的行为背后存在多种社会和情感因素，但引起我忧虑的一个重要因素是，她的父母一再声明，布蕾琳不必为别人如何对待她承担责任。"这不是你的错，"我听到她妈妈对她说，"有些孩子就是那么刻薄。"

好吧，当然，没有人应该被苛刻地对待，但这种说法让布蕾琳不必因为自己的言行对周围人造成的影响承担任何责任。对于被欺凌这件事，她并没有责任，但她的挑衅行为让同龄人非常愤怒，对此她应该承担主要责任。告诉布蕾琳这一切不是她的错，对她来说是一种伤害。我明白，布蕾琳的父母试图保护女儿的自尊，但他们采用的策略让她更加认定自己是受害者，并使得她无法学会保持健康的人际关系所必需的自我反省。

在八年级开始的几周内，布蕾琳就感到自己被学校的同龄人边缘化了。在与布蕾琳的父母进行视频通话时，我告诉他们：给别人贴上欺凌者的标签，却忽视了自己的孩子在整个事件中也需要承担一定的责任，这种做法是存在缺陷的。

“莫妮卡，我知道你一直在告诉布蕾琳，她不用为别人怎么对待她负责。你是对的，她不用。但我认为同样重要的是，你要让她注意到，她的言行也对发生在她和同学之间的事产生了作用。我认为你可以这样说：‘听着，我听到你告诉我，在学校里发生了许多让你难过的情况。因为我一直想告诉你，我是站在你这边的，所以我从来没有说过任何可能会让你感觉糟糕的话。但我现在意识到我遗漏了一点——那就是你自己发挥的作用。我一直很同情你，我不想让你觉得我在责备你，但如果我不问，你在这里发挥了什么作用，并试着让你正视这个问题的话，这将对你毫无帮助。’”

我鼓励布蕾琳的父母用平常心对待女儿，不要受到学校里发生的问题的影响。换句话说，与其跳进来“拯救”她，或者为她提供外部的情绪调节，我想让他们相信，他们的女儿确实有能力更好地应对这一切，但只是没有动力这样做，因为她从自己的退行反应中得到了太多满足（关注、支持、回应、小心翼翼的照顾）。“我认为布蕾琳的崩溃是一种习惯，这种习惯得到了你们的默认。我看到，她很有可能具备更加成熟的人际交往方式，但我认为你们必须邀请这种方式出现。”

我还善意而体贴地鼓励布蕾琳的父母，用他们对女儿行为的真实情感反应来帮助她理解，自己的选择会给周围的人造成影响。例如，布蕾琳在七年级的毕业舞会上打电话给妈妈，说那里的女孩们叫她“恶心的老鼠”，然后在妈妈说不能马上去接她之后冲她大喊大叫。对此，莫妮卡可以对女儿这样说吗——

我想让你知道，我会永远支持你……可是当我发现，你对在舞会上发生的事撒谎的时候，我觉得自己被耍了，我非常生气。我希望你一开始就对我说实话。

我还建议布蕾琳的父母帮助她找到一个地方，让她发挥自己的组织能力和社交能力。不久之后，布蕾琳在当地的农贸市场找到了一份兼职，每周六早上在一个摊贩那里工作。这段经历让她看到了自己最好的一面，也让她能够欣赏自己。当她不再表现出寻求关注的行为，而是以一种更放松、与其年龄相符的方式与人交流时，她得到了积极的回应。

将孩子的问题视为“典型的青少年焦虑”的父母

我们关于青少年的文化叙事认为，不服管教或者行为不成熟是“青少年的必经阶段”，是荷尔蒙分泌旺盛或大脑未完全发育造成的。这是一种误导，它让今天的许多父母一味地纵容孩子，无法做出合理的养育决策。太多的父母错误地将孩子的行为视为不得已而为之，简单地将他们的不良行为看作“青春期孩子都会做的事”。

当遇到抱有这些信念的父母时，治疗师可以先在谈话的某个时刻对一句偶然的评论做出回应，比如，当父母说：“嗯，你知道他这样做，是因为他体内的荷尔蒙分泌极为旺盛……”你可以这样回答：“我知道很多人都这么认为，但我不确定这是否都是荷尔蒙的问题。”

这里有一个例子：15 岁的费丝用粗暴的侮辱和无礼的语气对抗父母的权威。

> “我觉得这只是她正在经历的一个阶段，”费丝的妈妈在一次家长会谈中告诉我，“你知道，青春期……”
>
> “这不是一个阶段，诺玛。”我回应道。我的话旗帜鲜明，想要打破关于青春期的所有教条。“侮辱父母、粗鲁无礼不是一个阶段，而是一个问题，”我补充道，“父母会认为这是一个阶段，是因为我们就是这样谈论青少年的——他们都会这样，长大后就没事了。但并不是所有的

青少年都会这样，而且许多对父母不敬的孩子并不会改过自新。我觉得你和她爸爸应该从另一个角度来看待这个问题，不要把它看作典型的青少年行为，而是一种需要根除的坏习惯。我可以帮助你们。我也可以帮助费丝——不管是什么助长了她的这种行为。”

无法建立边界或者惩罚孩子的父母

许多父母很难对孩子的行为设定边界，而另一些父母则很难坚持到底，还有些父母在这两方面都存在困难。这里我列出了其中的一些原因：

- 太累了。
- 试过了，不管用。
- 不管怎样，孩子依然会操纵他们。
- 孩子的抗拒过于激烈，让父母感觉更糟。
- 这变成了一种折磨。
- 青少年总是让他们相信自己受到了误导。
- 想不出适当的惩罚。
- 孩子说：“拿走我的手机吧，我不在乎。”
- 不想自找麻烦。
- 不希望和孩子发生冲突。
- 已经无所谓了（好吧，也许这条不太合适）。

如果想要帮助这些父母，治疗师可以跟他们聊聊什么是适当的惩罚，什么是无效的或适得其反的惩罚（它们会助长父母和孩子之间的怨恨）。除了上面列出的原因之外，父母可能……

· 不知道哪些惩罚会对自己的孩子产生效果。

· 没有意识到自己有时间去思考如何应对，不需要当场就做出反应。

· 认为自己已经在惩罚孩子了。

恰当的惩罚不应该让青少年感到羞耻、尴尬，或者操纵他们的情绪。以下是一些无效的惩罚：

· 大喊大叫、威胁、说教、责骂。

· 不告诉青少年惩罚什么时候会结束。

· 记仇。

· 告诉孩子你对他们很失望。

惩罚本身并不是目的，而是为了消除孩子不受欢迎的行为。基本上来说，我们要让孩子觉得，自己从出格行为中得到的乐趣，不足以抵消因此而失去的特权或自由时间（因为现在他可能要完成额外的家务）。这也有助于对家庭中的权力不平等进行调整。举例来说，一位青春期女孩的弟弟喜欢惹她生气，甚至到了欺负她的地步。比如，周日一大早，他就站在姐姐的房间门口大声唱歌，显然是想把她吵醒。在这种情况下，父母可以让弟弟在打扰姐姐的那个星期天为她做早餐或者做家务，而不是警告他要收回他的手机、电子产品或其他特权。

理想情况下，惩罚应该……

· 对孩子足够重要，可以让他因为不想为此付出太大代价而重新权衡自己的言行。

· 最多持续一天，这样第二天一切都会重新开始。

· 本着“这是个不幸的选择”的精神，而不是出于愤怒施加给孩子。

· 让孩子觉得不方便或不愉快，但绝不是恶意的。

容易被操纵或者在养育方式上陷入被动的父母

孩子会敏锐地察言观色，知道如何利用父母的弱点来得到自己想要的东西。父母觉得自己有各种各样的义务，他们想成为孩子“最喜欢的”那个家长（尤其是在离婚的情况下），总是担心自己是否“足够好”，想要让孩子知道自己在意他们，为他们感到难过，或者理解他们的感受有多糟糕。

作为治疗师，应该如何帮助父母应对孩子的操纵性言论呢？

当青少年利用父母对养育方式的怀疑或焦虑时

“我不敢相信，你会真的打电话给你妹妹，一起想办法对付我。”15岁的亨利批评道。他的单亲父亲对亨利最近与警察的冲突感到困惑。

“我确实这么做了。”我建议亨利的父亲这样回答儿子。承认自己决定给妹妹打电话，远比试图找一些借口来安抚儿子要好得多。亨利想要的不是被安抚，他想削弱父亲的权威。

当青少年让父母相信他们说的话冒犯了自己时

“我不敢相信你竟然不相信我！”海蒂对她的母亲喊道。母亲刚刚说不同意让海蒂再去朋友莉拉的家里过夜，因为上一次，两个女孩喝了伏特加，吐在了床上。

“哦，亲爱的……”这通常是父母的开场白，好像他们必须放低姿态，这样孩子就不会真的认为父母不信任自己。而在这时，这个孩子就知道自己“赢”了。

所以，当海蒂的妈妈回答：“我当然相信你，宝贝……”海蒂开始得寸进尺。

“我简直不敢相信。这种事只发生过一次，妈妈，好像你永远不会让我出门一样。”

“哦，不，亲爱的，你可以出去——”

“那么，这个周末我可以去莉拉家了？”

“不，你不能去莉拉家，但如果你愿意，她可以来这里——”

“算了吧……”海蒂说，突然结束了谈话。

我们应该如何帮助那些不得不为自己对孩子的合理看法而辩护的父母？假设海蒂和她母亲之间的交流发生在一次治疗中：

我：“你女儿很擅长让你进入防御状态。”海蒂可能会看着我，想知道我要怎么做。

家长：“你不是在开玩笑吧。”

我：“信任是一个很重要的词，它可以意味着很多事情，科琳。你或许相信海蒂会照顾妹妹，不会在家里酗酒，会在选择男孩或和谁一起开车时做出正确的决定，但事实是，上个周末之后，你就不再相信她不会在莉拉家惹麻烦了。”现在我会转向她的女儿：“海蒂，你上周末去莉拉家烤饼干，结果你们俩整晚都抱着马桶。当然，你的妈妈还没法相信你，所以不能再让你去莉拉家——没人会对此感到惊讶（否定了科琳的自我怀疑）。你妈妈不可能相信你不会惹麻烦，所以你问她信不信任你，这真的不公平。相反，你可以问妈妈，看到你怎么做，她才愿意让你再去莉拉家。”

真不敢相信你会因为我心情不好而惩罚我

“我不会因为你心情不好而惩罚你。我惩罚你是因为，我不喜欢你在心情不好的时候对我和你的兄弟们说话的方式。这完全不一样。”

你太刻薄了

· 我很抱歉你这样看我——不过我并不赞同。然后你就此打住，不要给孩子机会把你拉进一场旷日持久的辩论，争论你是否真的“刻薄”。

· 我想我有时候确实很刻薄，我讨厌这样。我已经厌倦了所有的争吵，厌倦了必须非常努力才能让你配合，这已经影响了我们之间的关系。我很抱歉。

· 每次我拒绝你的要求，你就会这么说。这让我进退两难，我只是想管教你——我很爱你。

如果你不让我做某些事，我就做一些让你后悔的事

如果青少年威胁父母说要自伤、自杀或离家出走，应该让她承担相应的后果。父母应该在自己的房间里安然入睡，而不应该为生气的女儿独自在房间里做了什么而感到焦虑。父母必须能够对自己的孩子说“不”，尤其是在面对上述威胁时，因为它们听起来更像是行为问题，而不是心理健康危机。不要说教，也不要反过来威胁孩子，父母只需要对孩子说：“我不能整晚都睡不着，一直想着你心情那么糟糕的时候会做些什么。所以我要陪着你——我不会打扰你，如果你不愿意，我甚至不会和你说话。如果明天早上你还是感觉很糟糕，我们会打电话给你的治疗师 / 危机干预人员 / 医生……抱歉，亲爱的，但你说的话确实吓坏了我们，所以我们必须做一些事情来确保你的安全。”

其他类似的言论……

· 好吧，我自己会承担一切。

· 嗯，很抱歉，我就是这么麻烦。

· 对不起，我花了你这么多钱。

· 你说的每句话都是消极的，这让我感觉更糟。

孩子说上面这些话的唯一目的是让父母进入防御状态。父母最好用平淡的语气来回应，比如“我很抱歉你有这样的感觉”“我不这么想，但没关系”，或者“不知道你是怎么产生这种印象的，但我明白你的意思了”。不要用讽刺的口吻说这些话。平和的语气是在向孩子暗示没必要为此争吵。然后，在另外一天，当孩子不再那么生气的时候，父母可以再重新回顾孩子的话，给她一个认真讨论这件事的机会——如果孩子说的事情确实比较重要。比如：

家长：“再跟我说说你那天说了什么，雷恩。我说的每句话都那么消极，让你感觉更糟。这是你的真实感受吗？”

雷恩：“不，我只是很生气，算了吧。”

家长：“好吧。”

或者雷恩这样说：“是的，我确实觉得你总是很消极，好像我什么事都做不好一样。”

家长：“对不起，我知道我经常生气，但我不想让这件事影响你对自己的看法。我觉得我们已经进入了一个奇怪的循环，我猜你会做一些让我烦心的事情，所以我就提前给你脸色看。我会尽量避免这样做，也不会再那么消极……”

我知道对很多父母来说，做这样的处理和回应是一项艰巨的任务。在自己的原生家庭中，他们基本上没有见过这样的示范，也不会特意去提高自己的情感觉察力和技巧。但是这并不意味着，我们不应该努力让父母更好地认识到，运用语言来增进与孩子之间的情感联结是充满美和力量的。我们不能指望孩子们自己学会这一点，甚至无法期待他们知道这种交流方式的存在。这必须从他们的父母/照料者开始，因此在很大程度上必须从我们治疗师开始。

当孩子不能善待父母时

“我的孩子会善待每一个人，除了我们！”这几乎是全世界父母的口头禅。青少年对每个人都和善可亲，除了对最爱他们的人。这是为什么？“哦，他们是我的家人。他们能承受。”或者：“我父母知道我不是这个意思。”嗯？

美国父母喜欢坦白地告诉孩子，自己无条件地爱着他们。不幸的是，在许多家庭中，这种爱变成了放纵孩子，他们因此肆无忌惮地抵制父母的规定、价值观和要求，或者完全无视它们。

孩子们不会明说，但他们确实不会尊重这样的成人——向孩子承诺会给予他们一切，却对他们没有任何要求，并且天真地认为，对孩子表现出无限的同情心和理解，却不让他们承担个人责任，就可以激发出他们最好的一面。

我认为，心理治疗师应该坚定地支持父母共同努力创造一种家庭氛围，让孩子不会理所当然地把家人视为情绪垃圾桶，而是体贴地对待他们。为了让家庭成员互相尊重、关爱和团结一致，我们需要尽力让父母认识到，这种现象是不正常的：孩子当着父母的面骂人，而父母的回应是，*好吧，至少她在我们身边时有安全感，可以表达自己的感受*……

有些孩子不尊重父母是为了让他们感到痛苦、削弱他们的力量，或者强迫他们默许自己的行为。但也有一些言论反映了父母对待孩子的错误方式。家庭成员之间需要互相尊重，虽然孩子的话语中明显带着轻蔑，但父母的问题却不容易被看到和察觉。如果家长用高高在上、忽视、贬损和否定的方式对待孩子，孩子就会通过模仿欺凌者来保护他们的自尊，不过他们的行为在本质上更多是防御性的，而不是攻击性的。这些孩子和那些仗势欺人的孩子有着根本区别，我们需要用截然不同的干预方式来疗愈和改变他们。

区分不尊重与叛逆

很多青少年恃强凌弱或不尊重父母的行为，最终被父母合理化为青少年的“叛逆”。与不被尊重相比，它似乎是一种不那么针对个人的冒犯，而且经常被误解为青春期的必经阶段。无论你是否认为叛逆是青春期司空见惯的一部分，它都与不尊重大不相同。

叛逆就是说“不”。孩子可以带着尊重对父母说“不”，也可以用不尊重父母的方式说“不”。不尊重往往是错误的行为——所有的欺凌都是一种不尊重。这就好像在说，*哇，我不敢相信你刚刚说了那句话。*它的目的是让父母变得无能。

我认为青少年的叛逆更多的是一种自我表达，不会试图削弱他人的力量。青春期、荷尔蒙或大脑的变化——这些都不是孩子决定对妈妈说脏话，或者用拳头打穿客厅墙壁的原因。

尽管如此，我们还是会看到很多孩子不尊重父母。他们在兄弟姐妹或朋友面前嘲笑父母，甚至诅咒他们，对他们的建议或想法不屑一顾，或者用侮辱性的话回应他们，比如：“爸爸，你真的很可怜，你知道吗？”正因如此，在许多亲子冲突中，青少年被视为攻击者，而父母则是不幸的受害者。

大多数父母在生孩子的气时，不会做得那么过分或者明显，但这并不意味着他们给孩子带来的伤害会更小。事实上，父母的冷嘲热讽对孩子造成的伤害，要远远超过孩子不尊重父母带来的伤害：

· 青少年更愿意承认自己的攻击性，父母却很少承认自己话中带刺、言不由衷。而这种不一致让青少年感到不安和沮丧，因此我们会在这些孩子身上看到很多愤怒。

· 每当父母说一些伤人的话时，孩子的自尊就会受到严重的侵犯。

帮助父母打破家中不尊重和欺凌的恶性循环

治疗师可以通过这几种方法帮助父母打破家中不尊重和欺凌的恶性循环：

· 帮助他们认识到孩子冒犯或不尊重自己背后的实质，并认识到这是不可接受的，而不是认为这是“所有青少年都会对父母说的话”。

· 指导他们使用有效的惩罚，并采取更有建设性的回应方式。例如，父母可以这样回应孩子：奈杰尔，*很不幸你说了这句话。不管你叫我“大浑蛋”的时候有多开心，你都已经失去了一个小时的手机使用权*。一小时不使用手机看起来可能没什么，但这并不是惩罚轻重的问题。此外，孩子们会对父母没收自己电子产品的行为感到愤怒，剥夺一丁点使用时间对他们来说都是一件大事。所有的惩罚都是为了消除孩子不受欢迎的行为（在这个案例中是辱骂父母）。它的作用是提醒孩子，这样他们以后放纵自己的时候就会想，*啊，最后可能会失去我的手机，不值得这样做*，然后会寻找一种更温和的方式表达对父母的不满。

· 指引他们确定自己的内疚或孩子的操控会在何时影响其判断，并尽最大努力坚持自己的计划，即使这让他们感到不适。

· 引导他们借助羞愧感的自然抑制作用管教孩子。

羞愧感的自然抑制作用

羞愧感利用了这样一个事实：我们都是社会生物。大多数人都需要被社会接受，这成为促使他们规范自己行为和良知的强大力量。因此，对于父母、治疗师、教师和导师来说，羞愧感是一种非常强大的工具。通过它，我们可以促使孩子改变自己的行为。

一位青春期孩子的母亲曾经问我，女儿对她说话不太尊重，她能做些什么。她说，当女儿的朋友在旁边时，情况总是变得更糟。这位母亲试着和女孩谈过这件事，几次拿走了她的手机，取消了她其他的特权，但都无济于事。她的女儿表现得很无所谓，就好像她本来就不打算使用手机一样。

我向这位母亲建议，下次女儿邀请朋友们过来，并在他们面前对她无礼的时候，不要因为不想让女儿在朋友们面前感到难堪而视而不见，不要一笑了之，也不要为了避免冲突而强忍着怒火走开。她应该马上停下手里的事情，直接注视着女儿。她不一定要说什么，因为当她停下手里的事情，把注意力集中在女儿身上的时候，女儿的朋友们也会跟着她的视线去关注女儿，而不是母亲，这会让女儿觉得意外。

这种干预的力量有一部分来自由此引发的戏剧感。所有的动作都停止了，没有人说话，也不存在争论。大家只会好奇母女之间发生了什么，并且最终只会关注女儿。

孩子们不喜欢在试图掌控局面的时候，把自己而不是意料之中的那个人（在这个案例里是母亲）置于聚光灯下。这就是羞愧感的力量，我解释道。现在，母亲不用和女儿说话，就可以干预女儿的不当行为——女孩会把这种行为当作跳板，借此进行反驳、谈判或挑衅。在这里，女儿无法争吵，也无法反对。她只能站在那里，努力把母亲的做法看作滑稽可笑的行为而不予理睬（这很可能会让朋友们觉得她很蹩脚），或者迅速转移话题，假装什么都没发生。

无论女儿在当时说什么，母亲只需坚持自己的做法。比如说，如果女儿想要说母亲的反应是小题大做，母亲可以只是站在那里，或者扬起眉毛，好像在说，真的吗？

母亲的这些动作，表达了她需要在那一刻传递的所有内容：

· 女儿说的话是无法被接受的。

· 母亲不会再假装无动于衷，或者充耳不闻。

· 每当女儿说出冒昧的话时，她都应该做好向所有在场者进行解释的准备。

有些父母想知道，是否可以对自己的孩子生气。"这不是你能选择的，"我会告诉这些父母，"如果你感觉到了，那愤怒就已经存在了。在你告诉我这些之后，我能理解你为什么生气。"我发现，当父母对孩子的同情转变为愤怒时，通常是因为他们强烈地感觉到自己被利用了，孩子并没有真诚地与他们合作。

在这种情况下，推动局势的一个方法是帮助父母减少他们对孩子的怨恨。因为怨恨，父母才会反应过度、怒火中烧，用尖刻的言辞和粗暴的手段对待孩子，无法跟孩子进行真正的对话。他们无法表达自己的善意，也很难看到孩子一直在努力做出积极的改变。当我们帮助父母减少怨恨时，就为亲子关系的修复扫清了障碍。这里有两个方法：

· 帮助父母不再替孩子承担其决定带来的后果。

· 帮助父母摆脱孩子对他们的支配。

第一个方法的例子是，一位母亲一直非常希望女儿的代数考试及格，但她意识到，如果女儿能接受自己的代数考试不及格，虽然不是件好事，但也并非无可救药。

第二个方法的例子是，一位父亲在儿子的要求下，试图帮助儿子提高他的篮球水平，结果却遭到了严厉的斥责，最后他决定不再忍受儿子急躁的脾气。

父母存在的另一个问题可能是，经过多年的争吵、争论、迁就和努力安抚，他们已经疲惫不堪、满腹怨言。他们缺乏必要的心理储备来坚持自己的观点，对事件进行反思。

不幸的是，这种长期的压力也让一些父母很难缓和自己的态度，无法看到孩子皱眉、翻白眼和尖酸刻薄的反驳背后隐藏的痛苦。当父母对孩子生气时，不会首先想到进行自我反思。并且，父母对青春期的看法很容易让他们认为，孩子对父母感到愤怒或拒绝父母是因为要完成与父母分离的任务，或者是因为青春期的叛逆，而不是说明孩子同样受到了伤害。

当父母咨询如何惩罚孩子时，该如何应对

几乎所有的青少年治疗师都会遇到的一个挑战是，如何为父母提供支持，让青少年对自己的行为或选择承担责任。有时，这包括帮助父母设定更严格的边界，并在孩子不遵守的情况下加以惩罚。一些想要努力维护与家庭的同盟关系的治疗师会问我这样的问题："父母向我咨询如何惩罚孩子时，我不知道如何处理。我担心，如果我告诉他们拿走孩子的手机，或者限制他们的其他特权，孩子就会生我的气，我们的关系会因此受到影响。"

对于这个看似两难的问题，我的回答是：一般来说，我相信只要扪心自问，大多数孩子都能认识到父母在过度迁就自己，或者自己没有在家里承担起应有的责任。对于那些抑郁、焦虑、情感不成熟的青少年来说，他们可能无法看到，改变家庭环境能够改善他们的状态，但治疗师需要告诉他们这一点。要让孩子看到，因为父母没有要求他们更加自省、更有耐心或更负责，他们的成长和发展受到了

阻碍。对于大多数直接表现出不尊重，或傲慢地无视规则、宵禁和个人空间的青少年，治疗师没有必要解释他们为什么被拆穿了。尽管他们会找出一连串的借口或者恼羞成怒，但事实上他们明白，长久以来，自己一直在等待有人阻止这一切。

鼓励父母在做出改变之前与孩子进行未雨绸缪的谈话

每当我和父母谈论如何改变他们对孩子的行为、态度或选择的回应时，我都会鼓励他们在大家都心平气和的时候与孩子一起坐下来，告诉孩子他们打算尝试用新的方式解决家里的问题。

我建议父母告诉孩子，有许多改变可能并不是他们喜欢的，但这些改变对于良好的家庭关系和孩子自身的心理健康都非常必要。我会让父母知道，孩子很可能不赞同他们的观点，但谈话的目的并不是“把他们拉进来”。

一些心理健康和教育领域的专业人士建议，父母可以邀请孩子和他们一起制定家庭规则和职责，这样他们就会觉得自己是其中的一分子。他们认为，因为孩子亲自参与了，将更有可能坚守这些规则和职责。从理论上看这似乎很棒，但很难运用到现实生活中。对于一个最终让他们承担起更多的个人责任，而不是满足自身愿望的新计划，孩子们并不会关心自己是否参与了它的制定。归根结底，他们想做那些自己已经习以为常的事情。

未雨绸缪的谈话是表示父母对青少年的尊重，仅此而已。但这种尊重很重要，并且可以给青少年传达这样的信息——*你看，我们有一些关于希望我们的家如何运作的新想法，但我们不想把它们强加给你，因为其中有些部分你可能不会喜欢。所以我们觉得应该提前告诉你*……有些孩子可能会感觉如释重负，因为他们看到，父母终于开始努力挽回局面或者调整家庭氛围，但他们可能永远不会告诉别人自己的这种感觉。没关系，我想我们也能理解这一点。

危险的解绑

想要激励孩子们投入到家庭和社区中，最有效的方法之一就是帮助他们看到自己对于团体的贡献。孩子们会由此意识到自己是有价值的、被需要的。这会给他们带来一种使命感和归属感，不再冷漠、孤僻。但不幸的是，“让孩子做家务”原本为孩子提供了很好的学习机会，但在大多数家庭中却变成了一种混乱的局面。

正因如此，把孩子对于家庭或社区的义务与归属分开，应该被视为一种危险的解绑。正因如此，那些只关心自己需求的孩子长大后不会成为仁慈宽厚、对社区进行回报的年轻人。正因如此，理想化地看待青少年，对孩子和他们的家庭都毫无益处。也正因如此，帮助青少年成为更好的自己，要比帮助他们成为优秀的学生或运动员重要得多。

第十八章

提高批判型、消极型、防御型和控制型父母的觉察

看不见的裂痕

在治疗中，我们可以看到各式各样的父母，但最突出的是那些对孩子采取防御、批评、打击、轻视或控制态度的父母。他们很快就会劫持谈话，想要表达自己的观点、进行说教或控制，却无法认识到孩子的痛苦是情有可原的，并且自己应当为此承担责任。让我们对以下对话进行思考，在不经意的旁观者看来这似乎没有什么问题，但却会给母女关系带来灾难性的影响。

周一，杰姬从学校回到家，开始和妈妈分享从朋友那里听到的一些事情。杰姬的妈妈很高兴女儿愿意告诉她这些事，于是认真地听她说。

不过，杰姬经常觉得妈妈会质疑自己的判断，所以她总是过于努力地让她看到自己在交友方面的决定是正确的。

在跟妈妈分享的时候，杰姬提到了她的朋友艾米丽，她曾经跟妈妈说过，艾米丽从不犯错。杰姬之所以这样做，一定程度上是希望在自己外出时，妈妈不会太担心自己。“你不用担心，妈妈。我和艾米丽一起去……”

然而在这个周末，艾米丽喝醉后和她喜欢的男生出去玩了。在发现这件事后，艾米丽的父母把她禁足了。杰姬觉得这没什么大不了的，就把这件事告诉了妈妈。

“哦，”杰姬的妈妈回答道，“我记得你说过，艾米丽永远不会做这样的事情……”她歪了下头，扬起眉毛。她的话其实跟她女儿的朋友毫无关系。她已经转移了话题，想要表达自己的观点，就是要让女儿认识到自己并不总是对的。妈妈响亮而清晰地把这个信息传递给女儿，以致让女儿觉得自己被冒犯了，她感到很愤怒。她们之间又一次产生了无形的裂痕，从长远来看会危及她们的关系，而当我们想要追溯其对抗的根源时，已经为时过晚。

其实，她可以这样更加简单而真诚地回应女儿：“这听起来和你一直跟我说的那个艾米丽不太一样。究竟发生了什么？”

当孩子们在某种语境下说的话被成人在另一种语境下提起，试图用来证明自己的观点时，他们会感到不知所措。就像杰姬一样，他们肯定无法说出自己的体验，但确实能感受到。

谈到对父母的宣教和指导，治疗师迫切需要从“沟通技巧”和“倾听技巧”这些老生常谈的话题中解脱出来。或者说，我们至少应该对家庭内部的动力进行更加细致入微的描述。我们还应该帮助父母提高情商和应对技巧，让他们可以带着真诚和尊重与孩子沟通。在给父母的反馈中，我们可以更加具体而明确地指出，是什么阻碍了他们和孩子建立更加亲密的关系。

父母是如何冒犯孩子或者让他们被迫进行防御的

讽刺孩子

在许多家庭中，讽刺是一种默认的沟通方式。父母会认为这很有趣或机智，但讽刺总会给人一种高高在上的感觉，或者让人觉得自己受到了挑战，一点也不温暖和友善。

> 麦肯娜在自己的房间里躲了一会儿，好暂时避开今天来家里做客的6个侄子和侄女。她本来就不喜欢孩子，而且无法忍受这种嘈杂和热闹。当她回到楼下时，妈妈对她说："哦，很高兴你又加入我们了。"

麦肯娜特意在一次治疗中跟我分享了这件事，这让我明白它很重要。如果她的妈妈发现女儿特地向我讲了这样一件貌似微不足道的事，可能会感到困惑。我敢肯定，她早就忘记了这件事。但每当我听到类似的事，就会思考这位妈妈失去了什么——她失去了向女儿表达理解和同情的机会："你真幸运，能躲开一会儿！"

仔细想想这两句话，哪一句在告诉麦肯娜，*我知道这对你来说并不轻松*，因而可以让她在下次亲戚来访时放松一些；哪一句会让她产生抵触情绪？

不承认孩子行为的变化

有时我们需要指导父母如何最恰当地回应孩子改变自己行为的努力。有些孩子希望从父母那里听到，他们已经注意到自己在做事、与他们交谈或对事件的回应上做出了改变。至少，他们希望父母相信自己的真诚。如果他们从父母那里听到的是："嗯，我还真没有注意到有什么不同——他还是那个总是想要为所欲为的孩子……""好吧，我们来看看这种情况能持续多久……"治疗师可以像我对一位家长说的那样助孩子一臂之力：

> "我是这么看待这个问题的：丹一直非常任性，但我想让他认识到，从长远来看，这对他没有任何好处。我认为他已经开始在一些事情上做出改变，但这种改变还很细微，不容易被注意到。丹需要知道，你已经看到他在努力改变和你说话的方式，以及在你不允许他做某件事情时的反应。你可以寻找一点点蛛丝马迹，让他知道你欣赏他这么做，但不要

大张旗鼓。他不是一个想要得到很多掌声的孩子，一个微笑和一句‘这次你有了改变，我很欣赏这一点’就可以了。”

还有一些父母，他们在发现孩子有了积极的改变时会过度表扬孩子，这种热情会让孩子感到尴尬。互相击掌，然后说“这真是太棒了”并不是大多数青少年喜欢的赞美。这样做太夸张，也太幼稚，好像是在昭告天下：孩子已经决定听从父母的要求，做到少顶嘴、写作业、不打弟弟、不骂妈妈。这会让孩子心生退意，他们会想，*好吧，还是算了……*

在这里，治疗师可以帮助父母理解孩子的心理，即觉得自己已经屈服于权威人物的愿望：

我对一位家长说：“嗯，我觉得稍微低调一点会是个好主意……击掌——还是不要了。没有一个青少年会想要跟你击掌，即使他们理解你非常激动。他们会觉得这样怪怪的。”

对孩子的话做出防御性反应

14 岁的来访者克莱门蒂娜在来我办公室的路上和她妈妈吵架了，她带着烦躁的心情来接受治疗。

“她总是想知道我为什么不喜欢待在家里，所以我告诉了她。我说总有人在发脾气、争吵和大喊大叫，我讨厌这样。她和我爸爸不知道该拿我弟弟怎么办，他对他们太粗鲁了，我受不了。他就是停不下来，他们也做不到让他停下来。你知道我妈妈听了之后对我说了什么吗？”

“她说了什么？”

“她说，‘哦，好吧，我很抱歉你讨厌我们所有人！’”

“我说，‘妈妈！我从没说过我讨厌任何人。我说的只是讨厌那些争吵和吼叫，看到布莱恩对你那么恶劣，我不喜欢待在家里。’”克莱门蒂娜叹了口气，向别处看了一会儿。然后，她转过身来，继续对我说，“然后她说，‘好吧，我想我们是失败的父母……’我说，你是认真的吗，妈妈？别逗了。”

如果这位母亲没有对克莱门蒂娜的话做出如此防御性的反应，而是考虑到以下几点，她就可以做得更好，并且能够提升自己与女儿的关系：

· 女儿向她说出自己的观点可能需要很大的勇气。

· 既然女儿需要很大的勇气才能说出自己的观点，这也证明这些问题让她饱受困扰。

· 女儿的观点有没有可能是正确的？

这就是我想引导这个家庭去往的方向。如果这发生在家庭会谈中，我会说：

我：“哇噢，希拉。你想说什么？怎么了？”

希拉：“你说什么怎么了？她说我是个不称职的家长！”

我：“我并没有听到克莱门蒂娜说你不称职。我听到她说家里经常发生争吵，总是鸡犬不宁，我听到她说她不喜欢看到她弟弟凶你和她爸爸。我没有听到她说你是一个不称职的家长。”

希拉：“这是一回事，不是吗？如果她在家里不开心，那一定是我做错了什么。”

我：“等等，这不是对或错的问题。你的女儿只是说她忍受不了这种争吵。这让她很不舒服——”

希拉：（打断我）“得了吧，吵架的是她爸爸和我，她还能说谁呢？”

我：“她当然是在说你和她爸爸，还有她弟弟。但克莱门蒂娜的意思并不是说你们不称职。她只是想回答你一开始问的问题，即她为什么有时候不喜欢待在家里。这是一个很好的问题，她也给出了诚实的回答。如果你明白她并不是在批评你，你会更好地倾听她在说什么吗？”

向孩子提问的同时刺探其他事情

孩子：妈妈，我要去珍娜家。她要开个小型派对。

妈妈：哦，那太好了，今晚还有谁参加聚会呢？

孩子：（*妈妈，你觉得我是白痴吗？很明显，你想知道迈克尔是否会去*。这惹恼了女儿，她没有说出内心的想法，只是生气地回答了妈妈，然后回到了自己的房间。）“我还不知道。等我弄清楚了，我会告诉你的。”她妈妈对此不以为然，说珍娜“真是个典型的青春期孩子”。

其实，她妈妈可以这样说——

妈妈：我很高兴你去参加珍娜的派对，但老实说，我在想迈克尔会不会去。

孩子：为什么？有什么关系？

妈妈：因为我不喜欢上次派对时他对你的态度。

孩子：妈妈，我会没事的。

妈妈：我也这么认为。但我这么问是因为我担心，如果你们喝酒的话，你就会忘记现在的想法，可能会做出让自己后悔的决定。

孩子：妈妈，你太担心了。

妈妈：也许吧。但我想做一些防范……我们能不能晚一点再讨论这个问题？

不尊重孩子的隐私、空间或人格

我们还可以看到这种情形：父母敲了敲孩子的门，就毫不犹豫地径直走进去。无论房子的主人是谁，这都关乎对孩子是否尊重。

父母还没有得到允许就走进孩子的房间，这是对青少年的个人空间、隐私和人格完全缺乏尊重的表现。当孩子不得不"附和"父母的确"先敲了门"，因此无法提出抗议时，他们会特别恼火。

有些孩子的妈妈还会这样说："我这么做是因为我信任她，我觉得她不会瞒着我做任何事情……"我的天啊，这实在太糟糕了。

与那些因试图控制孩子而无法影响孩子的父母工作

"如果我对妈妈说这些话，爸爸会当场杀了我的！"这是无数父母的心声，他们哀叹年青一代对成人失去了尊重。许多人认为，这是因为孩子们不再害怕父母了，他们在父母纵容式的教育下变得如此大胆，以至于甚至不愿意把餐桌清理干净。

恐惧会让父母无法影响孩子，我对它敬而远之。父母想要让孩子做自己期待的事，不必让孩子畏惧自己，但的确需要得到孩子的尊重——这种尊重不是因为父母的权威或地位，而是因为父母本身。父母不可能通过命令让孩子尊重自己。因此，如果父母的控制欲很强或者比较专制，就无法获得这种尊重，就像希腊神话中的坦塔罗斯（Tantalus）一样，面对着逐渐干涸的池水和不断消失的水果却无能为力。

许多控制欲很强的父母从来就没有赢得过孩子的尊重。面对父母的轻蔑、不屑一顾或严厉无比，孩子已经学会了让自己变得麻木不仁。这些父母放弃了对孩子的生活产生深远影响的机会，转而采取某种形式的控制。这种建立关系的方式代价很大，并且毫无效果。此外，父母的控制最终都会失效——等孩子长大成人的时候。

正是因为感觉到对儿子杰克的控制即将失效，唐娜才来咨询我如何养育孩子。她是一个人来的，我觉得没有必要和杰克见面，也没有必要和他们俩一起见面。他们的关系之所以存在问题，很大程度上是唐娜的教育方式造成的。我相信，如果她能改变对待儿子的方式，母子之间的紧张关系就会缓和，他们就可以建立新的关系模式。

12 岁的杰克是那种彬彬有礼的男孩，如果他的老师、教练和朋友们发现，他经常在家和母亲争吵，而且总是非常粗鲁，他们一定会大吃一惊。杰克的父亲住在附近，经常来看杰克和他的妹妹。令母亲沮丧的是，父亲说他可以顺利地让杰克遵守各种要求。

当见到杰克这样的孩子时，治疗师往往会对他们的出言不逊感到震惊。父母对孩子更加口无遮拦，他们通过讽刺的俏皮话和自私自利的假设对孩子进行口头攻击，过后又用过分亲密和一般化来掩盖这种攻击。不过幸运的是，唐娜自己也注意到了这一点。

唐娜向我讲述了最近在家里发生的一件事，由此我对她和杰克的关系有所了解。在一场巨大的暴风雪过后，杰克花了一整天的时间铲雪，回到家里之后，他拒绝了妈妈让他清理最后一条人行道的要求。唐娜越坚持，杰克就越生气、越反抗。事实上，杰克被激怒了，他突然把唐娜扑倒，而唐娜则绕着厨房的桌子追赶他。最终，唐娜追上了他，把他按倒在地，用膝盖抵住他的胸口，用手攥住他的衣领。然后她说：“现在快滚去铲人行道的雪。”

“我并不为此感到骄傲，但这就是我为什么会来这里，”唐娜在讲完她的故事后说，“我知道自己这么做没有用，但我不知道还能做什么。我只是想让他清理人行道。如果他做了，一切都会好起来的。所以告诉我，我应该怎么做？”

唐娜坦率地与我分享的这个故事呈现了母子之间的关系。显然，唐娜不能再用武力迫使儿子服从自己，这标志着她再也不能把控制作为养育孩子的策略。问题是，她没有任何可以替代的其他策略。她的话语和感受基本上无法对儿子产生影响，这在很大程度上是因为，多年来唐娜与杰克之间的关系缺少信任、可靠性和互惠等关键维度。于是，我决定帮助唐娜学习运用多年来一直拥有的力量来实现自己的愿望，这种力量来自相互尊重，而不是武力。

用好奇而不是愤怒来解决问题

首先，我邀请唐娜带着好奇而不是愤怒，重新审视杰克拒绝清扫最后一条人行道的事情。“我的意思是，在你提出要求的时候，这个孩子已经帮你铲了几个小时的雪，”我说，“所以他不想清理那条人行道，或许并不代表他想故意跟你作对。我很想知道与那天早些时候相比，有什么事情发生了变化。你可能会问：‘我不明白，杰克。你一整天都在帮我干活，但现在却不愿意了。这是怎么回事？’”

唐娜立刻对此做出了回应，而她的回应表明，在与杰克的关系中，她看重的是权力与控制：“但最重要的事难道不是让他去清理人行道吗？否则，他就赢了。”

弄清楚当下什么是最重要的

在这种情况下，父母可能会认为很多事情都是重要的——保持控制感、要求孩子道歉或者确保工作完成，对唐娜来说，赢得这场战斗才是最重要的。然而，有多少父母会认为，处理好自己与孩子的关系才是最重要的目标呢？在这个案例中，处理关系的最简单的方式就是确定杰克是否遇到了什么麻烦。

对于唐娜的问题，我回答说："不。我不认为这是最重要的事情。我认为最重要的事情是看到你和儿子之间产生了巨大的分歧，并弄清楚这是怎么产生的，然后消除你们之间的分歧。"

"但我觉得，如果最后我做不到让他清理人行道，他就赢了，就好像我在向他磕头一样。"

"人行道已经不重要了，"我说，"重要的是要理解为什么杰克在说了大半天的'是'之后决定说'不'。你可以问问他这件事，但一定要用非常好奇的语气问。"

"我做不到。当时我太生气了。"

"我想可能确实是这样。我在想，你们之间积怨已久，因此在很短的时间内事情就愈演愈烈。这让你很难在深思熟虑后进行回应，反而很容易做出过激反应——瞬间从 0 加速到 60。"

"想到这个我感到很难过，但可能的确如此。"唐娜说。

"你们本来可以聊一聊这件事，最后却变成了一场争吵。你知道，也许他觉得冷了或者累了，也许他觉得自己已经做得够多了。如果在这时他能先告诉你自己在想什么，那会很有帮助，但大多数孩子不会主动这么做。他们需要有人来问自己。如果你知道，除了不想服从你的要求之外，还有其他原因，你会不会更愿意去问他？"

"我不知道，珍妮特，"唐娜说，"不过，现实世界并不是这样的。我觉得他有时候需要面对现实。"

我吃了一惊，回答说："唐娜，这可能是你父母做事的方式问题。你的家不一定要成为现实世界的训练营。在这里，你可以既让儿子了解什么是被尊重和被理解，同时仍然让他对自己的选择负责。这对他以后进入社会的帮助，要远大于他在学校里学到的任何东西。"

唐娜跟儿子谈话的方式向我们指出了一个更加广泛的问题。养育孩子是一项令人筋疲力尽、充满挑战的工作，但父母们很少会反思自己的养育方式是在促进还是伤害他们与孩子的关系以及孩子的幸福。大多数父母只是睁一只眼闭一只眼。

但我认为，治疗师应该尽力提高父母的情绪觉察水平和相应的技能。很多时候，对家长进行辅导被一种压力所劫持，这种压力就是要安抚父母的焦虑，因为他们想知道为什么孩子不愿意和自己说话，或者孩子为什么对自己如此不尊重。目前关于青春期的叙事告诉我们，这就是青少年的典型行为，但并没有让家长们扪心自问，在亲子之间无法言说的紧张关系中，父母自身可能发挥了什么作用。

与那些对孩子做出激烈反应的父母工作

“我想要一个正常的家庭”

哈娜今年 17 岁，在我这里接受治疗已经有四个月了。她很沮丧，经常和父母吵架，很少跟他们分享自己的生活和想法。因为担心会让她心情更糟，哈娜的父母慢慢地不再让她做家务了。此外，父母接受了哈娜对自己的粗鲁和轻蔑，认为自己必须忍受这些，直到她心情好转。

有一天，哈娜让妈妈和我们一起参加治疗。一开始，妈妈就催促女儿解释为什么她这么不开心。

> “你的人生很美好，爸爸和我非常爱你，你还有一个把你看作一切的妹妹，你很聪明，上了一所很棒的学校，有很多朋友……我不明白，到底出了什么事呢？”
>
> 令我吃惊的是，哈娜马上就给出了答案：“我想要一个正常的家庭。”
>
> 很好，我想。我可以邀请她们谈谈自己对家庭的感受。但是，哈娜的母亲却有完全不同的反应。

“正常？你是说我们不正常？”宝拉尖叫，“你对正常家庭的定义是什么？”

宝拉的反应不是：

· 哇，我不知道你竟然认为我们不是正常的家庭。
· 如果我们是正常的家庭，会有哪些不一样的地方？
· 所谓的正常家庭有什么是我们没有的吗？

而是：“你对正常家庭的定义是什么？”

这场对话是如此冒险，只要有人在最后一句话的末尾再放一个多米诺骨牌，就会产生连锁反应。但宝拉并没有这么做，她直接掀翻了桌子。游戏到此为止。

我插了进来，试图控制局面，不让对话脱轨。

“宝拉，我们来看看你女儿是什么意思。我对她的话很好奇。”

“这正是我想做的！”

“我知道，但你并没有让哈娜解释，为什么她认为你们的家庭不正常。告诉她，你对她说的话感到惊讶，但你想知道更多。”

“哈娜，你能告诉我，为什么你认为我们不是正常家庭吗？”宝拉说，她愤怒地咬紧牙关。

“宝拉，等等……哈娜认为你们不是一个正常的家庭，你为什么这么生气？”

“嗯，如果你的孩子这么说，你不会觉得恼火吗？”

“我从一开始就不认为自己的家庭是正常的，所以我不会恼火。我甚至不明白这到底是什么意思。哈娜，帮帮我们。你说的‘正常’是什么意思？”

哈娜回答说：“我不知道，我们相处的方式太奇怪了。没有人说出自己真正的意思，每个人都在生气。”

“宝拉？”我问道。

“嗯，确实如此，”宝拉说，“但这并不意味着——”

“停，”我轻轻地打断宝拉，向她那里靠了靠，“这是一个良好的谈话的开端。让我们现在就停在这里，你可以从这句话看到真相……”

父母的防御会制造更大的问题

许多问题都是在父母想要防患于未然之后出现的，比如摩根的妈妈。她担心摩根会像她姐姐那样，在高中时乱交男朋友和酗酒，因此她想为14岁的女儿制定严格的规则。“我不想让这些事再重来一遍。”在一次治疗中，这位母亲对摩根和我说，她指的是多年以来母女之间的冲突。她无数次想帮助摩根的姐姐，但最终都失败了。

我看了看摩根，又看了看她妈妈。“是什么让你觉得摩根会走她姐姐的老路？”我问，“在我看来，她和她姐姐很不一样，而且在大多数情况下，她在交友和外出方面做出了正确的选择。”

“嗯，我只是想防止同样的事情再次发生，”摩根的妈妈辩解道，“我不想冒任何风险。”

“这让我想打破所有的规则！”摩根尖叫道，她感到非常沮丧，因为妈妈无法看到真正的自己，只是担心自己会变成另外一个人。摩根告诉我，她觉得妈妈看不到自己——当她看着自己时，看到的只有姐姐，所以她当然想要反击——如果母亲要把“坏女孩”的身份强加给她，那她还不如表现得像个坏女孩。

这是一个很好的例子，说明父母如果错误地试图预防孩子误入歧途，会让青少年感到父母不尊重自己，并且会引发新的问题。

对摩根来说，这并不代表母亲想保护自己，而是她不相信自己的判断，把她和她姐姐混为一谈。这位母亲把自己的两个女儿当作“青春期的孩子”——她们千篇一律，喜欢冲动和冒险。这让我想起了另一位青少年来访者说过的话。她的父母在一次家庭治疗中问她为什么这么不开心，她转身用一种无奈的声音对他们说：“那是因为你们没有看到我，只看到了‘青春期的孩子’。”——就好像青春期的孩子就是那么糟糕，不值得信任，没有理智，也缺乏常识。

帮父母认识到孩子想要的是关注，而不是建议

对爱开玩笑、居高临下的父母进行干预

奥利维娅一有机会就骂爸爸是傻蛋，但她真正想说的是：*你每次跟我说话都是表达自己的观点，但这些观点都过时了。还有，你觉得自己很幽默，但却伤害了我的感情，所以我才不和你说话。*

奥利维娅并不是唯一一个有这种想法的孩子。孩子们需要和父母进行沟通，也需要他们的陪伴，而不是建议。让我们来剖析这个冲突，看看迫切地想要互相沟通的父女俩是如何错失彼此的。

奥利维娅是我的一个来访者，父母带她来是因为她成绩下降、对家人不理不睬。毫无疑问，奥利维娅天生的气质给父母带来了相当大的挑战：她很容易激动、斤斤计较且没有耐心。这是一个亲子气质不匹配的典型案例，而奥利维娅父母的教育方式是施压和挑衅、追问和窥探，这让他们与女儿之间的关系变得更加紧张。

奥利维娅的父亲是个爱开玩笑的人，但他开的玩笑很糟糕，总是带有讽刺意

味，而且总是贬低、蔑视或消遣别人——通常是奥利维娅或她哥哥。这位父亲无法通过其他方式表达自己的观点，他的孩子们对此深恶痛绝。在一次家庭会谈中，他在谈到女儿时说："我真的不知道，她为什么总是对我这么生气。"他冲她眨了眨眼。"我是个好人，"他大笑着补充道，"是她这辈子最好的父亲！"对于父亲试图表现出来的幽默感，奥利维娅的回应很有说服力：她只是转过身去，盯着地板，沉默不语。

奥利维娅私下告诉我，每次她爸爸跟她说话，都是在说教和训诫，告诉她应该做什么、不应该做什么。他们从来都无法好好地交谈。

奥利维娅的父亲也私下告诉我，他只想把自己积累的一些人生智慧传授给孩子。"我希望女儿能够运用我这些年学到的东西，"他说，"避免犯我犯过的错误。"他这么想无可厚非，爱孩子的父母都会努力这样做。他们试图把孩子从痛苦或混乱中拯救出来，但有些东西最好通过亲身体验来学习。老实说，即使你能够在这个过程中让孩子少一点痛苦，但想要让他们采纳你的意见，那就只能听天由命了。

问题并不在于父母分享的这些信息或智慧。如果父母只跟孩子说这些，而孩子在那一刻并不需要从父母那里听到这些，或者这些所谓的智慧已经成为一种说教、聒噪的提醒或没完没了的独白，就会带来问题。在这些情况下，父母很可能从一开始就失去了自己的听众。这是因为，当父母每次都把和孩子共处当作表达自己观点的机会时，就会失去他们的关注。

孩子们需要的并不是父母的智慧，而是父母全心全意的关注、坚定的支持和关爱。举个例子，奥利维娅的父亲告诉我，在他无法给孩子提供建议时，就会觉得自己"无足轻重"。"可是每次我一开口，"他说，"我就能看到他们已经在翻白眼了——他们都不等我把话说完。"我告诉他，"这个信息不错。请不要因此对他们心存芥蒂。他们其实是在说：'我需要你提供别的帮助。'亚当，你绝不是无足轻重的，但要明白，与你的建议相比，他们更加需要你的倾听。"

在两个人的关系中，尊重是最好的通行证。我们很难有意识地表现出尊重，因为它通常是克制自己不去做某件事：等另一个人说完再发表评论；在敲门后等对方说“请进”再推门而入；等对方确实需要他人的建议时再把自己的想法和盘托出。尊重很难被“看到”，但能够被感受到——当他人没有尊重自己时，我们会特别明显地感受到这一点。

在奥利维娅这样充满冲突的家庭中，当父母给予孩子他们需要的，而不是自己想要给予的东西时，就是对孩子的尊重。当父母开始寻找更好的方式和孩子建立情感联结时，孩子也会认识到这一点——这比任何“观点”都更有说服力和吸引力。

帮助父母练习能够照顾到孩子情绪的沟通技巧

许多父母不知道该怎么与孩子交谈，他们只会说教、提问、告知和提醒。他们很难做到像跟其他人谈话那样自由流畅、毫不费力且双方同样投入。在孩子慢慢长大的过程中，随意的对话变得小心谨慎，谈话的目的变成了表达观点或进行事务性的沟通，例如，今天我应该什么时候去接你？又或者，这种对话从一开始就不存在。在有些家庭中，长期以来几乎所有的对话都包含敌意、权力斗争、互相较量和防御，然后这些谈话又会延续到下一代。

· 当父母想说“我想念你，感觉很迷茫，不知道还能怎么和你说话”的时候，他们会问：“今天在学校过得怎么样？”

· 父母会说：“嗯，我也有压力，但还是完成了该做的事！”而孩子想让他们说的是：“看到你压力这么大我很难过。这是因为你觉得我给了你压力，还是手头的事情太多了？”

患有社交焦虑症的埃弗莉

我正要与埃弗莉的母亲阿梅莉亚见面。埃弗莉刚刚满 17 岁，我已经和她进行了大约 6 个月的单独治疗。她患有社交焦虑症，这让她变得软弱无力，也导致了她的孤僻和抑郁。埃弗莉非常沉默寡言，有时（比如在最初的家庭会谈中）会一言不发。第一次治疗时，她和父母一起待在治疗室里，几乎不说话。

我要和埃弗莉的父母见面，是因为埃弗莉一直说自己总体上感觉不错，在过去的几个星期里，她不再觉得那么焦虑和沮丧了。埃弗莉最近向父母公开了她的同性恋身份，这让她不再暗自纠结这个秘密。她觉得自己不再需要心理治疗了。

埃弗莉的父母则有不同的想法。所以，在征得埃弗莉的同意之后，他们就一起来见我。有一件事引起了我的注意：埃弗莉的母亲告诉我，她带着女儿去买在毕业舞会上穿的衣服，她要和交往了两个月的女朋友一起参加毕业舞会。她的父母在支持女儿这方面一直做得很好，尽管埃弗莉告诉他们这件事的方式不太漂亮。有一天晚上，埃弗莉突然说："哦，我今晚要出去和摩根约会，她是个女孩。"然后就冲出了大门。

好吧，事情的经过就是这样。在花了几天时间帮助女儿准备毕业舞会之后，埃弗莉的母亲感到非常失望，因为毕业舞会结束后，埃弗莉回到家里，几乎什么都没有跟妈妈说。"舞会怎么样？"埃弗莉的母亲好奇而急切，又满怀希望。"还好。"埃弗莉回答，然后带着她的约会对象走出了家门。

我觉得埃弗莉对妈妈太过分了。她看得出来妈妈很想知道舞会怎么样，却故意不告诉她。我觉得，埃弗莉可以在转述重要的、也许是私人的事情时有所保留，尤其是在有其他人在场的时候——她可能不太愿意在她女友面前谈论这些事情。但是，她不应该让妈妈感到尴尬。埃弗莉本可以说："挺好的，妈妈，我以后再告诉你。"这样就可以了。可是，她不仅让妈妈感到尴尬，紧接着还故意离开了——这太过分了。

我对阿梅莉亚说，她可以借此机会和女儿谈谈她的选择给父母带来的影响，比如，她在毕业舞会后对妈妈的回应。阿梅莉亚担心女儿会觉得自己在批评她，但我说：

"有很多方法可以温和地、不带批评地说这些话，同时表达你希望了解情况的愿望。"我补充道，"你可以这么说，'埃弗莉，我喜欢帮你准备毕业舞会……我喜欢做这整件事，从买裙子到找鞋子，再到嘲笑你穿着匡威鞋。这段时间结束了，你去参加毕业舞会。你可以想象我在家里惦记着你，想知道你过得怎么样，期待着你告诉我消息……你回到家说"还好"，然后就走出了家门。'"

我继续说下去。"告诉她，你觉得自己被冷落了，因此很难过。告诉埃弗莉，你知道她很感谢你的帮助，你没有想让她说声'谢谢'，但她似乎并没有发现你坐在那里，感觉自己完全被遗忘在黑暗中。"

"我能做到，"阿梅莉亚说，"我可以告诉她我需要她——"

"不，"我打断了她，"阿梅莉亚，我们要说的并不是你需要她做什么。这样做并不是为了让埃弗莉觉得你想改变她。你要含蓄地表达，而不是直接提要求。这就是说*我需要你做……*与说*我很难过，因为你似乎没有考虑过我想要什么或者有时需要……*的区别。前者是强加指令，后者只是表达了你对你们关系的感受。"

这个例子展示了一个更加巧妙的养育技巧，我们可以借此帮助那些既有兴趣又有情感能力去学习这一技巧的父母。其数量可能比我们希望的要少，但只要我们能够帮助其中一位父母，就可以帮助整个家庭。

在其他父母那里，治疗师会听到"我已经试过这么说了"，不过你会发现，你的建议和父母实际的表达之间存在很大的差距。有些父母能够理解，自己的语气、肢体语言和措辞会影响其想要传达的信息，他们愿意学习新的理念。其他父母或许也有一些意愿，但他们缺少时间和精力，因此不想自找麻烦。

在这些情况下，我们可以采取其他有效的干预措施，即使这些措施不会给亲子关系带来直接的影响。我说的是父母的自我照顾、父母支持小组，或者周末离开家人休息一下。在这个家庭里，还有其他人也能提供帮助吗？比如叔叔、祖父母、教父教母？他们不必取代父母的角色去帮助孩子，但或许可以减轻父母的负担（例如帮忙开车、做饭、照顾年幼的孩子、陪伴青少年、指导青少年申请工作等），缓和亲子关系。

有一句非洲谚语说，养育一个孩子需要举全村之力。它告诉我们，需要整个社区的人为孩子提供一个安全、健康的环境，让他们茁壮成长。这句话也说明，无论什么样的家庭，都未必能够给孩子们提供他们需要的一切情感或物质资源。

美国有近 300 万 18 岁以下的孩子，他们没有和父亲或母亲住在一起。另外，还有 170 万孩子，他们的父亲或母亲正处于监禁中。因此，这句谚语与我们所关心的培养健康、快乐、适应能力强的孩子有了更加密切的联系。沉重的父母责任，再加上不愿意寻求帮助，使得许多父母在养育孩子时感到非常痛苦，而不是享受。可悲的是，因为不想多管闲事，其他想要帮忙的家人和朋友只能袖手旁观。毕竟，在这个国家，我们接受的礼仪教育告诉我们，不能对别人的养育方式品头论足。这当然是一种礼貌，但我们并不需要这种礼貌。

我之前说过，没有强大的内心，就不适合给青少年做心理治疗。同样，作为青少年的父母，内心也必须强大。

第十九章

虽败犹荣：助人的力量与局限性

有时候，治疗师无论怎么努力也无法帮助来访者。总会有来自个人、家庭、机构或其他地方的系统性阻力或障碍，让我们止步不前，没办法改善来访者的情绪或生活状况。有时候，治疗师和来访者都已经无能为力。

有时候，这是治疗师的问题。我们失败了。由于我们的个性、治疗方法、关系风格、背景、偏见、反移情和专业知识的不足，我们无法和来访者一起工作。我们努力过了，但还是没有成功。坦然接受，不去责怪任何人或任何事，没有痛苦或幻灭——我称之为“优雅的失败”。

还有一点：心理治疗并不适合每一个人。在这个世界上，有很多方法可以帮助人们实现康复、变得更好和自我提升。大自然、荒野疗法（wilderness therapy）、马术辅助治疗、音乐和艺术都可以为人们提供疗愈的环境。有些青少年在遭受多年的忽视、虐待或操纵后对成人失去了信心，还有些青少年无法接受来自人类的疗愈。对于这些孩子来说，上述疗愈方式可能是更好的选择。

当治疗师不得不面对因无法如愿地帮助来访者而产生的焦虑时，我们就需要理解助人和自助的局限性。林恩 · 庞顿（Lynn Ponton）在她的著作《冒险的浪漫：为什么青少年会这么做》（*The Romance of Risk: Why Teenagers Do the Things They Do*）中写道，治疗师应当知道什么时候要后退一步，换个角度看待问题，评估自己的帮助是否真的能让来访者受益，自己是否已经在帮助来访者的过程中疲惫不堪，并且做出权衡。

然而，“帮助”可以有很多种定义，并不一定等于直接具体地解决问题。有时候，仅仅当一个人的善良、一段重要的关系或者一个给孩子带来意义感的社区，为曾经的黯淡无光注入希望时，就可以带来很好的疗愈。

这就是肯尼斯·哈迪（Kenneth Hardy）和特蕾西·拉兹洛夫（Tracey Laszloffy）在《受伤的青少年：打破青少年暴力循环的临床干预》（*Teens Who Hurt: Clinical Interventions to Break the Cycle of Adolescent Violence*）中表达的观点。他们指出，在有暴力行为的青少年中，其所在的社区遭到破坏是他们失去安全感、联结感、接纳感和认同感的主要原因。最糟糕的是，他们失去了希望。让这些孩子和他们的父母重新与大家庭、社区、学校、教堂以及更大的文化社区建立联系，是帮助他们恢复归属感和认同感、找到有意义的关系、感到被支持和被接纳的有效方法。

在《面包与精神：新贫民的治疗：种族、文化和价值观的多样性》（*Bread & Spirit: Therapy with the New Poor: Diversity of Race, Culture, and Values*）中，杰出的家庭治疗师哈里·阿庞特（Harry Aponte）表达了同样的观点。帮助人们在他们的身份、传统或精神遗产中找到意义，可以弥补他们在生活方式或谋生能力方面存在的缺失。毕竟，处理家庭斗争中呈现的人性问题要比处理其细节更重要。

帮助孩子们重新与社区建立联系，帮助他们在自己的身份和传统中找到意义，对我们来说是一件任重而道远的事。每个人都会遭受情感困扰的影响，这种困扰会使人身心俱疲，有时甚至会夺走人的生命。我生活和工作的社区主要由中上层家庭组成。对于为家境相对优越的孩子提供心理帮助这件事，一些心理治疗专家持怀疑态度。我猜测，他们认为弱势儿童和青少年存在着更大的心理困扰，或者可能只是因为他们在家庭和社区中获得的资源更少——这无疑是正确的。我不想对我们各自来访者的不幸、创伤或情感困扰进行比较，但我要说的是，优越的条件并不能保护孩子或家庭免受心灵的摧残：就在几年前，在短短的两年内，我所在的学区发生了六起自杀事件。问题的根源可能有所不同，但绝望是无可否认的。

综上所述，当无法使用传统的谈话疗法时，以下方法可以有效地帮助陷入困境的青少年来访者：

· 倾听他们的故事、痛苦、疲惫或无助——至少有其他人了解这些。

· 给那些有惨痛经历的孩子留下参考，让他们知道今后可以为自己寻找什么——比如包含真诚、信任、真实性、责任或尊重的关系。在这种关系中，他们能感受到自己的价值，也能找到尊严和安慰。这些孩子可以在心中保留和治疗师在一起时的体验，等待时机，直到不再受别人的摆布，可以选择自己想要亲近的人。他们对这种来自心灵深处的人性或共情的接触可能是短暂的，但至少可以由此知道它的确存在。治疗师可以告诉青少年来访者，*不要按照别人对待你的方式勾画未来关系的蓝图。永远记住，还有这种温暖的方式。*

· 对他们行为背后的情感逻辑给予肯定。你可以告诉他们："在旁观者看来，你做某件事的决定似乎很疯狂。但是，如果有人仔细审视你行为背后的想法，努力去理解它的含义，那么，即使他们不同意你的选择，至少也会表达欣赏和尊重。"

· 防止虐待或严重疏忽，帮助孩子拒绝对药物滥用、患有精神疾病或被监禁的父母的边缘化。治疗师可以说，*不要让任何人否认你的父亲是你生命中重要的人。他可能无法像大多数父亲那样出现在你面前，但他会尽可能多地出现，你对他来说仍然非常重要。*然后，你就可以根据具体情况，帮助你的来访者决定怎样的接触频率对他们来说是有益的。

· 在这里我还想强调一点：如果你想帮助来访者重新找到希望，首先要确定他们是否有这样的意愿。也许孩子们只想表现出自己的绝望。在这种情况下，你可以和他们谈谈为什么如此绝望，而不是试图压制这种绝望。试图劝说来访者改变你认为不可取，但来访者自己并不反感的情绪或立场基本上不会有效（也不尊重来访者）。相反，也许你可以靠近他们的内心，看看他们为什么想留在那里，可以因此获得哪些益处。

正如肯尼斯·哈迪所说：“我们为来访者保留希望，直到他们准备好接受它。”我真的很喜欢这句话。